Sigmund Kripp · Als Jesuit gescheitert

SIGMUND
KRIPP

ALS JESUIT GESCHEI- TERT

JUNIUS
edition m

CIP-Kurztitelaufnahme der Deutschen Bibliothek

Kripp, Sigmund:
Als Jesuit gescheitert / Sigmund Kripp. -
Wien : Junius-Verlag, 1986.
(Edition m)
ISBN 3-900370-92-3

Junius Verlags- und VertriebsgesellschaftmbH
Brunnengasse 3, A-1160 Wien
Copyright 1986 by Sigmund Kripp
Alle Rechte vorbehalten
Umschlaggestaltung: Johann Th. Ambrózy, Wien
Titelfoto: Kurt Mimmler, Innsbruck
Druck: Fuldaer Verlagsanstalt, Fulda
Printed in Germany
ISBN 3-900370-92-3
Erste Auflage Oktober 1986

Inhalt

III. Dokumentation und Kommentar

Editorische Notiz:
Briefe, Artikel, Dokumente und längere Auszüge daraus
sind in kursiver Schrift gesetzt.

Vorwort

Die vielen Leserbriefe, die ich nach der Veröffentlichung eines kritischen Artikels über den Jesuitenorden in *Die Zeit* erhielt, haben ein breitgestreutes Interesse an katholischen Orden bekundet. Dies hat mich auf den Gedanken gebracht, meinen Weg in den Jesuitenorden für eine breitere Öffentlichkeit zu schildern und die Entlassung aus diesem Orden zu dokumentieren und zu kommentieren.

Ich habe schon als Ordensmitglied und kirchlicher Amtsträger Kirche und Jesuitenorden öffentlich gelobt, aber auch kritisiert und mir deshalb den Vorwurf der Nestbeschmutzung — verbunden mit der Empfehlung, auszutreten — zugezogen. Ich bin nicht zuletzt wegen meiner Kritik an diesen Institutionen entlassen worden. Nun, da mich mit der katholischen Kirche kein Amt mehr verbindet und ich nicht mehr Ordensmitglied bin, leite ich meine Berechtigung, über sie zu schreiben, gerade von meiner schon vor der Entlassung geübten Kritik ab. Ich hoffe, daß mir dies den Vorwurf erspart, Orden und Kirche als „Rausgeschmissener" eins auswischen zu wollen. Es ist vielmehr so, daß die Ordenszugehörigkeit mir den Mund nicht verschlossen hat und die Entlassung ihn mir auch nicht zuklappt. Ich sperre den Mund nicht auf, weil ich ihn halten mußte, sondern weil ich ihn offen lassen will.

Ich schreibe dieses Buch, um Kirche und Orden für eine breitere Öffentlichkeit transparenter zu machen. Beide Institutionen haben noch große Schwierigkeiten, sich von der Öffentlichkeit in die Karten schauen zu lassen, Kritik zu ertragen. Wie könnte es auch anders sein, da beide autoritäre Institutionen sind.

Durch die Darlegung meines Weges in den Orden, meiner Erziehung im Orden, meines Wandels durch die Arbeit im Orden und schließlich durch die Dokumentierung meiner Entlassung — die den Hauptteil des Buches ausmacht und eine eher unbekannte Seite des Ordens offenbart — möchte ich die Leser animieren, sich mit ihrer eigenen Beziehung zu Kirche und Religion auseinanderzusetzen.

Besonders ansprechen möchte ich diejenigen, die in den Jesuitenorden (oder einen anderen Orden) einzutreten erwägen und denen auf kritische Vorbehalte geantwortet wird, daß man eine Institution am besten von innen her erneuere. Ich gehöre zu denen, die das versucht haben und daran gescheitert sind.

Die Beschreibung meines Weges durch den Orden hat

auch dazu gedient, mein eigenes Glaubensverständnis zu überdenken, ihm eine rationalere Grundlage zu geben. Sie hat mich Abstand zu meinem Ordensleben gewinnen lassen und mir geholfen, mich aus einem autoritären kirchlichen Selbstverständnis zu lösen, den Rest meines Lebens nicht einem fremdbestimmten Glauben auszuliefern. Die Reflexion über das Ordensleben hat mich freier gemacht und mir geholfen, die durch die Entlassung zugefügten Verletzungen zu überwinden, weil ich meine Richter als Opfer ihrer Ideologie zu erkennen glaube.

Vielleicht kann auch der eine oder andere der Kirche sehr verbundene Leser durch die Lektüre dieser Aufzeichnungen den Abstand zur Kirche gewinnen, den man als Mensch zum Atmen braucht.

Klarer denn je ist mir geworden, daß religiöse Institutionen, mögen sie zu einem noch so guten Zweck gegründet worden sein, sich nicht nur ständig selbst überprüfen, sondern auch von außen — von der Gesellschaft, in die sie sich selbst als öffentlich rechtliche Körperschaft einordnen lassen — überprüft werden müssen, wenn sie ihrem Ziele dienen, nicht in Selbstherrlichkeit verfallen und die Menschen, denen sie zu dienen vorgeben, nicht zu ihren Dienern machen wollen.

Ist die Behauptung zu verwegen, daß Jesus heute die Kirche anders konzipieren, Ignatius dem Jesuitenorden andere Konstitutionen geben würde, ohne sich deshalb untreu zu werden? Doch nicht den Geist, das geschichtlich offene Denken ihrer Stifter haben die Kirche und der an sie gebundene Orden übernommen: Sie beschritten den scheinbar risikolosen Weg der zeitbedingten, aber konkreten Normen, der immer wieder zu gräßlicher Intoleranz, Verhärtung und Menschenferne führte.

Besonders im Teil der Verfahrensdokumentation wird am Beispiel bestätigt, was man vorher schon wußte: daß nämlich Kirche (und Jesuitenorden?) konkrete Fehler nicht ein-, sondern höchstens in allgemeinen Floskeln zugestehen, sodaß nichts verändert werden muß.

Im Jesuitenorden liegt die Erforschung der eigenen jüngeren Geschichte ziemlich brach, jedenfalls hat die Vergangenheitsbewältigung des deutschsprachigen Teils des Ordens nie stattgefunden. Über ein paar Märtyrer unter dem Nazismus hat er sich um die politische Mitverantwortung, die er zum Beispiel über seine Pädagogik, aber auch durch Schweigen oder Kämpfen durchaus trägt, gedrückt.

Ich möchte durch diese kleine Dokumentation die Verdrängung eines winzigen Ausschnittes der Ordensgegenwart etwas erschweren. Es gibt weder eine Dokumentation noch eine Analyse der vielen Nachkriegsentlassungen aus dem deutschsprachigen Ordensraum. Es wird nicht untersucht, warum Jesuiten den Orden, dem sie einst begeistert beitraten, verlassen, nachdem sie ihn erlebt und erkannt haben. Statt dessen bemüht man sich lieber darum, immer wieder neue, noch unwissende Idealisten anzuwerben. Durch diese Vorgangsweise vermeidet man auch die notwendige Auseinandersetzung mit Reformen. Eintritt in den Orden und Austritt aus dem Orden sind im kirchengebundenen Teil der Bevölkerung keine Privatsache, ehren oder kränken über die Person hinaus ganze Kirchengemeinden.

Obwohl ich aus dem Orden entlassen worden bin, fühle ich mich mit ihm noch verbunden, wie man sich mit seiner Vergangenheit verbunden fühlt, aus der man gar nicht entlassen werden kann. Der Weg durch den Orden wird immer ein Stück von mir bleiben. — Der Orden war mir dreiunddreißig Jahre Heimat. Kann man Heimat durch Ausweisung verlieren?

Ich wünsche dem Orden, daß er weiterlebt: toleranter, offener, politischer, den Menschen mehr zugewandt, demokratischer und viel, viel mutiger.

* * *

Das vorliegende Buch besteht aus drei Teilen:

In Teil I erzähle ich vom Einfluß meiner Erziehung auf die Berufswahl und wie ich rückschauend meine geistliche Formung im Orden beurteile.

In Teil II schildere ich meine Entwicklung im Orden und den Prozeß meiner Entlassung.

Teil III dokumentiert die nach meiner Entlassung erfolgte Auseinandersetzung um die Offenlegung der Entlassungsgründe.

Zwischen Teil I und II wechselt der Buchstil von autobiographischer Erzählung zu kommentierter Dokumentation mit eingeschobenen Reflexionen.

I.
Erziehung zum Priester

Kindheit: Ein Leben im Paradies

Meine Mutter war eine gläubige und fromme Frau. Außerdem war sie kirchentreu. In Glaube, Frömmigkeit und Kirchentreue hat sie auch ihre Kinder erzogen, und das ist ihr bei allen ziemlich gut gelungen. Erst als spätere Ereignisse sie zwangen, im Konflikt um meine Abberufung als Leiter der MK (einem Jugendzentrum des Jesuitenordens in Innsbruck, ab 1964 Kennedy-Haus genannt) Partei zu ergreifen, fand sie auch zu kritischen Worten über die Kirche. Da war ihr Leben aber schon fast zu Ende.

Während meiner ganzen Kindheit und Jugend bestand eine tiefe Harmonie zwischen unserem Leben und dem Glauben, wie ich ihn im Schoße der Familie erfuhr. Die Kirchenglocken bestimmten den Tagesbeginn. Beim morgendlichen Zusammenläuten gingen wir gemeinsam zur Kirche, Tag für Tag, auch während der Ferien. Die erste Bank im Kirchengestühl war für unsere Familie reserviert. Mein Vater hatte sie mit Türen und einem weichen Kniepolster versehen lassen — das konnte aber nicht die Deformation meiner Gebetsknie verhindern.

Neben der Puppenküche gab es den Kinderhausaltar samt Meßkleidern in den liturgischen Farben. Auch meine Schwestern durften Messe lesen. Die Hostien stammten aus den Vorratsbeständen des Mesners, der seinen Lieblingsministranten ab und zu einige abtrat. Ministrieren war Ehrensache. Einmal kam mein Bruder wütend von einer Trauung zurück. Das Paar hatte den Meßdienern nach der Zeremonie je 2 Schilling gegeben. Mein Bruder schleuderte sie erbost in den Hauseingang. Meine Mutter mußte mir erst erklären, daß er beleidigt war, weil das Paar ihn fürs Ministrieren bezahlt hatte.

Die Höhepunkte des Jahres waren von den kirchlichen Festen bestimmt. Da ging es bei drückender Hitze im schweren grünen Hirtengewand über die Felder: Fronleichnam. Oder um Mitternacht, zum Schutz gegen die beißende Kälte mit Zeitungspapier ausgestopft, zur Weihnachtsmette.

Hin und wieder kamen Patres zu Besuch, einmal im Jahr zwei Jesuiten zum freundschaftlichen Plausch, zu anderen Zeiten Franziskaner zum Betteln. Da warteten wir immer darauf, daß sie ein großes Stück Butter in den Kaffee steckten. Wenn sie es nicht von selbst taten, forderten wir Kinder sie dazu auf. Butter im Kaffee, das war ein Wesensmerkmal von Franziskanern.

Selbstverständlich lehrte meine Mutter uns von klein

auf beten. Abends und morgens. Kniend vor dem Bett oder alle zusammen vor einem Bild, jeder auf einen Stuhl gestützt. Diese Gewohnheit wurde bis Kriegsende beibehalten und zu Notzeiten intensiviert. Da dehnte sich das Abendgebet zu einem Rosenkranz aus, besonders als wir von meinem in den Krieg gezogenen Bruder lange nichts vernahmen. Vater stand im Hintergrund. Ihn habe ich zu Hause nie kniend gesehen. Er hat die aufrechte Haltung geliebt. Gegessen hat er auch meist stehend. Der Gott, zu dem wir beteten, war stark und männlich. Es war ein Gott, der alles sah und die verschwiegensten Gedanken und Handlungen an den geheimsten Orten wahrnahm. Ein Gott, vor dem man sich nicht verstecken konnte. Mir war das gar nicht sympathisch.

Die schlimmste Sünde war die Lüge. Eine Haselnußstaude hinter dem Schloß war der Rutenspender, wenn meine Mutter dieses Delikt wieder in Ordnung brachte. Die Beichte reichte beim Lügen nicht aus, das Sakrament wurde nur in Verbindung mit Schlägen wirksam.

Ich habe meine Kindheit als sehr glückliche Zeit in Erinnerung, als ein Leben im Paradies. Schloß mit großem Garten, nach außen abgeschirmt durch eine hohe Mauer, zu deren Schonung „Gassenbuben" gelegentlich mittels Hundepeitsche vertrieben wurden.

Zu den fünf eigenen Kindern hatten meine Eltern für Jahre noch zwei Jungen entfernter Verwandter aufgenommen, die den Übergang zur Außenwelt darstellten. So einfach wir zu Hause aßen und gekleidet wurden, so abgehoben wirkte die Abgeschiedenheit gegen das Dorf. In die öffentliche Volksschule kamen wir erst in späteren Jahren. Anfangs erhielten wir Privatunterricht. Es war die Zeit der Arbeitslosigkeit. Bettler bekamen Suppe und Brot, aber sie mußten im Hausgang essen. Meine Eltern hatten beide ein gutes Herz, unterstützten Bedürftige, hielten aber standesgemäß Distanz zu den Beschenkten. Die Gesellschaft hatte eine bestimmte Ordnung mit oben und unten, und Gott war so konzipiert, daß seine Gebote nicht in Widerspruch zu bestehenden sozialen Privilegien standen. Eine Konzeption, die mich während meiner ganzen Zeit im europäischen Jesuitenorden begleitete. So wurde mir auch anläßlich meiner Aufnahme in den Orden gesagt, daß Ignatius die Zugehörigkeit zum Adelsstand als einen Pluspunkt für die Aufnahme wertete. Fürs 16. Jahrhundert kann ich dies ja noch akzeptieren. Aber nach Abschaffung der Monarchie in Österreich? Einer der Patres, die mich aufnahmen, war selbst Adeliger gewesen, streichelte sich selbst, indem er mir schmeichelte. Odi profanum vulgus et arceo (Ich hasse das gemeine Volk und verachte es), hatte einer meiner Onkel — Horaz zitierend — mir seine Lebenshaltung erklärt.

Dem Kinderparadies setzte Hitler ein Ende. Eines Tages kam ein SA-Stoßtrupp, durchsuchte das Haus, warf Bücher bei den Fenstern hinaus, fragte nach meinem Vater. Unsere Familie wurde zerrissen. Ich landete zusammen mit meinem Bruder im Antonianum, ein Internat der Franziskaner in Bozen.

Leben im Internat

Zwei Franziskanerpatres verehrte ich sehr. Einer klärte mich auch darüber auf (ich war gerade zwölf Jahre alt geworden), daß zum Priesterberuf zwei Kriterien gehörten: die innere Berufung und das Angenommenwerden durch die Kirche. Ich plagte mich mit der Frage herum, wie man denn wissen könne, daß man berufen sei. Ich wartete auf ein sichtbares Zeichen meiner Berufung. Da es nicht kam, riet mir ein Pater, um Berufung zu beten, denn in seltenen Fällen sei dies ein Weg, um von Gott für den Priesterstand auserwählt zu werden. Mir war nur eines klar: Ich wünschte mir zwar, zum Priester berufen zu werden, aber auf keinen Fall konnte ich mir vorstellen, Franziskaner zu werden. Mich schreckte einfach die Kutte.

Nach zwei Jahren wurde das Internat geteilt. Um bei den beiden von mir geliebten Patres bleiben zu können, übersiedelte ich mit der einen Hälfte in einen Abschnitt des Franziskanerklosters. In der Schule erfuhr ich dann gelegentlich, daß ich jetzt in einem „kleinen Seminar" sei. Das erstaunte mich doch ziemlich, denn so klar war mir das mit dem Priesterberuf inzwischen nicht mehr. Schließlich wurden wir alle einzeln zum Regens gebeten, um mit ihm über unsere Berufsvorstellungen zu sprechen. Wer Priester werden wollte, durfte auch im nächsten Jahr wieder in dieses Internat zurückkehren. Das waren dann noch zwölf. Mir hatte der Regens eine goldene Brücke gebaut: Wenn nicht auszuschließen sei, daß ich Priester werden wolle, könne ich bleiben. Das hatte wohl mein Vater mit ihm so ausgehandelt. So kehrte ich wieder und verlebte eines meiner glücklichsten Jugendjahre. Getrübt war es nur durch quälende Gewissensbisse auf sexuellem Gebiet. Ein älterer „Zögling" hatte sich in mich verliebt, nachts kam er mich dann im Bett besuchen. Das empfand ich angenehm und beängstigend zugleich. Ich verstand gar nicht, was er da mit mir machte, und freute mich doch, wenn er sich zu mir legte. Beichten oder nicht, das war die Frage. Jeder, der morgens nicht zur Kommunion ging, fiel auf. Gebeichtet wurde nur samstags, dazu gab es eine Stunde Ausgang. Eine weitere Ausgangsstunde war mittwochs, wenn wir ins städtische Bad zogen. Da konnte man sich aber nicht verdrücken. Ich beichtete dann nur ab und zu und dann wieder so verklausuliert, daß alles inbegriffen war, der Beichtvater aber sicher aus meinem Bekenntnis nicht klug wurde. Nach katholischen Spielregeln durfte ich ja keine Sünde verschweigen, weil sonst die Beichte ungültig, ja dieser Mißbrauch des Sakramentes eine neue Sünde war. Außerdem durfte man natürlich nicht mit einer schweren Sünde zur Kommunion gehen, das war ein Sakrileg und eine noch furchtbarere schwere Sünde. Ich mußte das also alles irgendwie so hinkriegen, daß es vielleicht doch keine Sünde gewesen sei. Wenn man zweifelte, ob es eine Sünde sei, sagten die einen, müsse man es nicht beichten oder dürfe bei der nächsten Beichte seine Zweifel bekennen. Also zweifelte ich eben.

Sexualerziehung gab es in keinem der Internate, die ich besuchte. Über Sexualität wurde nicht geredet, um Reinheit täglich gebetet. De facto wurde natürlich eine repressive Sexualerziehung praktiziert. Sie beruhte auf Förderung der Unkenntnis im Sexualbereich, völliger Separierung vom anderen Geschlecht, Abschirmung gegen Einflüsse von außen, Tabuisierung des Themas. Die Folgen dieser Erziehung drückten sich bei mir in Angst und schlechtem Gewissen aus. In Hinblick auf die Vorerziehung zum Priestertum war besonders das Thema Frau und Mädchen so tabuisiert, daß ich es nicht einmal merkte.

Inzwischen hatte ich den religiösen Tagesrahmen so internalisiert, daß ich ihn sogar beibehielt, als ich zusammen mit einem Freund ein Zimmer im fernen Nonstal anmietete. Nach Cles war das bischöfliche Gymnasium von Trient vor den Fliegerangriffen ausgewichen. Beide gingen wir täglich um 5.30 Uhr zur Messe, sprachen wir vor unseren Betten kniend das Abendgebet. Samstags gingen wir zur Beichte. Ich hatte die Erziehung von Eltern und Internat so angenommen, daß ich vorgegebene Grenzen und Normen kaum je übertrat. Ich war ein braver und verläßlicher Bub.

Das blieb ich auch noch während des zweijährigen Aufenthaltes im Jesuitenkolleg Mondragone bei Frascati. Nach dem Krieg war es soweit, daß mir meine Eltern den Wunsch erfüllten, dort zur Schule gehen zu dürfen, wo schon mein Bruder das Lyzeum besucht hatte. Außerdem hielt mein Vater große Stücke auf die Jesuiten, war er doch selbst in einem Jesuiteninternat aufgewachsen. (Auch sonst gab es Beziehungen zu Jesuiten. Einer wohnte während des Krieges einmal fünf Wochen lang in unserer kleinen Dachwohnung in Bozen.) Das Nobile Collegio Mondragone wurde hauptsächlich von Aristokratenkindern, Diplomatensöhnen und Industriellensprößlingen besucht. Der Erziehungsrahmen war äußerst rigide. Bis zum Abitur durfte man sich nur in Zweierreihen und stillschweigend durch die Gänge fortbewegen. Persönliche Freizeit gab es nie. Alles war immer in die Gruppe eingebunden: Schule, Essen, Studium, Freizeit mit vorgegebenem Programm, Nachtruhe. Der Rahmen, der wiederum morgens mit der Pflichtmesse begann, hielt durch Zwang eine Form aufrecht, die des Inhaltes entbehrte. Damals erkannte ich das nicht und paßte mich der Form nicht nur an, sondern bejahte sie. Mit der Zeit bemerkte ich allerdings, daß die meisten meiner Kameraden ein Doppelleben führten und erstaunliche Phantasie beim „Abhauen" entwickelten. Jedes Umgehen der Ordnung wurde durch ein ausgeklügeltes disziplinäres Notensystem sanktioniert und führte zum Entzug der einzig verbliebenen Freiheit: dem Ausgang am Wochenende. Ich schlug mich auf die Seite der Autoritäten, entschloß mich allerdings schon damals, einen pädagogischen Beruf zu ergreifen, weil ich mich an den erzieherischen Unzulänglichkeiten der Patres stieß. Es fiel mir auf, wie sie in ihrer Ungeschicklichkeit den Widerstand gegen die Ordnung geradezu provozierten und nichts selbst unternahmen, um mit etwas Phantasie den Alltag aufzulockern. Dafür wurden die Mahlzeiten von Dienern serviert, die Betten von ihnen gestrafft.

Ich war ein Musterzögling und wurde durch massive Wahlbeeinflussung durch den P. Spiritual auch bald zum Präfekten der Marianischen Kongregation gewählt. Dies trug mir einen Sonderplatz in der Kapelle ein, von dem aus ich mittels Gebet und Glocke des Volkes Bewegung steuern durfte. Ich empfand dies natürlich als Ehre. In diese Zeit fielen Erlebnisse, die man in der einschlägigen Literatur als „religiöse Erfahrungen" bezeichnen würde. Ich begann, den Gottesdienst intensiv mitzufeiern, und fühlte mich von einem bestimmten Tag an ganz als Werkzeug Gottes, in seiner Gnade. Ich schrieb nach Hause, daß ich Priester werden wolle, und die Antwort war, daß sie es sich schon gedacht hätten. So begann ich in Innsbruck mit dem Studium der Philosophie und Theologie. Mein Vater hatte gefordert, daß ich nach den vielen Internatsjahren noch nicht gleich wieder in ein von der Außenwelt abgeschnittenes Seminar eintreten sollte. Er war wohl der Ansicht, daß die Berufswahl mehr durch Erfahrung als im Gebet zu reifen hatte. Die Internatserziehung aber hatte er unterschätzt. So lebte ich auch zu Hause weiterhin einen völlig geordneten Tagesablauf und beschäftigte mich nun hauptsächlich mit dem Aufbau einer Pfadfindergruppe, der mein ganzes Herz gehörte. Dazu ließ ich mich volljährig erklären. Das Studium interessierte mich nicht, es kam mir völlig lebensfremd vor, und ich sah es nur als notwendiges Übel zur Erreichung meines Zieles — des Priestertums — an: in diesem Stand wollte ich dann nach Möglichkeit erzieherisch tätig werden. Statt mich auf Examina vorzubereiten, holte ich jetzt Jungen zum Meßbesuch ab, statt in Vorlesungen zu gehen, bereitete ich Freizeiten vor. Nach zwei Jahren verlangte der Bischof meinen Eintritt ins Seminar. Zum ersten Mal trug ich jetzt eine Soutane. Davor hatte ich immer Angst gehabt, doch gewöhnte ich mich schneller als gedacht an dieses Statussymbol.

Ich beschäftigte mich immer mehr mit der Frage, welche konkrete Tätigkeit ich als Priester ausüben wollte. Ich konnte mich nicht als Pfarrer sehen. Äußerlichkeiten wie gesungene Hochämter schreckten mich ab. Auch sah ich wenig Möglichkeiten, mich als Diözesanpriester auf Pädagogik zu spezialisieren. In einem Dorf landen wollte ich danach auch nicht. Es tauchte die Frage nach dem Eintritt in einen Orden auf. Da kam für mich nur der Jesuitenorden in Frage. Ich besprach mich mit meinem Spiritual, und er empfahl mir, den Entschluß bald zu fassen. Ich wußte damals nicht, daß der Jesuitenorden nur wenig Nachwuchs zählte und natürlich gerade die Jesuitenspirituäle in den Priesterseminaren Schlüsselpositionen in der Nachwuchswerbung besetzten. So war das also mehr eine auf Ordensinteressen ausgerichtete Beratung, wenngleich mich auch Einwände von einem Eintritt nicht abgehalten hätten. Eines wußte ich von Anfang an: Falls ich eintreten würde, wollte ich den Orden nie mehr verlassen, selbst wenn dies auf Kosten eines glücklichen Lebens gehen sollte. Wenn, dann für immer. Dieser Gedanke beschäftigte mich sehr und hielt mich noch einige Zeit vom Entschluß ab. Ich erreichte einen Punkt, an dem mir klar wurde, daß es nichts weiter theoretisch abzuklären gab. Klarheit konnte nur eine Entscheidung bringen. Ich teilte den Entschluß meinem Vater mit. Ihm war nicht ganz wohl dabei. Er versuchte trotzdem nicht, mich abzuhalten, fragte mich nur, ob mein Entschluß endgültig sei. Das war er. Auf meinen Vorschlag hin gingen wir zu einem

Notar, um den Verzicht auf mein Erbteil zu dokumentieren. — Aus eigener Erfahrung wußte mein Vater, daß so mancher Orden ganz lustvoll am Erbe seiner „Söhne" partizipierte. — Er respektierte die Jesuiten und wollte sie vor korrumpierender Bereicherung schützen.

Noch etwas machte mir damals schwer zu schaffen: Es trennten mich nur noch neun Monate von der Priesterweihe, und die würde nun durch den Ordenseintritt um Jahre verschoben. Von Ordensseite wurde angedeutet, daß ich vielleicht nur ein Jahr Noviziat machen müsse, nach dem Noviziat gleich meine Studien fortsetzen könne. Ich hätte auf die hören sollen, die mir rieten, mir das schriftlich geben zu lassen.

Mein Kirchenbild und Glaubensverständnis hatten im Seminar nichts von ihrer Naivität eingebüßt. Einmal durfte ich zu Ehren des Apostolischen Nuntius im Canisianum eine italienische Ansprache halten. Als Thema war mir „Die Treue des Seminars zum Papst" vorgegeben worden. Für mich machte dies keinen Sinn. Diese Treue war doch sowieso selbstverständlich.

Pius XII. hatte mir schon als Fünfzehnjährigem das Haar gekrault und meiner Mutter erklärt, daß ich ein braves Kind sei. Die kleine Gruppe, die damals — während des Krieges — im Audienzsaal wartete, war furchtbar aufgeregt. Man wußte, daß der Papst mit jedem kurz sprechen würde. Alle sanken in die Knie, als er den Raum betrat. Für mich war diese Autoritätsgläubigkeit lange Zeit ganz normal. Papst und Kirche galt es zu verteidigen, von wem immer sie angegriffen würden. In den möglichst direkten Dienst des Papstes wollte ich mich stellen. Deshalb zog es mich auch zum Jesuitenorden. Ich war von einer ungebrochenen Rechtgläubigkeit und vermutlich auch Intoleranz, die aus einer solchen erwächst.

Bis dahin war mein Leben völlig geradlinig verlaufen. Aus dem monarchistischen — ersatzweise austrofaschistischen — Elternhaus ergab sich eine völlige Korrespondenz zur monarchistisch-totalitären Kirche, und ich hatte das Verlangen, diese radikale Struktur zu meiner Lebensgrundlage zu machen. Ich suchte nach der totalen Hingabe in einer Ordensgemeinschaft, die sich diese totale Hingabe zum Ordensprinzip gemacht hatte. Treue und ein völlig unkritisches Vertrauen in Autoritäten gehörten zu meinem ethischen Fundament.

Eintritt in den Jesuitenorden

Am Abend des 2. Oktober 1951 läutete ich am Portal zum Noviziat in St. Andrä, Kärnten. Ein Pförtner öffnete und hieß mich im klösterlichen Innenhof warten. Ich hörte den mir schon von Innsbruck her bekannten Schritt des Magisters. Leicht vornübergebeugt, die Hände vor der Brust ineinandergelegt, den Kopf etwas schräg zur Seite geneigt, das wirre, ungepflegte, schwarz-graue Haar ums eingefallene Gesicht, näherte er sich mir mit einem Lächeln auf den Lippen. In der schwarzen Soutane wirkte er feminin. Er streckte mir die Hände entgegen, geleitete mich in den Speisesaal — noch war ich Gast — und dann in die Kapelle. Kaum hatten wir uns niedergekniet, dröhnte von der Empore ein Ächzen, Stöhnen und Seufzen, das mir durch Mark und Bein ging. Es begrüßte mich beim Eintritt das qualvolle Ende eines Ordenslebens. Ich wäre ganz gerne wieder heimgefahren.

Während der nächsten vierzehn Tage, der Kandidatur, der Voranwartschaft aufs Noviziat, bewohnte ich ein Einzelzimmer und nahm an den Aktivitäten der Novizen nur gastweise teil. Diese Trennung unterschiedlicher Ausbildungs- und Standesgruppen ist ein Strukturmerkmal des Ordens. Die Kandidaten lebten getrennt von den Novizen, die Novizen getrennt von den Terziariern, die Brüder getrennt von den Priestern. Nur Kapelle und Speisesaal vereinten alle Ordensmitglieder, wenngleich es auch dort für die einzelnen Gruppen getrennte Sitz- und Knieordnungen gab. Wer ohne Erlaubnis über die Gruppengrenze hinweg Kontakt aufnahm, war je nach Ordensstand einem Spektrum von Sanktionen unterworfen. Das analoge Trennungssystem fand sich zu jener Zeit in den Gymnasialkollegien des Ordens wieder. Da wie dort fürchtete die Obrigkeit, daß Ältere Jüngere schlecht beeinflussen könnten. Speziell im Falle der Novizen wollte man vermeiden, daß diese zu schnell zu viel über die Ordensrealität erfuhren. Soll und Ist sollten nicht bilanziert werden. Aus der Sicht des Ordens bekam die jeweilige Ausbildungsgruppe ein ihrem Belastungsgrad angemessenes Ordensbild vermittelt. In diesem System war es nur konsequent, daß es eine eigene Regel gab, wonach Auswärtige, also Nichtordensmitglieder, die Ordensregeln nicht zu Gesicht bekommen sollten. Alle Schriften, die sich mit Ordensinterna beschäftigten, waren durch das Sigel „Ad usum nostrorum tantum" (Nur zum Gebrauch der Unsrigen) zur Geheimsache erklärt. Der Entschluß, in den Jesuitenorden einzutreten, sollte also nicht aufgrund der Kenntnisse der Ordensregeln erfolgen, sondern aus rein idealistischen Motiven — praktisch aber auf das für die Öffentlichkeit geprägte Image des Ordens hin. Gefragt waren Vorurteile, nicht Sachkenntnis. In die Ordensregeln bekam ich erst während des Noviziates langsam Einblick, in die Wirklichkeit des Ordenslebens erst viel später, obwohl ich jahrelang in von Jesuiten geleiteten Institutionen ausgebildet worden war.

Während der Kandidatur wurde ich wie üblich zunächst von all dem ferngehalten, was mich erschrecken oder schockieren hätte können, wäre ich unvorbereitet damit konfrontiert worden. So durfte ich anfangs auch nicht an den gemeinsamen Mahlzeiten teilnehmen. Irgendetwas sollte mir verborgen bleiben. Vor Beendigung der Kandidatur wurde ich dann durch meinen „Angelus", einem im Noviziatsleben schon erfahrenen Mitbruder, unter ziemlicher Verlegenheit seinerseits ins Geheimnis eingeweiht. Es betraf diverse Bußübungen. Erst erzählte er mir, daß an bestimmten Tagen der Woche (Montag, Mittwoch, Freitag, Samstag) zum Zeichen der Buße im Speisesaal öffentliche Demutsübungen stattfanden. Sie waren natürlich freiwillig, aber niemand konnte sich ihnen entziehen. Sie durften auch nicht ohne Einzelerlaubnis ausgeführt werden, aber jeder mußte um diese Erlaubnis bitten. Deshalb stand in der Eingangstür zum Speisesaal der Pater Minister, den man bat, eine der folgenden Bußübungen ausführen zu dürfen: kniend, mit ausgebreiteten Händen zu beten; stehend zu essen; kniend zu essen; beim Verlassen des Speisesaals seine Mitbrüder kniend um Fürsprache bei Gott zu bitten; mit einem leeren Teller Mitbrüder um eine Essensgabe zu bitten; und, was am aufregendsten war, unter die langen Tische zu kriechen und drei Ordensangehörigen die Schuhe zu küssen. An solchen Tagen hieß es mit sauberen Schuhen in den Speisesaal zu gehen, wollte man nicht riskieren, vom küssenden Magister anschließend eine Buße diktiert zu bekommen. — Zu besonderen Anlässen gab es in diesem Bußsystem noch eine persönliche Steigerungsmöglichkeit. Bei irgendeiner Regelverletzung konnte der Obere den Sünder verpflichten, öffentlich im Speisesaal seine Schuld zu bekennen. Darum durfte man auch freiwillig bitten. Dazu kniete man sich in die Mitte des Saales und sprach eine Schuldformel, in die man seine Untat einfügte. Auf lateinisch. Was den Studierenden vor den nicht lateinisch sprechenden Brüdern einen Schamschutzvorteil verschaffte. Ich erinnere mich noch genau daran, daß sich ein damaliger brüderlicher Novize über diese Ungleichheit erheblich alterierte.

Als ich dachte, daß mein Angelus mich nun ins Innerste eingeweiht hatte, kam erst der Hammer. Ziemlich verlegen und sich quasi entschuldigend zog, er eine dreischwänzige, aus Stricken gedrehte Geißel unter seinem schwarzen Kleid hervor und erklärte mir ihren Gebrauch. An den besagten Tagen, so sie nicht auf Festtage fielen, würde abends im gemeinsamen Schlafraum der Stubenälteste das Licht ausdrehen und gleichzeitig laut das Salve Regina... anstimmen. Das Anstimmen des Gebetes signalisierte den Startschlag, die Länge des Gebetes entsprach der Länge des Zuschlagens auf den eigenen entblößten Rücken. Man geißelte sich also nicht gegenseitig, sondern selbst. Ein bißchen baff war ich bei dieser Eröffnung schon. Aber deswegen das Noviziat abbrechen, wieder heimfahren? Nein, andere hatten das vor mir ausgehalten, da werde ich auch noch durchhalten. Auf dieser Ebene bewegten sich bereits nach vierzehntägiger Einschulung meine Gedanken. Mir kam die Idee, mich zu geißeln, zwar eher mittelalterlich-makaber vor, aber ich nahm das eben in Kauf, weil ich Jesuit werden wollte. Und unrecht konnte es ja nicht sein, sonst würde der Orden diese Ausbildung nicht zulassen. Der Ordensführer garantierte die Lauterkeit der Ordenspraxis.

Mein Schutzengel war noch nicht fertig. Nach einigem Wühlen in der Talartasche zog er, wie mir schien, einen Knäuel Stacheldraht hervor. Was sollte nun das schon wieder? Ganz einfach. Bei näherem Zusehen und Abwickeln stellte sich heraus, daß er einen Bußgürtel in der Hand hielt. Das ist ein gürtelförmiges Drahtgeflecht, von dem alle zwei Zentimeter abgeschliffene Drahtenden nach innen stehen. Wenn man diesen Gürtel unter dem Hemd auf die bloße Haut anlegt, piekt er gegen das Fleisch. Man trug ihn, wurde ich aufgeklärt, an besagten Tagen während der einstündigen Morgenmeditation. Wie locker oder fest man ihn zurrte, war dem einzelnen überlassen. Es gab auch Kleinausgaben, die man um den Oberarm oder den Oberschenkel legen konnte. Manche schnürten die Drahtbinde so fest um den Leib, daß sie nur schwer atmen konnten. Sowohl Lachen als auch geschlechtliche Regungen vergehen einem im abgeschnürten Zustand völlig. Die Anwendung dieser Bußinstrumente war auch wieder an die Erlaubnis der Oberen gebunden. Aber jeder mußte sich diese Erlaubnis holen. Im Krankheitsfalle wurde sie dann aus Fürsorgegründen verweigert.

Jetzt war es also heraus. Mein Engel war ziemlich erleichtert, ich war so verdattert, daß ich nichts herausbrachte. Die Instrumente durfte ich gleich behalten. Da sie im Handel nicht zu haben sind, wurden sie von uns Novizen selbst hergestellt. Das erinnerte mich sehr daran, wie mich meine Mutter um Haselnußgerten geschickt hatte, um dadurch Gottes Vergebung Nachdruck zu verleihen. Ich war ja wohl volljährig, und mit Gewalt hielt mich niemand.

Mit der Volljährigkeit war das aber so eine Sache. Während der zwei Noviziatsjahre war ich bestens umsorgt. Es fehlte mir weder an Kleidung noch an Essen. Ich fror nicht und durfte sporteln und spazierengehen. Ich brauchte mich nicht um den Tagesablauf zu kümmern, der war fürs ganze Jahr vorgegeben. Wir mußten keine anstrengende Arbeit verrichten, ja wir mußten eigentlich überhaupt nicht arbeiten. Jedenfalls taten wir kaum je etwas, was diesem Wort im üblichen Sinn entsprochen hätte. Im halbstündigen Rhythmus wechselte die geistige Tätigkeit. Da gab es die asketische Lesung und die „Vita"-Lesung. Den Rosenkranz und die Betrachtung, das Studium der Nachfolge Christi und der Hl. Schrift. Alles für eine halbe Stunde und jeden Tag. Dazu eine Einführung, dreiviertelstündig, in die Ordensregeln, eine Meditationsvorgabe und die Hl. Messe, dazwischen eine Unterrichtsstunde in Latein und eine andere in Griechisch, obwohl ich diese Sprachen schon acht Jahre lang gelernt hatte. Die handwerkliche Tätigkeit beschränkte sich aufs Zimmer-Wischen. Äußerlich gesehen war es ein völlig sorgenfreies, der Innerlichkeit gewidmetes Leben. Dies sollte es jedenfalls nach Ausbildungsplan sein.

Bei mir wirkte sich die Freiheit von äußeren Sorgen in Regression und zunehmender Infantilisierung aus, und ich glaube, diese Entwicklung auch bei Mitnovizen beobachtet zu haben. Wir wurden von der Wirklichkeit des Lebens abgesondert, in ein Leben ohne Erwerbstätigkeit eingeführt. Politischen Ereignissen gegenüber waren wir fast völlig abgeschirmt. Radiohören war nicht möglich. Die Außenwelt, ja die Welt war nicht wichtig. So wurden wir selbst wichtig. Ausgewählte Lektüre und gezielte Instruktionen brachten mich oft in eine innere Hochspannung. Mein Idealismus wurde geschürt, ich brannte darauf, ihn in konkrete Taten umzusetzen. Dies war aber nicht zulässig. Jedenfalls im ersten Noviziatsjahr nicht. So wurde in mir ein Feuer geschürt, das mich zu verzehren drohte. Ich fand ein Leben ohne konkretes Tun sinnlos. Das einzige Tun erstreckte sich auf Hausarbeit, Schuhe putzen, Kapelle reinigen. Kleinigkeiten wurden zum Problem. Da wir auf engem Raum in Gemeinschaftsräumen zusammenlebten, begann man sich zu beobachten, war den ganzen Tag unter Beobachtung.

Diese gegenseitige Beobachtung wurde durch gezielte Erziehung zur gegenseitigen Kontrolle verstärkt. Hierzu dienten drei, in ihrer Wertigkeit sehr unterschiedliche, Methoden.

Eine nannte sich „Almosen betteln". Sie bestand darin, daß man sich einmal in der Woche im Gemeinschaftsraum versammelte und jedem sagte, was einem an ihm aufgefallen war, was man auszusetzen hatte. Ich finde dies heute noch nützlich.

Die zweite Methode sah vor, daß sich ungefähr alle drei Monate alle Novizen mit dem Magister versammelten. Sie bildeten mit Tischen ein in der Mitte offenes Viereck, an der Stirnseite nahm der Magister Platz. Dieser rief dann ohne Vorwarnung hintereinander einige Novizen auf, die sich einzeln in die Mitte des Vierecks knien mußten und nun ohne Widerrede anhören mußten, was die anderen reihum ihnen vorzuwerfen, an ihnen auszusetzen hatten. Das ganze nannte sich in entwaffnender Offenheit Lapidatio, Steinigung. Hierbei sollte eingeübt werden, auch unberechtigte Vorwürfe widerstandslos zu ertragen. Eine für die Ordensdisziplin wichtige Übung, bei der Christus als Vorbild diente. Kein Mißverständnis durfte aufgeklärt, keine Situation aus anderer Sicht beleuchtet werden. Heute noch respektiere ich den kleinen Brudernovizen, der sich während der eigenen Lapidatio einfach erhob und hinausging, weil er sich nicht wehren durfte. Wenige Wochen später trat er aus dem Noviziat aus. Gegen Ende meiner Noviziatszeit streikte bei dieser Gelegenheit einmal die ganze Runde. Es fielen einfach keine Anschuldigungen gegen den zur Steinigung Freigegebenen.

Die dritte Kontrollmethode war die alle bindende Verpflichtung, jeden anzuzeigen, der einen gröberen Regelverstoß beging. Noch heute hat im Jesuitenorden jeder das Recht, alles nach oben weiterzumelden, was er über einen „Mitbruder" außerhalb der Beichte erfahren hat. Er hat die Pflicht, dies zu tun, wenn ihm die Angelegenheit gravierend zu sein scheint und sich seiner Meinung nach gegen den Geist des Ordens auswirken könnte. Ich hätte nie geglaubt, daß diese Verpflichtung heute noch wirksam ist, hätte sie mein einstmals bester Freund nicht zitiert, um die Weitergabe von Informationen zu rechtfertigen. Ich werde noch darauf zurückkommen.

Diese Kontrollmethoden schaffen ein lückenloses Überwachungssystem und wirken sich bis heute nicht nur auf das Ordensleben der Jesuiten, sondern auch auf ihr Erziehungssystem aus, das ja nur ein Abklatsch ihrer Ordensideologie ist.

Trotz allem hat mich mein damaliger Magister, P. Thalhammer, fasziniert.

Es war seine persönliche Ausstrahlung, durch die ich in die Ordensideologie integriert wurde. Ich hätte vermutlich noch weitergehende Ordensregeln geschluckt, wenn er dies von mir verlangt hätte. Er lebte ein in meinen Augen fehlerfreies Jesuitenleben vor. Das System hielt uns auch in völliger Abhängigkeit von ihm. Dazu diente nicht zuletzt die periodische Ratio, in der nicht nur die Novizen, sondern alle Jesuiten bis zu ihrem Tode per Regel verpflichtet sind, ihrem Provinzial wenigstens einmal jährlich Gewissensrechenschaft abzulegen. Es muß der eigene Seelenzustand offengelegt werden. Es müssen Versuchungen und Verfehlungen mitgeteilt werden. Dem Oberen dienen diese Informationen wiederum zur Personalpolitik, die im Rahmen der Fürsorgepflicht natürlich nur zum Wohle des jeweiligen Untergebenen ausgeübt wird. Diese Ratio dient aber nicht nur der Offenlegung des eigenen Seelenzustandes, sondern bietet einem auch Gelegenheit, in aller Demut und völlig reinen Herzens sein Urteil über Mitbrüder loszuwerden. Unter dem Schutzmantel dieser Pflicht zur Offenlegung lassen sich mit gezielten Informationen Rivalitäten austragen, Karrieren beenden. Das Informationswesen im Orden läuft auf einer persönlichen Ebene zwischen dem Untergebenen und dem Oberen ab. Wenn diese Informationen Dritte betreffen, wird der Obere unter Verschweigen der Quelle zwar den Dritten meist mit der Information (oder üblen Nachrede) konfrontieren, doch bekommt der Beschuldigte nie die Möglichkeit — jedenfalls habe ich dies in keinem Fall erlebt —, sich in direkter Auseinandersetzung mit dem Ankläger über die Beschuldigungen auseinanderzusetzen. Der Denunziant bleibt anonym, was den Denunziationsfluß garantiert. Im Noviziat wird dieses Denunziantentum in kleinen Dingen, die im dortigen, von normalen Sorgen freien Schonraum zu großen Sachen werden, eingeübt. Wenn jemand einen Brief heimlich in den Postkasten steckt und so die Vorschrift, ihn unverschlossen beim Oberen abzugeben, umgeht, muß er, falls er doch beobachtet worden ist, mit einer „Anzeige" rechnen. Als ich im Spaß einen Mitnovizen samt Talar ins Schwimmbecken stieß, zeigte mich nicht er, sondern uns beide ein dritter an. Das trug uns ein Bußgebet im Speisesaal ein.

Um Demut einzuüben mußte man bestimmte Strafen sowieso auf sich nehmen. Als ich einmal meinem Magister erklärte, ich würde mir keinen Fehler zuschulden kommen lassen, sodaß ich auch nie meine Schuld bekennen müßte, lächelte er nur milde. Bald darauf hatte es mich erwischt, ohne konkreten Grund, mein Hochmut war Anlaß genug. Diese Demütigung beschäftigte mich wieder tagelang. Ich richtete in mir eine Art Speicher ein, indem ich all diese Dinge sammelte. Sie wurden zur Energiequelle für späteres Handeln gegen die Autorität. Der Speicher verhinderte auch, daß sich die ungelösten Probleme zu einem Magen- oder irgendeinem anderen Geschwür verknoteten. Dieses Unterdrückungssystem bewirkte aber auch Positives. Es machte mich im Nehmen hart. Ich lernte einstecken und trotzdem weitermachen. — Einmal, als mir der obrigkeitliche Druck zuviel wurde, ging ich zum Magister und sagte ihm, wenn er mich forthaben wolle, solle er es mir sagen, dann würde ich die Konsequenzen ziehen. Damit hatte ich ungewollt den richtigen Ton getroffen. Es sollte ja niemand über seine Belastungsfähigkeit hinaus belastet werden. Die Auslotung der Belastungsfähigkeit und die Steigerung der Belastungsfähigkeit waren das Ausbildungsziel. Die schwerste Klippe war für mich die Ruhigstellung durch einen nach meinen Begriffen unausgefüllten Tagesablauf. Ich empfand das Noviziat zumeist als Zeitvergeudung. Diese Zeitleere belastete mich und machte mir bewußt, daß ich mich freiwillig völlig dem Ordenssystem ausgeliefert hatte. Jetzt spürte ich, was es hieß, ausgeliefert zu sein. Diese Auslieferung sollte als Voraussetzung für die geforderte Verfügbarkeit gelernt und angenommen werden.

Für eine begrenzte Zeit durfte ich eine praktische Tätigkeit in Form von Jugendarbeit ausüben. Dabei ging es aber eigentlich nur darum, mich zu erproben, die Kinder waren die Versuchskaninchen. Der Magister fürchtete, daß zu großer Erfolg mit der Jugendgruppe meine Ausbildung zur Demut gefährdete. So reduzierte er die Arbeitszeit, löste mich nach sechs Monaten ab. Ich sollte lernen, daß nicht der Erfolg bei der Arbeit, sondern die Tiefe des Gehorsams Maß für Gottgefälligkeit war. Wie sich der abrupte Beziehungsabbruch auf die Kinder auswirkte, spielte keine Rolle, wurde nicht thematisiert. Es ging ja nicht um sie und ihre Bedürfnisse.

Ich hoffte sehr, nach der Hälfte des an sich zweijährigen Noviziates meine Studien fortsetzen zu dürfen. Da ich schon vor dem Ordenseintritt vier Jahre Philosophie und zwei Jahre Theologie studiert hatte, stand eine positive Entscheidung im Ermessen der Oberen und wäre nicht aus dem Rahmen gefallen. Je heftiger ich mir ein vorgezogenes Noviziatsende wünschte, desto unwahrscheinlicher wurde es. Aus der Sicht des Ordens gab es gar keine bessere Gelegenheit, meine Indifferenz gegenüber Entscheidungen der Oberen auf die Probe zu stellen. Also blieb ich lächelnd ein zweites Jahr. In diesem zweiten Jahr wollte ich wenigstens irgendetwas Praktisches lernen, wenn schon praktisches Handeln nicht möglich war. So bekam ich die Erlaubnis, mir ein Stenographielehrbuch zu besorgen. Nun ließ ich keine Gelegenheit aus, Stenographie zu üben. Außerdem stand eine alte Schreibmaschine herum. Auch für diese war eine Schule aufzutreiben. Ich lernte das Zehnfingersystem, wurde aber dann doch zurückgepfiffen, als ich zu schnell tippte.

Begeistert war ich von den dreißigtägigen Exerzitien, während derer man in ebensolangem Stillschweigen in den Ordensgeist eingeführt wurde. Als Meditationsgrundlage dienten nach einem bestimmten System ausgewählte Stellen des Neuen Testamentes. Diese Stellen wurden aber nicht frei meditiert, sondern es wurde uns jeweils durch den Magister eine Interpretation der Stelle als Einführung in die Meditation angeboten. Die Bibel diente eigentlich nur als Vehikel für diese Interpretation, die nicht von exegetisch abgesicherten Erkenntnissen ausging, sondern der Spiritualität des Magisters entsprach, oder, wenn man so will, seiner authentischen Interpretation des Ordensgeistes. Die Ordensregeln bekamen ein neutestamentliches Fundament.

Der Magister war ein ausgesprochen spiritueller Mensch, ausgestattet mit der Gabe, in treffender Formulierung überzeugen und begeistern zu können. Jedenfalls sprach er mich an. Außerdem lebte er — sozusagen als Beweis der Glaubwürdigkeit seiner Worte — ein äußerst diszipliniertes Leben. Im Grunde genommen war er ja mit uns eingesperrt, beschränkten sich seine Außenkontakte auf wenige Abwesenheitstage im Jahr. Ich denke, daß er von seiner Novizenausbildung überzeugt war, an eine Noviziatsreform nicht dachte. Die Struktur des Noviziates hatte nahtlos an die der Vorkriegszeit angeschlossen und wurde erst erheblich später verändert. — Die Noviziatsausbildung erlebte ich als stark voluntaristisch. Ein sozialkritischer Ansatz war ihr völlig fremd. Es ging um Hilfe für die Armen durch Einsatz von oben. Seelsorge wurde apolitisch verstanden, das heißt sie wurde zum geeigneten Instrumentarium für Marktwirtschaft und Kapitalismus. Es wäre für einen Jesuiten undenkbar gewesen, eine andere Partei als die ÖVP zu wählen. Dies galt bis Ende der sechziger Jahre.

Die politische Einstellung des Ordens zum Faschismus in Österreich, Deutschland, Italien wurde nicht thematisiert. Die Auflösung der Jesuitenkollegien, der Ausschluß der Jesuiten von der Wehrmacht durch die Nationalsozialisten boten sich als Alibi an, sodaß die notwendige Faschismusdiskussion nicht geführt wurde. Sie wird wohl bis heute nicht geführt, und es wird auch vermieden, eine politische Standpunktdiskussion in der heutigen österreichischen und in den deutschen Ordensprovinzen zu führen. Wohl werden bei ordensinternen Fachtagungen soziale Themen aufgegriffen, an ihre politische Wurzel wird aber kaum gerührt. Sex und Politik sind tabu.

Aus diesem Mangel politischer Erziehung in den genannten Provinzen erklärt sich auch der geringe politische Bewußtseinsstand der Ordensmitglieder. Es erklärt sich die mangelhafte politische Unterstützung progressiver Mitbrüder in Dritte-Welt-Ländern, es erklärt sich die unter P. General Arrupe zwar konkret geforderte, aber in den deutschen Provinzen nie vollzogene Solidarität mit den Armen.

Noch einen Punkt möchte ich nicht unerwähnt lassen. Zur Noviziatsausbildung gehörte die Abgeschlossenheit von der Welt. Zur Welt zählten auch die Eltern. Einmal im Jahr durften sie mich besuchen. Natürlich wurden sie dann von den Oberen freundlichst begrüßt, zum Essen eingeladen. Einmal im Jahr. Die Novizen sollten von der Familie abgenabelt werden, sie gehörten ja jetzt zu einer anderen, der Ordensfamilie. Offenbar konnte man nicht bei beiden gleichzeitig Mitglied sein. Passende Jesusworte lassen sich auch dafür finden. Die Novizen hatten sich freiwillig für den Orden entschieden und hiemit im gewissen Sinne — so wie der Orden sich verstand — gegen die Familie. — Dies hat natürlich, egoistisch gesehen, auch Vorteile. Werden die Eltern krank, darf und muß man sie nicht pflegen. Das haben denn auch meine Geschwister übernommen. Gottesdienst entbindet von der Pflicht zur Elternpflege.

Wir finden: Abschottung von der Familie, Verzicht auf alle Erbansprüche (möglichst zu Gunsten des Ordens), Verfügbarkeit für den Orden, persönliche Besitzlosigkeit, unentgeltliche Arbeit für den Orden (Gestellungsverträge), Verzicht auf Rentenversicherung usw., ursprünglich als Strukturelemente bei den Orden, heute auch bei den meisten Sekten. Was die Öffentlichkeit bei den Orden als selbstverständlich akzeptiert, wird von den Kirchen bei den mit ihnen konkurrierenden Sekten als Ausbeutung, Verführung, Entmündigung, Fanatisierung, Indoktrinierung, Geschäftemacherei verteufelt.

Während meiner Noviziatszeit starb ein vierzehnjähriger Junge aus der Pfadfindergruppe, die ich während meines Theologiestudiums aufgebaut hatte. Er war schon seit längerer Zeit lungenkrank gewesen. Ich hatte ihn oft besucht, auch für eine Weile zu einer Liegekur in mein Elternhaus eingeladen. Nun war er unerwartet im Sanatorium erstickt. Natürlich wollte ich am Begräbnis teilnehmen. Aber Jesus hatte gesagt, laßt die Toten die Toten begraben. So trugen denn meine biblisch toten Freunde den Jungen zu Grabe, während ich, gehorsam, mich für Christus zu leben entschied.

Erzieher in Kalksburg

Auf der Fahrt von St. Andrä in Kärnten nach Wien, in einem klapprigen Personenzug, war ich schrecklich aufgeregt. Ich konnte nicht fassen, daß meine Noviziatszeit nun doch so plötzlich zu Ende war. Ich platzte schier vor Tatendrang, konnte nicht erwarten, wieder konkret arbeiten zu dürfen. Ich hatte den Auftrag, im ordenseigenen Kollegium Kalksburg, einem Internat mit angeschlossenem Gymnasium, als Präfekt (Erzieher) zu arbeiten. Erstmalig würde ich auch nun mit ungefähr gleichaltrigen Jesuiten zusammenarbeiten. Wir waren acht Erzieher, ich war der einzige, der frisch aus dem Noviziat kam. Mit meinen Ordensvorstellungen fiel ich gleich hinten runter. Die Mitbrüder standen gar nicht um 5 Uhr morgens auf, der Chef schien sein Breviergebet zu vernachlässigen (schwere Sünde!), und zur Messe kamen die Mitarbeiter zu spät oder gar nicht. Und dann gab es in Hinblick auf das bald beginnende neue Schuljahr so viel zu tun, Schränke mußten in Schlafsäle geschleppt, Riesenräume ausgemalt und — als besonderes Anliegen des Chefs — Telefonleitungen gezogen werden. Ich hatte zwei Jahre Energie gesammelt, aber die Kollegen hatten es gar nicht eilig. Am besten habe ich mich damals mit einem Mitbruder verstanden, der später mein Chef wurde und mich als solcher aus dem Orden entließ.

Ich war im Ordensgeist noch noviziatsgestählt. Um 5 Uhr morgens aufstehen, anschließend Gottesdienstbesuch, mittags und abends je fünfzehn Minuten Gewissenserforschung, zwischendurch Rosenkranzgebet, das war für mich noch alles selbstverständlich, und ich konnte es zunächst gar nicht fassen, daß die Jesuiten um mich herum diese „geistlichen Übungen" nicht so ernst nahmen. Ich hatte die Lehre des Noviziats für bare Münze genommen, ich war ein naiver Idealist. Einen Vorteil bewirkte diese Einstellung: die älteren Mitbrüder, alle Vorkriegsgeneration, gewannen einen positiven Eindruck von mir. Meine für alle sichtbaren religiösen Eckdaten verschafften mir ein spirituelles Qualitätsimage. Dies war besonders im Umgang mit den „Brüdern" wichtig, die nur bedingt als solche angenommen werden. Obwohl Ordenszugehörige aufgrund derselben Gelübde, wurden sie zur Unterscheidung von den Priestern Laien genannt und — damit sie auch im Alltag nie durch Außenstehende verwechselt würden — „Brüder" im Unterschied zu den „Patres". Sie bewohnten die schlechtesten Zimmer im Haus, aßen in der untersten Ecke des Speisesaales, verbrachten ihre Freizeit getrennt von den Patres und verrichteten zumeist körperliche, nicht selten ungelernte Arbeit. Zur Zeit meines Ordenseintrittes galt noch eine Ordensregel, die bestimmte, daß Laienbrüder im Orden keine weitere Ausbildung erhalten sollten. Wer als ungelernter Hilfsarbeiter eintrat, sollte ungelernter Hilfsarbeiter bleiben. Dahinter steckte nicht nur, aber auch der Bedarf des Ordens nach ungelernten Arbeitern für die niedrigsten Tätigkeiten in den Klöstern. Wer sollte denn den Oberen die Zimmer fegen, den Patres die Toiletten reinigen, in den Großküchen das Geschirr spülen, den Studenten die Gänge wischen, den Konviktszöglingen die Ofenkohle tragen?

Handwerklich geschulte Brüder würden diese Arbeiten nicht so selbstverständlich verrichten wie ungelernte, die ihren gesellschaftlichen Status eben durch die Zugehörigkeit zum Orden erlangten. In Kalksburg ist einer von ihnen buchstäblich am Kohlenschleppen krepiert.

Hinter den Brüdern rangierte nur noch die ungebildete Frau. Bei zunehmendem Brüdermangel wurde als erstes die Klausur, die Frauen den Zutritt zu männlichen Klöstern verbietet, gelockert. Sie wurden aber nicht als Menschen eingelassen, sondern als Toilettenfrauen, Geschirrspülerinnen, Putzerinnen. Der Hl. Paulus hätte seine Freude an dieser Geschäftsordnung gehabt. — Im Laufe der Jahre hat sich natürlich etliches geändert. Es werden inzwischen auch von Jesuiten gescheite Bücher und Artikel über die „Stellung der Frau in der Kirche" verfaßt, sogar über ihre Zulassung zum Priesteramt wird hin und wieder schon diskutiert. Über das Leben der Toilettenfrau im Jesuitenkloster hat noch niemand geschrieben. Darüber gäbe es auch wenig Gottgefälliges zu berichten.

Die Auswirkungen des Ordenslebens lassen sich auch an meiner Pädagogik in Kalksburg ablesen. An ein paar Beispielen möchte ich dies verdeutlichen. Zuvor aber eine kurze Beschreibung meines Arbeitsfeldes.

Das *Kollegium Kalksburg* liegt am Rande des Wienerwaldes in einem ausgedehnten Park. Als ich dort Erzieher war, zählte es dreihundertdreißig interne und einige wenige externe Gymnasiasten, die je nach Schulklassenzugehörigkeit in sieben Abteilungen gruppiert waren. Jeder Abteilung stand damals ein Jesuit als Alleinerzieher vor. Diese Präfekten waren während des ganzen Schuljahres und an den meisten Wochenenden Tag und Nacht im Dienst. Frei hatte man, während die Jungen — es waren alles nur Jungen — in der Schule saßen. Dem Internat stand ein Generalpräfekt vor. Jede Abteilung umfaßte zwei Säle: einen Schlafsaal und einen Studiersaal. Kein Erzieher, Generalpräfekt inbegriffen, hatte eine pädagogische, alle aber eine aszetische Ausbildung. Innerhalb des vorgegebenen äußeren Tagesrahmens genoß jeder Präfekt pädagogische Freiheit. Ich brachte Eigenerfahrungen aus dem Internat mit. Die Jungen stammten zum überwiegenden Teil aus wohlhabenden Kaufmanns-, Industrie- und Adelsfamilien. Ich kann mich an keinen Arbeitersprößling erinnern. Das war schon aus Kostengründen nicht möglich. Zu den Aufnahmekriterien zählte eigentlich auch eine intakte Familie, was sich aber als wirklichkeitsfremd erwies. Die Kinder aus zerbrochenen Ehen hatten auf ihrem Karteiblatt einen roten Punkt. Sie wurden aus Rentabilitätsgründen aufgenommen oder weil die Eltern dem Kolleg eine Spende machten. — Erziehungsziel war der „Kalksburger Geist". Dieser wurde recht formal begriffen. Unabhängig von ihrer persönlichen religiösen Einstellung wurden die Kinder und Jugendlichen gezwungen, an den häufigen Pflichtgottesdiensten teilzunehmen. Formalreligiöses Verhalten wurde übergestülpt, Religion nicht umfeldbezogen vermittelt. In bezug auf religiöse Erziehung wurden Eltern, die diese nicht selbst „praktizierten", als hinderlich empfunden.

Meine Pädagogik war anfangs auf die Vorgesetzten orientiert, nicht auf die Bedürfnisse der Jugendlichen ausgerichtet. Es ging darum, ein äußerlich diszipliniertes, angepaßtes Leben einzuüben. Die Bedürfnisse der Schule hatten Auswirkungen auf das Internatsleben. Phantasievolles Internatsleben wurde von der Schule als vom Studium ablenkend empfunden. Ich setzte meinen Ehrgeiz ein, um die diszipLinierteste, pünktlichste, sich am besten unterordnende Abteilung zu führen. Bei mir gab es nachts kein Reden, kein Abhauen. Trotz der verbal deklarierten Erziehung zur Selbständigkeit und Eigenverantwortlichkeit stellte ich dafür gar keinen Experimentierraum zur Verfügung. Niemand durfte ohne Erlaubnis das Kollegsgebäude verlassen, ich mußte immer darüber informiert sein, wo sich jeder der fünfzig Jungen aufhielt.

Dies führte natürlich zu einem Doppelleben, besonders der älteren Jungen. Während der Ferien lebten sie ein freies Leben, nach anderen Werten als im Internat. Sexualerziehung klammerte ich vollkommen aus. Es gab eine Vorschrift, die besagte, daß die Präfekten nicht über sexuelle Fragen sprechen durften. Das lief alles genauso wie im Orden ab. Wer aus dem Internat entlassen wurde, flog automatisch auch aus der Schule. Wer nachts im Bett eines anderen erwischt wurde, wurde entlassen. Es ging um den Ruf des Kollegs. Homoerotisches Handeln wurde als Seuche begriffen, die sich durch Ansteckung ausbreitete. Man mußte den Anfängen wehren.

Mädchenprobleme gab es nicht, weil es keine Mädchen gab, außer in der Küche. Ich erinnere mich noch, daß ich einem Achtzehnjährigen einen Verweis gab, weil er während des Tischgebetes Blickkontakt mit einem Mädchen des Küchenpersonals hatte, und mich um die Versetzung des Mädchens in einen anderen Speisesaal bemühte. Der von mir gelobte Zölibat schlug da als Erziehungsziel voll durch. Es war überhaupt verboten, die Hände in den Hosentaschen zu vergraben, und vielleicht war es gerade deshalb allgemein der Brauch (ob Mondragone oder Kalksburg, dieser Kampf wurde offenbar in jedem Jesuitenkolleg geführt). Es war eine Art Konviktivismus, ähnlich dem Hospitalismus. Ein erst durch das Internat erzeugtes Problem.

Die strengen Rahmenvorgaben waren nur autoritär durchzusetzen, denn einsichtig begründet konnten sie ja kaum werden. Da die Qualität der pädagogischen Arbeit an der äußeren Disziplin der Abteilung gemessen wurde und ich in meinem Ehrgeiz Anerkennung für meine pädagogische Arbeit suchte, entwickelte ich entsprechend autoritäre Verhaltensweisen, die durch die Wehrlosigkeit der Zöglinge noch gefördert wurden. Die konnten sich den Autoritäten nicht entziehen. Das Internat konnten sie nicht verlassen, dagegen wären ihre Eltern gewesen. Abhauen war ein Entlassungsgrund. Schon wegen der Angst, daß dies Schule machen könnte. So sparte ich also zeitweilig mit Ohrfeigen nicht. Einmal zerschlug ich einem Sechzehnjährigen das Trommelfell. Das bereue ich bis heute bitter. Andere ließ ich nachts im Waschraum knien, weil sie im Silentium miteinander gesprochen hatten. Und trotzdem liebte ich die Jugendlichen, und die meisten mochten auch mich. Weil sie mich akzeptierten, ließen sie so viel mit sich machen. Und sie akzeptierten mich, weil ich mich auch für sie einsetzte, mit ihnen Sonderunternehmungen durchzog. Ich hielt sie aber in völliger Abhängigkeit von mir. Es kam so etwas wie das Führerprinzip zum Tragen: Alle Autorität kommt von oben, alle Verantwortung kann nach oben abgegeben werden.

Erziehung zur Kritikfähigkeit fehlte völlig. Schon gar nicht wurde das angewandte Erziehungssystem kritisiert. Die politische Richtung war undiskutabel eindeutig. Wir bekannten uns offen zu elitärer Erziehung. Kalksburger sein war etwas besonderes, wie es etwas besonderes war, Jesuit zu sein. Sozialkritisch zu denken, gar sozialkritisch in diesen Geldadel hineinzuwirken, war nicht gefragt, wurde nicht als Aufgabe erkannt.

Nach drei Jahren Präfektur schied ich schweren Herzens von meiner Abteilung.

Studienzeit

Da ich das Philosophiestudium schon vor meinem Eintritt in den Orden abgeschlossen und die Hälfte des Theologiestudiums ebenfalls schon hinter mir hatte, kam ich von Kalksburg ins dritte Jahr Theologie nach Innsbruck. In diesem Jahr sollte ich auch zum Priester geweiht werden. Heute sehe ich es als ein Jahr der verpaßten Chancen. Mich beschäftigten hauptsächlich zwei Gebiete: Bis ins Frühjahr hinein engagierte ich mich in der Flüchtlingshilfe anläßlich des Ungarnaufstandes, nachher büffelte ich für die theologische Jahresprüfung. Was ich dabei übersah, war, daß ich mit hundertzwanzig Theologiestudenten SJ unter einem Dach lebte, von denen nur wenige Österreicher waren, viele aus Spanien, den USA, Lateinamerika, Deutschland, England, Australien usw. stammten. Ich erkannte weder die Chance, weitere Sprachen zu lernen, noch nutzte ich die Gelegenheit, mich über die politischen und sozialen, kulturellen und wirtschaftlichen Gegebenheiten dieser Länder zu informieren. — Unter Vorgesetzten und Theologieprofessoren herrschte teilweise eine geradezu ausländerfeindliche Stimmung. Kulturell bedingte Unterschiede, die sich natürlich auch auf die Art des Studierens, den Umgang mit der europäischen Theologie auswirkten, wurden kurzerhand als Faulheit und Desinteresse ausgelegt. Solche vorgeschobenen Begründungen, die auf eine Ablehnung des Andersartigen hinausliefen, sobald dieses eine Veränderung der eigenen Person erforderte, verhinderten eine konstruktive gegenseitige kulturelle Befruchtung. Es war natürlich schon rein sprachlich mühsam, auch noch in der Freizeit ständig den Deutschlehrer spielen zu müssen. Das Jesuitenkolleg in Innsbruck kam sich zeitweise als ausgenützter Wohltäter vor, während es kulturell-geistig hätte gewinnen können. — So aber alterierte man sich über die leiblichen Ansprüche der Amerikaner, was dazu führte, daß im vollbesetzten Speisesaal einmal ein Vorgesetzter einem US-Theologen das zweite und nicht genehmigte Schnitzel mit der Gabel vom Teller spießte.

Ich selbst trug nichts zur Veränderung der Situation bei. Es mangelte mir an politischem Bewußtsein. Ich erkannte gar nicht die Bedeutung der Politik. Ich wußte nichts von internationalen wirtschaftlichen Zusammenhängen, von der Ausbeutung der Dritte-Welt-Länder durch die Industriestaaten, von der Rolle der Kirche und auch des Ordens in der spanischen und in den lateinamerikanischen Diktaturen. Ich hatte keine Ahnung von Marxismus. Ich lebte mit mittlerweile neunundzwanzig Jahren in einem kirchlichen Schonraum, aus dem heraus ich die heile Welt nur durch den Kommunismus bedroht sah. Die Armen waren unglückliche Menschen, denen geholfen werden mußte, soweit sie an ihrer Armut nicht selbst schuld waren. Über die Ursachen von Armut, sozialer Ungerechtigkeit, Kapitalismus und seinen Folgen wußte ich nichts, ja ich erkannte nicht einmal die Diskussionswürdigkeit dieser Themen. In der Theologie wurden diese Themen nicht berührt. Sie lief damals auf einer gehobenen Ebene ab, und Karl Rahners Theologie war auch noch nicht so lebensbezogen wie in späterer Zeit. Es wurde ja auch noch in lateinischer Sprache gelehrt. Da blieb schon mancher Inhalt auf der Strecke.

Auf der Strecke blieb auch ich als Jesuitentheologe. Beim Jahresabschlußexamen fiel ich zur Hälfte durch. Dies reichte zwar zur Fortsetzung des Studiums, doch nicht, um später den Grad eines Professen zu erreichen. Statusunterschiede gibt es im Jesuitenorden nicht nur zwischen Brüdern und Patres, sondern auch innerhalb der Patres. Nach bestimmten Kriterien wird man entweder zu vier oder zu drei Gelübden zugelassen. Die Vollmitglieder mit vier Gelübden werden Professen genannt, die Mitglieder mit drei Gelübden Coadjutores spirituales, zu deutsch: Geistliche Hilfskräfte. Das ausschlaggebende Kriterium für die Vollmitgliedschaft ist ein qualifizierter Studienabschluß nach ordensinternen Ansprüchen, die sich auf die staatlich anerkannten Studienabschlüsse nicht auswirken. Diese Unterschiede haben ihre Wurzeln in der Ordensgeschichte und gehen auf eine Zeit zurück, in der man ohne großes theologisches Wissen zum Priester geweiht werden durfte. Heute ist diese Unterscheidung eigentlich anachronistisch, aber beileibe nicht so belanglos, wie sie von manchen Ordensoberen auch mir gegenüber dargestellt wurde. Ich habe einmal versucht, eine Eingabe zur Abschaffung dieser Grade unter den österreichischen Jesuiten zu organisieren. Ich schrieb alle an und bat sie, einen entsprechenden Text zu unterschreiben. Die Reaktionen waren unterschiedlich: Eine große Zahl — auch schon betagter Patres — unterschrieb und unterstützte auch noch durch persönliche Begleitschreiben mein Unterfangen; es gab aber auch Hausobere, die mein Rundschreiben abfingen und verhinderten, daß es den Adressaten in die Hände kam. Mein eigener Hausoberer untersagte die von mir geplante Ausdehnung der Aktion auf andere Provinzen und erklärte mir, ich würde gegen den Aufruhrparagraphen des Ordens verstoßen (Epitome § 710).

Das an sich überholte Kastensystem des Ordens sollte später durch die gesetzgebende Versammlung des Ordens als nicht mehr der Zeit entsprechend abgeschafft werden. Der Papst aber verhinderte dies. Auf mich hat sich die Zugehörigkeit zu einer niedereren Kaste bei der Entlassung aus dem Orden ausgewirkt. So konnte ich ohne regulären Prozeß entlassen werden. Aus dem Grad der Mitgliedschaft ergibt sich also auch der Grad der Rechtssicherheit, wenngleich von einer solchen innerhalb der katholischen Kirche im eigentlichen Sinne gar nicht gesprochen werden kann.

Abstrus ist, daß der Gradunterschied am Gelübdeinhalt festgemacht wird. Die Vollmitglieder legen ein eigenes Gelübde des Gehorsams gegenüber dem Papst ab. An diesen Gehorsam gebunden sind natürlich alle Jesuiten. Gelübdemäßig festigen darf ihn nur ein Teil. Es ist übrigens diese feste Bindung an den Papst, die es dem Orden in der heutigen Zeit oft erschwert, sich wenigstens dort, wo Jesuiten dazu bereit wären, auf die Seite der Armen zu stellen. Diese Gehorsamsbindung schnürt in Zeiten des Umbruchs die generative Kraft des Ordens ab, ja sie legt — wie gehabt — die Spitze lahm, um Abweichungen, die an den Wurzeln auch kirchengeschichtlicher Veränderungen zu finden sind, zu verhindern.

Einen entscheidenden Vorteil hatte mein nur halb bestandenes Examen: Ich durfte mein Theologiestudium in den USA abschließen. Vorher allerdings wurde ich zum Priester geweiht und feierte in meinem Geburtsort Primiz mit Abschreiten der Ehrenkompanie der Schützen und einem Alpenrosen streuenden Flugzeug. Meine alte Pfadfindergruppe hatte mich nicht vergessen, und bei all den Böllern und Ehrensalven hüpfte meine konservative Seele vor Freude.

Erfahrungen in den USA

Die Internationalität des Jesuitenordens hat unter anderem den Vorteil, daß die Eingewöhnungszeit ins fremde Studienhaus auf ein Minimum reduziert wird. Das Grundmuster des Lebensstiles ist schon bekannt. Wissen und Frömmigkeit wirkten auf mich infantil-mechanisch. Der Papst galt zu jener Zeit noch alles. Kritik an ihm wurde nicht geübt. Der Ordensgehorsam wurde strenger gefordert, aber auch mehr umgangen. Die Tagesordnung war stärker reglementiert, die Hochschule an einem Golfplatz im Wald gelegen. Von der Stadt waren wir total abgeschnitten. Wir lebten auf einer Insel. Wir gingen nicht ins Kino, der Film kam ins Haus. Radiohören war verboten, Fernsehen auch. Wieder waren viele Lateinamerikaner da und wieder erfaßte ich nicht die Chance, ihre Probleme kennen zu lernen.

Das Leben unter den nordamerikanischen Jesuiten war unkompliziert, die Stimmung optimistisch. Den Optimismus als Quelle zum Erfolg in der Arbeit eignete ich mir hier an. Ich kam viel im Land herum, besuchte Universitäten, Gymnasien, arbeitete in einem Zentrum für jugendliche Delinquenten und in verschiedenen Jugendzentren. Ich interessierte mich für Finanzierungsmethoden und Spendenorganisationen. Ich beobachtete, wie in der offenen Jugendarbeit Polizisten als Zweitjob Aufsicht und Erziehung übernahmen, die die Anwendung von Handschellen nicht ausschloß. Beim Tanzen mußten Jugendliche Abstand wahren. „Alles, was Spaß macht, ist verboten", sagte mir ein Erziehungspolizist. Er war damit nicht einverstanden, tat aber seine Pflicht. Schließlich war er dem Pater, der das Zentrum in San José leitete, verpflichtet.

Das Jugendzentrum in El Paso war ein besonders hartes Pflaster. Dem leitenden Pater machten etliche seiner Kollegen harsche Vorwürfe, weil er aus der blühenden bürgerlichen Jugendgruppe einen Zufluchtsort für Kinder illegal eingewanderter Mexikaner gemacht hatte. Und dies zu einer Zeit, in der die Jesuiten im Süden der USA in ihren Gymnasien den Schwarzen die Aufnahme verweigerten, weil ihnen sonst die gut zahlenden Weißen davongelaufen wären. Abends sperrten wir die Straßen um dieses Jugendzentrum ab und funktionierten sie in Spielplätze um. Ich lernte praktische Gemeinschaftsarbeit kennen, ohne je das Wort zu hören.

Im zweiten USA-Jahr schloß ich meine Ausbildung in Port Townsend, Wash. ab. Auch hier verlief die Ausbildung völlig apolitisch. Die Ausbildungsstätte befand sich auf einer richtigen Insel, konnte also nur mit dem Schiff erreicht werden. Über Rassendiskriminierung, die Ursachen der damals schon hohen Arbeitslosigkeit in den USA, die Verslumung der Städte, die Beziehungen der USA zu Lateinamerika wurde nicht gesprochen. Ich erinnere mich noch an die netten Kollegen, den sympathischen Vorgesetzten, das tägliche Volleyballspiel, meine Begeisterung für Bridge und das hervorragende Essen, zubereitet von einem Koch, der unter Alkoholismus litt. So erlebte ich — und darüber wurde auch diskutiert —, daß der Alkoholismus für Priester und auch für Jesuiten ein aktuelles Problem war. Zum ersten Mal hörte ich von eigens für Priester eingerichteten Entziehungsheimen. Außerdem verfaßte ich mein erstes Buchmanuskript, das die Abenteuer zweier Jungen schilderte und wegen minderer Qualität durch die Zensur fiel und nie veröffentlicht wurde.

Inzwischen spekulierte ich darüber, welches wohl mein erster Job sein würde. Ich hoffte, in der Jugendarbeit eingesetzt zu werden. An Innsbruck wagte ich dabei gar nicht zu denken. Genau dort aber landete ich.

II.
Konflikte und Entlassung

Zum Traumjob berufen

P. Grimeisen hatte mit viel Engagement und Können in Innsbruck die Marianische Kongregation (MK) am Jesuitenkolleg zu einer zweihundertsechzig-köpfigen Jugendgruppe ausgebaut. Ich sollte ihn ablösen. Ich freute mich auf die Arbeit, auf die zu hoffen ich nicht gewagt hatte, doch gefiel mit nicht die Art und Weise der Ablösung von P. Grimeisen. Er hatte Neider und Kritiker, denen der Orden nachgab.

Voll Ehrgeiz stürzte ich mich in die Arbeit.

Schon während der Theologie war ich auf dem Dachgarten des Kollegs gelustwandelt und hatte davon geträumt, den damals noch von der Polizei besetzten Kollegsflügel durch ein neues Jugendheim zu ersetzen. Phantastereien!?

Da es sich bei der MK um eine kirchliche Jugendgruppe handelte, war der laufende Nachweis ihrer Kirchlichkeit zu erbringen. Dies wurde im wesentlichen an der Frequenz von Gottesdiensten und Sakramenten abgelesen. Von der Angemessenheit solcher Kriterien war ich selbst auch überzeugt.

Um inneres und äußeres Wachstum voranzutreiben, war es notwendig, Programme und Projekte anzubieten, die die Jugendlichen herausforderten. Der Orden setzte meiner Arbeit keine Grenzen, unterstützte sie finanziell durch die Übernahme des Lebensunterhaltes der damals im Jugendzentrum arbeitenden Jesuiten. Die Mittel für dessen Erweiterung und Neubau („Kennedy-Haus") sowie den bald in Angriff genommenen Bau von Außenstellen mußte ich selbst beschaffen. Dafür ließ der Orden bei der Verwendung der selbstbeschafften Mittel unserer Gruppe freie Hand. Es gab kaum Restriktionen. Die Professoren des Jesuitenkollegs nebenan engagierten sich auch verschiedentlich in unserer Bildungsarbeit.

Der konkrete Kontakt mit den Jugendlichen lehrte mich, mich auf ihre Lebenswelt einzulassen und von dorther, aus ihrer Sicht, ihre Fragen ans Leben und ihre Perspektiven zu verstehen. Aus dieser gemeinsamen Position heraus versuchte ich auch, sie für die Arbeit am Aufbau des Jugendzentrums zu motivieren. Das Einlassen auf die Jugendlichen wurde zum Schlüssel meiner Pädagogik und zum Ausgangspunkt fast aller Konflikte mit Orden, Kirche und weltlichen Autoritäten.

Vor allem aber veränderte dieses Einlassen schrittweise mich selbst, meine Ansichten über Erziehung, Autorität, Sexualität, Demokratie, Glauben, Kirche, Religion,

Gott und viel später — für Innsbruck zu spät — über Gesellschaft, Wirtschaftssystem, Sozialismus.

Dieses Einlassen vollzog sich nur in kleinen Schritten, und die Konflikte, die sich für mich persönlich ergaben, wurden mir erst allmählich bewußt. Mir stand kein pädagogisches System vor Augen, sondern ich hatte das menschliche Verlangen, den Alltag der Jugendlichen, ihre Probleme, ernst zu nehmen und mitzutragen. Die Jungen und Mädchen teilten mir ihre Sorgen mit, um sie mit mir zu teilen, sich so zu entlasten. Durch dieses Mitleben bemerkte ich, daß die in einem autoritären Erziehungssystem vorgegebenen Antworten auf Probleme häufig unwahr waren, nicht die Lebenswelt der Jugendlichen berücksichtigten, sondern der pädagogischen Anpassung an die Lebenswelt der Erwachsenen dienten. Autoritäre Pädagogik dient vor allem der Lösung der Probleme der Erzieher, nicht der Lösung der Probleme Jugendlicher.

Mein Bestreben richtete sich zuerst darauf, den Handlungsspielraum der Jugendlichen zu erweitern. Ich erhob noch keinerlei Anspruch auf gesellschaftliche Veränderungen, befaßte mich auch nicht mit Gesellschaftsanalyse. Ich erweiterte nur ein bißchen den Bewegungsraum der Jugendlichen, um die dadurch etwas verschobenen und ausgedehnten Grenzen umso eindeutiger durchzusetzen. Dazu hatte ich ja nun auch die Zustimmung der Jugendlichen, weil sie für den erweiterten Freiraum dankbar waren. Später erkannte ich dieses System als das einer repressiven Toleranz. — Jeder Schritt voran stellte auch meine bisherigen persönlichen Grundsätze und Werte in Frage. Ich war selbst autoritär erzogen worden, autoritätshörig. Meine pädagogischen Erfahrungen in den USA hatten mir gezeigt, daß Erziehung auch in einem Land mit angeblich vorbildlichem Demokratieanspruch alles andere als demokratisch ablief. Ein so autoritär strukturierter Orden wie der Jesuitenorden hatte mich natürlich nochmals autoritäre Erziehung erfahren lassen, die — religiös überhöht — noch dazu zum gottgefälligen Erziehungssystem wurde. Die Marianische Kongregation, vom System her ein Abbild des Ordens für Laien, bot der kirchlichen Erziehungsarbeit ebenfalls ein autoritäres System an, das seine Pädagogik überdies weitgehend durch Moralvorschriften ausdrückte und zu einem voluntaristischen Idealismus inspirierte.

Als erstes erkannte ich dann im religiösen Bereich, daß liberalere Auslegungen von Vorschriften zwar etwas freier atmen ließen, Abhängigkeit aber nur bedingt abbauten. Die Herr-Knecht-Beziehung in der Kirche und ihrer Pädagogik blieb bestehen. Erst eine Demokratisierung der Kirche, eine demokratische Auslegung des Evangeliums, ein nicht auf Gottesfurcht aufbauender Glaube, würde innerlich frei machen, erlösen. Konkret führten mich solche Überlegungen zum Beispiel zur schrittweisen Einbeziehung der Jugendlichen in bis dahin dem Priester reservierte Rollen beim Gottesdienst — was sofort auf kirchlichen Widerspruch stieß, sobald wir nur etwas von den Konzilsreformen vorwegnahmen. Dabei wird die Liturgiereform erst dort relevant, wo sie den Gedanken des allgemeinen Priestertums in die Praxis umsetzt, und dies war vom Konzil zwar problematisiert, aber nicht konkretisiert worden.

Ich mußte mich aber erst selbst von inneren Abhängigkeiten befreien und mein Gewissen von Autoritätsorientierung auf Mitmenschen-Orientierung umstellen. Das Maß von Gut und Böse, so lernte ich autodidaktisch, war nicht der Spruch der Autorität, sondern die Auswirkung auf den Mitmenschen und mich selbst. Ich sollte ja Gott lieben so wie mich, nicht wie den Oberen. Um mich aus dieser autoritären Abhängigkeit, von einem durch Autoritäten geschaffenen Gottesbild zu lösen, mußte ich erst selbst einmal beginnen, im Verlaß auf Autorität ernst genommene Gebote zu vernachlässigen, wenn mich ihre Begründung nicht überzeugte, obwohl auf ihre Übertretung als Strafe die ewige Verdammnis stand. Ich hatte mein Gewissen bisher weniger an rational einsichtigen Kriterien, mehr am Vertrauen in kirchliche Autoritäten, in ihre Vorgaben orientiert.

Ich war bereit gewesen, unabtretbare Verantwortung an Vorgesetzte abzutreten, sie Jugendlichen aber auch abzunehmen. Ich begann mich langsam von einem Pädagogikverständnis zu lösen, das den exkulpierenden Befehlsnotstand erst ermöglicht hatte.

Allmählich entschloß ich mich, die Kriterien für mein Handeln von den voraussichtlichen Folgen meines Handelns für Mitmenschen und mich und nicht von den Interpretationen der Glaubenswächter abzuleiten.

Ich wagte es also nicht mehr, Jugendlichen zu sagen, daß ich die Verantwortung für ihr Handeln nach Vorschrift übernehmen würde, wenn die Folgen ihres Handelns doch sie und nicht mich trafen. Oder: Wie konnte ich zum Beispiel Liebesbeziehungen verurteilen, wenn die Verurteilung den Verlust des Freundes, vielleicht den Verlust des Glücks für beide bedeutete?

Fällt auf solche Weise äußerer Zwang fort, muß natürlich mehr über qualifizierte Inhalte erzogen werden. Um im kirchlichen Bereich zu bleiben: Die Vorbereitung eines Pflichtgottesdienstes ist viel weniger anstrengend als die Vorbereitung eines Gottesdienstes, der nur wegen seiner Qualität besucht wird.

In meiner Innsbrucker Zeit arbeitete ich viel mit Zwang, besonders auch mit kaschiertem. Ich koppelte attraktive Programmangebote an Pflichten.

Sexualerziehung ist in der katholischen Pädagogik nicht vorgesehen. Hier wird geheuchelt, es werden Sprüche geklopft. Die Praktiker werden mit einer Theorie, die nicht umsetzbar ist, allein gelassen, die Moraltheologen stützen entweder die Vorgaben der kirchlichen Glaubensautoritäten oder befinden sich auf Tauchstation, um sich nicht Sanktionen auszusetzen. Das allgemeine Kirchenklima ist so, daß sie sofort ihre Lehrbefugnis verlören, wenn sie eine an Psychologie oder Pädagogik orientierte Moralauffassung verträten. Mit Vernunft und Ratio ist sexualpädagogisches Handeln im offiziellen Kirchenrahmen nicht legitimierbar. — Dies hat auch seine positive Seite. Die pädagogische Sexualpraxis enwickelt sich kirchenunabhängig und trägt damit entschieden zur Beendigung autoritätsbezogener Kirchenpädagogik bei. (Ausgeliefert an die katholische Unmoral bleiben oft hilfsbedürftige Kinder und Jugendliche in kirchlichen Internaten, Behinderte und Alte in Heimen.)

Eine kirchenunabhängige pädagogische Praxis in einem den Jesuiten unterstehenden Jugendzentrum ist natürlich konfliktgeladen — und dies ganz besonders im Bereich der Sexualität. Als ich diese Praxis dann auch noch — wenngleich mit vielen Auslassungen — nach fast fünfzehnjähriger Jugendarbeit in Innsbruck beschrieb, war meine Position nicht mehr zu halten. Als hätten sie sich an ihren eigenen Geschlechtsteilen verschluckt, war es den amtlichen Talarträgern nicht einmal möglich, in eine Diskussion über Fragen der Sexualität einzutreten. Sie bestanden nur auf meiner Absetzung.

Jede Gesellschaft ist mittels ihrer Institutionen daran interessiert, ihre* Jugend in das vorgegebene Gesellschaftssystem einzuführen. Die Ziele der Gesellschaft werden von den Machtträgern der Gesellschaft entscheidend beeinflußt, und diese bestimmen auch die Ziele der gesellschaftlichen Institutionen. In einer Gesellschaft wie der unseren sind die großen Kirchen ins Machtgefüge eingebunden. Dies garantiert Privilegien, die sich die weltlichen Machtträger durch gesellschaftsetablierende Zubringerdienste der Kirchen, z.B. deren Pädagogik, honorieren lassen. Eine nicht auf Gleichheit und Partnerschaft basierende Gesellschaft und Kirche fürchtet kaum etwas mehr als die Hinterfragung und Veränderung ihrer pädagogischen Autorität. Pädagogen sind für sie Fachleute, die ihr Handwerk gelernt haben und die — in der offenen Jugendarbeit etwa — Jugendliche begeistern, beeinflussen und motivieren können. Das Ziel, für das sie begeistern, beeinflussen und motivieren, haben nicht die Pädagogen zu bestimmen. Die Zielvorgaben der Pädagogik behalten sich Politiker und Kirchenspitzen vor, die auch bereit sind, diese Zielvorgaben bei und sogar gegen Pädagogen autoritär durchzusetzen. Sie scheuen zuweilen nicht vor ordnungspolitischen Maßnahmen zurück — beide Instanzen haben ihren Radikalenerlaß. Was in der Bundesrepublik der ordentliche Erlaß verhindert, verhindern in Österreich die „Beziehungen" und in der Kirche der Gehorsam.

So sehr sich Gesellschaft und Kirche zur Marktwirtschaft bekennen, so sehr scheuen sie sich, die Dienstleistung der Pädagogik den Gesetzen von Angebot und Nachfrage zu unterstellen. Das Erziehungssystem untersteht voll der Planwirtschaft. Ebenso die offene Jugendarbeit, die über die Finanzmittelvergabe gesteuert wird. Wo es einmal gelingt, eine Institution mit einer Mischfinanzierung, also mit einem erheblichen Eigenmittelanteil aufzubauen (wie dies bei der MK in Innsbruck der Fall war, die daher durch die Subventionsstreichung seitens der einen oder anderen Stelle pädagogisch nicht mehr erpreßt werden konnte), bleibt im kirchlichen Bereich immer noch die Notbremse Gehorsam.

Einer schwarzen Pädagogik werden allerdings bis heute kaum Grenzen gesetzt. Wer Gott zum Erziehungsinstrument degradiert, das einen die eigene Autorität stützenden Sündenkatalog überwacht und so tausend Ängste in Kinderseelen weckt, dem darf die Mitra das Haupt zieren. Wo Erziehungsziele krank machen, werden nicht die Ziele überprüft, sondern die Anpassungsmechanismen verfeinert und verstärkt. Wer auch damit noch nicht angepaßt werden kann, wird sonderbehandelt: in die Sonderschule und später nicht selten ins Gefängnis gesteckt. Dorthin schickt die Kirche dann wieder Seelsorger. Sie läßt die Opfer nicht im Stich, selbst wenn sie an ihrer Opferung mitwirkt. Sie garantiert dem Teil der Gesellschaft, der sich durch Aussonderung der Unangepaßten zur Elite profiliert, ein gutes Gewissen, damit er sein Elitedasein genießen kann.

Christliche Kirche könnte im spätkapitalistischen System nur glaubwürdig sein, wenn sie sich als Korrektiv zu dieser Gesellschaftsordnung verstünde. Sobald sie zur Staatskirche wird, die bei uns ins Gesellschaftssystem eingebunden ist, entsteht Kumpanei. Erst wenn die Kirche sich eindeutig auf die Seite derer stellt, die durch die bestehende Gesellschaftsordnung benachteiligt sind, wirkt sie glaubwürdig. Natürlich wird sie dann wie die Benachteiligten unterdrückt und verfolgt werden. Die Verfolgung der Kirche im kapitalistischen System wäre ein Kriterium ihrer Glaubwürdigkeit.

In meiner Innsbrucker Zeit habe ich nicht antiautoritär erzogen. Ich habe höchstens dazu angeregt, ab und zu „warum" zu fragen. Das haben nicht alle Schuldirektoren, nicht alle Lehrer geschätzt, obwohl mein Fragen damals noch gar nicht bewußt auf das Entdecken gesellschaftlich bedingter Ursachen von Benachteiligung hinzielte. Ich vertrat einen individualistischen Erziehungsansatz, der auf die Entfaltung der Person ausgerichtet war, von den Interessen und Fähigkeiten der einzelnen Jugendlichen ausging, ohne dabei die Privilegien des bürgerlichen Milieus, dem ich selbst verhaftet bin und aus dem die Jugendlichen der MK stammten, in Frage zu stellen. In der zweiten Hälfte meiner Innsbrucker Zeit vertrat ich einen gesellschaftlichen Pluralismus innerhalb des geschlossenen Tiroler Gesellschaftssystems, dessen Rahmen weitgehend von Kirche und wirtschaftlichen Interessen vorgegeben war. Ich vertrat also einen Verbalpluralismus innerhalb sehr enger Grenzen. Dies war möglich, weil das Jugendzentrum von einem sehr homogenen Publikum frequentiert wurde. Die unter „Pluralismus" laufenden Unterschiede waren keine grundlegenden Gegensätze, bestanden nicht in wesentlichen Abweichungen von einer Grundlinie. Die Lebenssituation der Jugendlichen war weitgehend ähnlich, zeichnete sich durch ein mehr oder weniger privilegiertes Leben aus, wies jedenfalls keine Klassenunterschiede und deshalb auch keine Klassengegensätze auf. Ich vertrat einen aufs Bürgertum zugeschnittenen Liberalismus, der Pluralität zuließ, weil sie die bürgerlichen Fundamente und Grundstrukturen nicht ernstlich in Frage stellte. Dieser begrenzte Pluralismus gefährdete keinen Machtträger. Ich beurteilte ökonomische Not, wie ich sie bei einigen wenigen Jugendlichen beobachtete, als Schicksalsschlag, Unglück oder selbstverschuldet. So habe ich auch bei der Zähmung der Ausläufer der Studentenbewegung, soweit sie sich in Innsbruck bemerkbar machten, mitgewirkt. Eine tiefere Auseinandersetzung mit den Ideen der Studentenbewegung fand in der MK nicht statt. Sie hätte innerhalb des Systems des Jugendzentrums, das von seiner Struktur her autoritär war, auch gar nicht stattfinden können, ohne an sein Selbstverständnis zu rühren, was unter meiner Leitung nicht gefragt war. So ergab es sich, daß ausgehend von der MK zwar Anfragen an Schule, Religionsunterricht, Kirche, Elternhaus, Politiker ergingen, alle Anfragen aber reformistischer Natur waren, ausgerichtet also auf Verbesserungen und Verfeinerungen der Institutionen, nicht auf grundlegende Veränderungen ihrer Ziele.

Die Anfragen nach außen lenkten auch weitgehend von Anfragen nach innen ab. Die MK band gesellschaftliches Protestpotential ein, wirkte stabilisierend. Über die Ausweitung der persönlichen Entfaltungsmöglichkeiten wurde eine tiefere Kirchlichkeit (z.B. durch attraktivere Gottesdienste oder den Dienst in der Mission), eine stabilere Familie (Harmonisierung des Familienlebens durch das Angebot an die Jugendlichen, während der Freizeit in die MK auszuweichen), eine spaßmachende Schule (MK-Modell Sommerschule) angestrebt. Ich schrieb es der pädagogischen Inkompetenz, Ideenlosigkeit, Faulheit von Priestern, Lehrern und Eltern zu, wenn sich Jugendliche ihnen und den durch sie vertretenen Institutionen entfremdeten. Vor allem wollte ich, daß die Jugendlichen die Kirche liebten, und daher wollte ich diese von abstoßendem Ballast befreien. Gottesdienste, von vielen hundert Jugendlichen besucht, schienen mir die Richtigkeit meines Weges zu belegen. Der Einsatz von (unkritischen) Missionshelfern entsprach deren Idealismus und Abenteuerlust, er bot eine Chance, andere Kulturen kennen zu lernen, aber er hing auch mit meinem Wunsch zusammen, die Jugendlichen in Kirche (und Orden) zu integrieren. Damals glaubte ich noch an Kirche und Orden, an durch das Zweite Vatikanum eröffnete Zukunftschancen.

Die lokale Kirche in Innsbruck besaß ein ganz anderes Selbstverständnis, das vor allem durch Angst vor Veränderungen geprägt war. Daher unterband sie instinktsicher die Grundvoraussetzung aller Veränderungen: Bewußtseinsbildung durch Diskussion.

Erste Zensurerfahrungen

Von der ersten Nummer ihres Erscheinens an war die Zeitung des Kennedy-Hauses ein rotes Tuch für die Obrigkeiten. Sie konnten es nicht ertragen, daß hier von Jugendlichen oder auch von mir Meinungen vertreten wurden, die ihren ach so richtigen Ansichten widersprachen. Obwohl das Blatt *Wir diskutieren* hieß, schwebte der kirchlichen Obrigkeit stets vor, es *Wir korrigieren* zu nennen. Diskussionsbeiträge sollten — möglichst in derselben Nummer schon — „richtiggestellt" werden. Nach höherer Vorstellung hatte eine Diskussion aus untertänlichen Falschmeldungen und obrigkeitlichen Richtigstellungen zu bestehen.

Mir selbst wurde ab Erscheinen meines ersten Buches auch mein provokanter Stil vorgeworfen. Den benutzten sie stets als Ausrede, um sich nicht auf Diskussionen einlassen zu müssen. In den nichtprovokanten Pausen zwischen meinen Büchern wurde allerdings auch nicht diskutiert.

Als kirchliche Publikation wurde *Wir diskutieren* von Anfang an der kirchlichen Zensur unterstellt. Meine Beiträge natürlich auch. Es ließe sich eine eigene Zensurgeschichte schreiben. Als die kirchlichen Klagen nicht aufhörten, vereinbarten die Ordensobersten mit dem Diözesanbischof Paulus Rusch, daß ein ihm direkt unterstellter Priester seiner Diözese zum Zensor der Zeitung bestellt werden sollte. Ich stimmte zu, unter der Voraussetzung, daß sich dann auch alle Klagen bezüglich der Zeitung über den Zensor ergießen sollten. An diese Abmachung hielt sich der Bischof natürlich nicht. Zu bemerken ist, daß nicht ein einziger beanstandeter Artikel in *Wir diskutieren* je ohne Placet des Zensors erschienen war. Die Kirche versuchte, durch Zensorenwechsel das Hirn der Jugendlichen unter Kontrolle zu bekommen und meine Ansichten zu unterdrücken.

Kein autoritäres System kommt ohne Zensur aus. Selbst Staaten mit parlamentarischer Demokratie — wie die Bundesrepublik — leisten sich noch autoritäre Institutionen, zum Beispiel die Schule, die ganz legal ein Zensursystem installiert, um sich Schülermeinungen vom Halse zu halten. Die eigene Schülermeinung, die abweichende Pädagogenmeinung werden als systemgefährdend angesehen. Ich wollte, meine Pädagogik wäre so kraftvoll gewesen, daß diese Angst gerechtfertigt gewesen wäre!

Wie altersschwach ist unser Gesellschaftssystem, daß es sich durch die Meinung seiner eigenen Jugend gefährdet sieht!

Die Kirche selbst prangert es stets an, wenn ihr in einem Gesellschaftssystem Mission und Predigt ihrer Lehre verboten, ein Maulkorb umgehängt, der Verkauf ihrer Bücher untersagt, einer anderen Religion von Staats wegen der Vorrang gegeben wird. In ihrem eigenen Einfluß- und Machtbereich verwahrt sie sich mit eben diesen Methoden gegen Meinungsvielfalt und Meinungsfreiheit, auch wenn die auftretenden pluralistischen Strömungen den Kirchenrahmen durchaus anerkennen, also gar nicht grundsätzlich gegen die Kirche gerichtet sind, sogar erklärtermaßen ihre Erneuerung und Reform anstreben, um sie zu erhalten. Sie akzeptiert nicht, daß der Teil der Kirche, der nach ihrem eigenen Selbstverständnis menschlich ist — also ihre institutionelle Ausprägung —, auch den Gesetzmäßigkeiten menschlicher Institutionen unterworfen ist, die da nun einmal sind: Altern, Erstarren, Machtausbau, zunehmender Zentralismus und Bürokratismus, zunehmender Totalitätsanspruch. Das läßt sich gerade an der Geschichte der katholischen Kirche vorzüglich belegen: Die einstmalige Eigenständigkeit der Teilkirchen ist auf dem Wege zum I. Vatikanum verlorengegangen, und der Versuch des II. Vatikanums, sie wenigstens teilweise zurückzugeben, wird inzwischen durch die zentralistische Praxis wieder rückgängig gemacht. Die Personalpolitik des Vatikans, die sich hauptsächlich durch die weltweiten Bischofsernennungen ausdrückt, macht eine Erneuerung der Kirche erst durch die Bekehrung von Bischöfen — vorgenommen durch das Volk — nach deren Weihe möglich. Einheit wird von der Zentrale als Unterwerfung verstanden.

Dieses Selbstverständnis setzt sich in der Kirchenpädagogik fort, in deren Bereich Machtinstrumente angewendet werden. Die Zensur ist ein solches. Mit abweichenden Meinungen findet keine Auseinandersetzung statt, sie werden ausgegrenzt. Die Kirche fürchtet sie. Vielleicht wegen ihres Wahrheitsgehaltes, der Veränderung erfordert? Natürlich begründet die Kirche ihre Zensur nicht so. Sie begründet sie mit der Gefährdung der Leser, die von der Kirche geschützt werden müssen. Sie trägt ja Verantwortung für sie. Die heute noch gängige Formel dafür heißt, „die Gläubigen könnten verunsichert, verwirrt werden". Die Gläubigen werden also generell als unmündig, ungebildet desavouiert. Gläubige sind zum Denken untauglich, fähig und geeignet nur, zu glauben, was Priester des Herrn ihnen vorsagen. — Kirchliche Zensur ist nichts anderes als Bücherverbrennung auf katholisch. Nur ein bißchen schlauer, ein bißchen dezenter. Man glaubt Meinungen durch Verbote verhindern zu können. Werden schon Erwachsene als unmündige Christen behandelt (verbal beteuert man natürlich das Gegenteil), so ist es nur logisch, daß Kinder und Jugendliche erst recht geschützt werden müssen — in unserem Falle vor ihrem eigenen Gedankengut. Kinder dürfen zwar Marienerscheinungen haben, nicht aber ihren Kameraden mitteilen, was sie denken und fühlen, wenn dieses Denken und Fühlen nicht amtlichen Normen entspricht.

Gegen *Wir diskutieren* wurde von kirchlicher Seite

immer wieder ins Feld geführt, daß es auch von Zehnjäh-
rigen gelesen würde und diese durch die Glaubensdiskus-
sionen der Pubertierenden gefährdet würden. Da haben
wir versucht, die Kirche beim Wort zu nehmen, und
fortan für die Jüngeren eine eigene Zeitung, *Der Pietz*,
herausgegeben. Nun konnten die Eltern ihnen den alters-
entsprechenden Teil des Blattes geben. Das nützte gar
nichts, brachtete nur neuen Ärger, denn es stellte sich
heraus, daß Kinder auch nicht die Gedanken von Kindern
schriftlich erfahren dürfen. Sie würden sich nur gegenseitig gefährden und verwirren. Außerdem gab es weiterhin
verantwortungslose Eltern, die das Gesamtblatt an die
Kinder weitergaben. Die Sache mit dem Elternrecht auf
Erziehung der eigenen Kinder gilt nämlich nur solange,
als die Eltern die Lehren der Amtskirche vertreten. Das
von der katholischen Kirche immer wieder lautstark vertretene Elternrecht wird von der Kirche selbst natürlich
nicht respektiert. Sie steht darüber.

Ein ähnlicher Schwindel wird mit der Gewissensfreiheit betrieben. Kaum hat das II. Vatikanum ihre Bedeutung hervorgehoben, wird sie in der Praxis durch die Verpflichtung zur kirchenorientierten Gewissensbildung wieder rückgängig gemacht. Gewissensfreiheit gilt nur für
den, der sein Gewissen im Sinne der Amtskirche gebildet
hat. Jetzt kann wieder nichts schief gehen.

Die Unterdrückung der Meinung von Jugendlichen ist
Bestandteil der noch immer praktizierten schwarzen Pädagogik, die nicht an der Persönlichkeitsentfaltung des
einzelnen interessiert ist und mit Gewalt statt mit Überzeugung arbeitet. Diese Pädagogik hat im Sinne ihrer Er-
finder durchaus Erfolg. Wer könnte leugnen, daß durch
Härte Diziplin erreicht, durch Ausschaltung von Meinungsfreiheit Kritikfähigkeit unterbunden werden kann.
Wo letztere fehlt, ist geistiger Abhängigkeit, Fanatismus
und Intoleranz, aber auch der Resignation Tür und Tor
geöffnet. Gerade die katholische Kirche müßte erkennen,
daß sie auch durch ihre Pädagogik dem Nationalsozialismus zugearbeitet hat und heute noch Kolonisation und
Unterdrückung erleichtert.

Orden und Erziehung

Zurück zum Jesuitenorden, zurück zu meinen eigenen Erfahrungen. Der Orden ist auf seine vielen pädagogischen
Institutionen, die über die ganze Welt verstreut sind,

stolz. Gymnasien, Universitäten, Stätten der Erwachsenenbildung, unterschiedliche Jugendeinrichtungen bilden den Hauptschwerpunkt seiner Tätigkeit. Der Jesuitenorden ist in erster Linie ein in der Erziehung und Ausbildung engagierter Orden. Er kommt dieser selbstgewählten Aufgabe weltweit in den unterschiedlichsten politischen und gesellschaftlichen Systemen nach. Er unterhält Erziehungsinstitutionen in Diktaturen und läßt sie sich dort von diesen finanzieren (man erinnere sich nur an das ausgedehnte jesuitische Schulsystem in Franco-Spanien), er unterhält gleichzeitig Privatuniversitäten in Übersee, Gymnasien im deutschsprachigen Raum — um mal nur einige Punkte auf der Landkarte zu nennen. Dies ist wohl nur deshalb möglich, weil der Orden ein Erziehungs- und Bildungskonzept vertritt, das sich grundsätzlich als unpolitisch versteht, dennoch geeignet ist, jedem Gesellschaftssystem zu dienen, und weil er sich der politischen Auswirkungen seines Dienstes entweder nicht bewußt ist oder sie bejaht, zumindest akzeptiert. Dahinter steckt offenbar auch die Auffassung, daß Bildung neutral ist, kognitiv abläuft und eine soziale Komponente nur dort enthält, wo diese auf das Leben im ordenseigenen Internat oder die Gemeinsamkeiten im Zeltlager abgestimmt werden muß. Ein Blick auf die Landkarte der ordenseigenen Erziehungsinstitutionen in den Industrienationen läßt außerdem erkennen, daß der Orden praktisch ausschließlich in der Ausbildung und Erziehung von „bürgerlichen" Kindern tätig war und erst die staatliche Öffnung des Bildungswesens für die Arbeiterklasse auch den Ordensschulen Arbeiterkinder zugeführt hat.

Nur in Lateinamerika hat der Orden, allerdings erst vor wenigen Jahren, zu erkennen begonnen, daß Erziehung nicht politisch neutral ist, sondern, je nach dem gesellschaftlichen System, in das sie eingebunden ist, oder ihren davon abweichenden selbstgesetzten Zielen, die Interessen von Armen oder Reichen, Unterdrückern oder Unterdrückten vertritt. Die ordensinternen Konflikte, die dieser Erkenntnis folgten, blieben naturgemäß nicht aus. Sie dauern bis heute an und führen in manchen Ordensprovinzen an den Rand der Spaltung. Endlich wird politisch diskutiert.

Bisher ist nur zu erkennen, daß der Orden Erziehung zu nutzen versuchte, um religiösen Einfluß auf die jeweilige Jugend zu bekommen. Die mir bekannten ordensinternen Auseinandersetzungen über Erziehungserfolge versuchte man allein an religiösen Kriterien zu messen, denen wiederum ein sehr formales Religionsverständnis zugrunde lag: Sakramentenempfang, eheliche Treue, Ein-

treten für die Amtskirchen, Einhalten kirchlicher Sexual-
normen. Der Zusammenhang zwischen Religion und Politik, Religion und sozialer Gerechtigkeit, Religion und
Klassenunterschieden wurde nicht diskutiert. Die Frage
nach den Zielen jesuitischer Pädagogik wird in den
deutschsprachigen Provinzen bis heute nicht systema-
tisch bearbeitet. Zu oft wird die Ordenspädagogik stillschweigend und übereinstimmend als eine Anpassungs-
pädagogik ausgeübt, ohne daß die Patres ihre Handlan-
gerdienste fürs System diskutieren.

Dieses unpolitische Verständnis von Pädagogik, das
ein ebenso unpolitisches Religions- und Glaubensverständnis offenlegt, gibt den Hierarchen der Kirche — die
selbst Politik betreiben, aber den ihnen unterstellten
Amtsträgern solches verbieten — eine große Machtfülle.
Sie setzen das von ihnen abhängige unpolitische Erziehungssystem gezielt politisch ein, um die ihren Institutionen wichtigen Interessen, Vorteile, Privilegien durchzuziehen. Zum Wohle der Gläubigen natürlich.

Ich kenne kein einziges deutschsprachiges Buch, in
dem sich Jesuiten mit ihrer Pädagogik kritisch auseinan-
dersetzten. Selbstverständlich kenne ich Erbauungsbü-
cher von Jesuiten.

Wandel meiner Pädagogik

Mit dem gleichen unpolitischen Pädagogikverständnis
habe ich in Innsbruck meine Arbeit begonnen. Im Laufe
der Zeit setzte sich dann langsam ein an den Bedürfnissen der Jugendlichen orientiertes pädagogisches Verständnis durch. Als Quelle der Bedürfnisse von Jugendlichen verstand ich zunächst deren noch nicht durch gesellschaftliche Anpassung zerquetschte Person. Ich denke, es
gibt so etwas wie angeborene, aus der Evolution über-
nommene Bedürfnisse, die im allgemeinen gesellschaftlichen Erziehungsprozeß (der der Umformung angebore-
ner Eigenschaften immer vorauseilt) kanalisiert und fort-
entwickelt, aber auch abgestumpft, unterbunden, abge-
wöhnt und unterdrückt werden. Neugierde, Spontaneität,
Ursprünglichkeit, Echtheit, Ungezwungenheit gehen verloren auf Kosten von „das tut man nicht, das mußt du lernen, hier mußt du kuschen, dort dich anpassen, wenn du
weiterkommen willst". Ein Netz von Sozialisationsfeldern
beginnt Kinder und Jugendliche zu umgarnen, angefangen von der Familie über die offiziellen Institutionen der

Gesellschaft, wie Schule, Ausbildungsplatz, Bundeswehr, bis hin zu den inoffiziellen, aber deshalb nicht weniger wirksamen Erziehungsfaktoren, wie wirtschaftlich und gesellschaftspolitisch bedingten Mechanismen der Anpassung (Leistungsprinzip), aber auch der Bedürfniswekkung (Werbung).

Nach meinem Verständnis von Person und Gesellschaft werden die Kriterien für „echte", „objektive" Bedürfnisse zum einen aus den unverfälschten Bedürfnissen der Person und zum anderen aus den Interessen der Wirtschaft, Gesellschaft und ihren Institutionen bestimmt. Religionen wird die Aufgabe zugewiesen, ein Wertsystem zu schaffen, das der Begründung dieser Interessen dienlich ist. Sie sollen Sinnstifter in sinnlosen Systemen sein. Je nachdem ob sich Religion auf die Seite des Individuums oder der Gesellschaft schlägt, wird sie im Konfliktfalle von dieser oder jener Seite zur Durchsetzung der jeweiligen Interessen benutzt. Die Geschichte der christlichen Religion belegt, wie interpretierbar die Quellen der Religion sind, selbst wenn sich, wie beim Katholizismus, die Hierarchie das Monopol ihrer Auslegung gesichert hat und daher nicht die Wissenschaft oder der Glaube, sondern das Amt die Wahrheit bestimmt. Nun war ich in Innsbruck als Ordensmann kirchlicher Amtsträger. Als solcher hatte ich die Interessen der Institution Kirche zu vertreten, als Anwalt der Jugendlichen, der ich ja sein wollte, die Interessen der Jugendlichen. Nach kirchlicher Auffassung gibt es natürlich diesen Interessenkonflikt gar nicht (genausowenig wie es ihn in einer Diktatur des Proletariats geben darf), weil die Kirche sich selbst als Anwalt der Interessen der Jugendlichen versteht. Die wahren Interessen der Jugendlichen stimmen, nach kirchlichem Verständnis, von vornherein auch mit dem von der Kirche gepredigten Glauben und Wertsystem überein.

Ich selbst hingegen begegnete dem Interessenkonflikt auf Schritt und Tritt. Einer kirchlichen Pädagogik von oben, die sich als Anpassungsinstrument an den von ihr allein korrekt interpretierten Willen Gottes versteht, stellt sich hingegen der Konflikt nicht dar. In Innsbruck wurde er deshalb so gut sichtbar, weil sich der kirchliche Pädagogikanspruch weit aus dem Glaubensfenster hinauslehnte und ebenso auf Schule und Bundesheer wie auf das Nacktbaden, Kommunizieren und Beichten, die Direktiven für Geschlechtsverkehr und Nichtverhütung, Liturgievorschriften und Gehorsam in der Familie erstreckte.

Dieser Konflikt zwischen den Interessen der Person

und den Interessen der Institution Kirche (die sich in Innsbruck weitgehend mit jenen der gesellschaftlichen Institutionen deckten) war ein fundamentaler, obwohl gesellschaftlich eigentlich von gar keiner so großen Bedeutung, da alle Beteiligten der bürgerlichen Klasse angehörten. Insofern ging er auch wieder nicht so tief, als daß man ihn nicht hätte gelassener hinnehmen können. Natürlich ist er aber auch nicht mit disziplinarischen Methoden oder ordnungspolitischen Maßnahmen unter Kontrolle zu bringen. Zensur der Schülerzeitung, erzwungene schriftliche Bekenntnisse zum katholischen Glauben und zu christlichen Erziehungsprinzipien, erzwungener Gehorsam und Badehosenvorschriften werden ihm nicht gerecht. Sie kriegen den Geist nicht in den Griff.

Durch die Parteinahme der Erzieher für die Jugendlichen erhielt einerseits das Jugendzentrum starken Zulauf, andererseits brachen überall dort Konflikte auf, wo Eltern und Institutionen ihre Interessen in den Vordergrund stellten. So formierten sich über die Jahre zwei Gruppen. Auf der einen Seite vereinten sich konservative Institutionen und einige wenige konservative Eltern, auf der anderen standen Eltern und Jugendliche mit emanzipatorischen Ansprüchen. Ein wichtiges Instrument der pädagogischen Bewußtseinsbildung wurden Diskussionsabende mit Eltern und ihren Jugendlichen.

Der Konflik spitzt sich zu

In den letzten drei Jahren meiner Arbeit in Innsbruck spitzte sich der Konflikt um meine Pädagogik zu. Ich möchte dies an Hand einer Auswahl des Briefwechsels aus jenen Jahren verdeutlichen. Dieser Briefwechsel erhellt auch die Position, die der Orden im Konflikt zwischen dem Bischof und mir einnahm. Der Orden wollte mich schon lange versetzen, um den anschwellenden Konflikt nicht austragen zu müssen; er weigerte sich nur aus ordenspolitischen Gründen, dies zu einer Zeit zu tun, in der der Bischof ständig auf meiner Abberufung bestand — eine Versetzung wäre als Abhängigkeit des Ordens vom Bischof interpretiert worden. In seiner Predigt zum Jahreswechsel 1971/72 im Innsbrucker Dom hatte Bischof Rusch die Eltern davor gewarnt, ihre Kinder ins Kennedy-Haus gehen zu lassen. Am 24.1.1972 begründete er seine öffentliche Stellungnahme einem meiner Ordensoberen gegenüber in folgendem Brief:

Hochwürdiger Pater ....!

1. Die Spannungen mit dem Kennedy-Haus haben sich durch mehrere Jahre hindurch gezogen. Zunächst begann es mit dem Nacktbaden. P. Kripp hat mir selbst auf Befragen zugegeben, daß auch er mit den Buben nackt gebadet habe. Durch lange Zeit hindurch kamen beständig Klagen an mich, daß die Buben im Kennedy-Haus immer nackt duschen. So zwar, daß sie von den anderen nicht gesehen werden. Die Sache ging weiter mit den jugendverbotenen Filmen. Trotz Besprechungen ließ sich P. Kripp nicht davon abbringen, jugendverbotene Filme darstellen zu lassen.

Am 24. 1. 1970 kam dann in Wir diskutieren der Angriff auf den Religionsunterricht in der Schule. Dieser Angriff wurde von allen Religionsprofessoren unter Anführung von Propst Dr. Huber mit einem Protest beantwortet. Ich bemerke nebenbei, daß mir P. Kripp bei einem gelegentlichen Besuch im Kennedy-Haus vor allen Jugendführern, wie ich einen freundlichen Satz über die Schule zu sagen im Begriff war, ins Wort fiel und sagte: „Wenn Sie etwas zugunsten der Schule sagen, können wir nie zusammenkommen!"

Gelegentlich der Matura hat im Sommer 1970 einer der Buben, die im Konsult der MK sind, im Aufsatz geschrieben: „Die Kirche ist überholt. Sie gehört aufgelöst." Immer wieder kamen Eltern zu mir, die mir berichteten, ihre Buben seien durch die Art und Weise der Führung im Kennedy-Haus total ungläubig geworden; es sei ihnen viel zu viel Verunsicherung dargeboten worden, aus welcher Verunsicherung sie schließlich keinen Ausweg mehr finden. Der Präfekt der MK ist aus dem Religionsunterricht ausgetreten. Er hat 1971 im Sommer in Wir diskutieren eigens davon geschrieben, daß die Untergrundfilme noch mehr verwendet werden müssen. Desgleichen kam von P. Kripp wieder die Aktion zu Gunsten des Alternativreligionsunterrichtes. Durch Einspruch der Religionsprofessoren wurde die Sache einigermaßen eingedämmt.

Im übrigen war in Wir diskutieren eine Reihe von Artikeln, die Anstoß erregten. So zum Beispiel machte ein Bub die Osterfeier der Kirche lächerlich. Ein anderer schrieb, daß Jesus für ihn nur ein bedeutender Mensch sei, aber nicht Gottes Sohn usw.

Am 2. 8. 1971 fand eine Besprechung mit P. .... (höherer Vorgesetzter; d. Verf.) statt. In dieser Besprechung legte ich all meine Beschwerden dar und verlangte auch, daß endlich die Führung der MK in anderer Weise erfolge. Ich wies darauf hin, daß bereits eine Reihe von Verletzungen kirchlicher Vorschriften vorgekommen sind.

Unter dem 18. 10. 1971 erschien in dem Wir diskutieren *wieder ein Artikel von P. Kripp, in dem er ausführte, daß konkrete Normen nur für eine bestimmte Zeit gelten, die vorehelichen Beziehungen seien nicht einfach zu verbieten, weil das auf Unverständnis stoßen würde. Man müsse auf anderes aufmerksam machen, daß es sich nicht um echte Liebe handle und ähnliches mehr, wozu zu bemerken ist, daß diese andere Vorgangsweise offensichtlich nicht genügt, wie sich am 3. 11. 1971 beim Elternabend ergeben hat.*

2. Die unmittelbaren Anstöße zu der Kanzelveröffentlichung erfolgten am 3. und 30. November. Am 3. Nov. war ein Elternabend, der sich mit dem Thema über Beziehungen zwischen Burschen und Mädchen befaßte. Es lief ein Tonband, in dem von fünf befragten Jugendlichen alle sagten, daß sie intime Beziehungen mit Mädchen haben, drei aber ausdrücklich erklärten, daß sie geschlechtliche Beziehungen haben. Einer außerdem, daß er mit mehreren Mädchen geschlechtliche Beziehungen habe. Zugleich wurde in dem Tonband angegeben, welche Methode man mit Eltern anwenden müsse, damit sie diese geschlechtlichen Beziehungen schweigend hinnehmen. In den darauf folgenden Teilaufnahmen wurde da und dort noch schlimmeres berichtet, nämlich, daß es nötigende Triebe gebe, denen man nicht ausweichen könne, ähnlich wie dies auch beim Nahrungstrieb nicht möglich sei. Im Plenum wurde dann vielfach über antikonzeptionelle Mittel usw. gesprochen. Ein Vater, der sich mit etwas Aggressivität dagegen wandte und das Gebot Gottes ausdrücklich betonte, wurde ausgiebig verlacht. Die Darstellungen von P. .... (Prof. für Moraltheologie; d. Verf.), daß es sich zwar objektiv um schwere Sünde handle, subjektiv diese aber nicht immer begreifbar zu machen sei, haben wiederum, subjektiv gesehen, so gewirkt, daß sich viele sagten, gut, dann ist es eben erlaubt.

Auf diesen Abend hin fand eine Reihe von Vorsprachen bei mir, und zwar von gebildeten Katholiken, statt, die an der Sache Ärgernis genommen hatten.

Am 30. November war dann wiederum ein Abend und zwar über religiöse Anliegen. Auch hier wurde wieder ein Tonband dargeboten, das ebenfalls Anstoß erregte, und dann von einem Teilnehmer die Frage gestellt: Ist Christus Gottes Sohn? Darauf erfolgte eine sehr abstrakte Antwort von P. (Prof. der Dogmatik; d. Verf.), die in Wirklichkeit keine Antwort war, weil auf die Frage keine Ja-Antwort erfolgte. Darauf kamen wieder verschiedene Vorsprachen und zwar von echten Freunden der MK bei mir zustande, die sich über dieser Vorgänge bitter beklagten.

Ich mußte nun der Tatsache ins Auge schauen, daß in nicht ganz kleinen gebildeten Kreisen von Innsbruck ein echtes Ärgernis vorliege und daß alle bisher im Sinn der Heiligen Schrift angewandten Mittel, nämlich Besprechungen mit den Einzelnen, dann Besprechungen mit mehreren nicht genützt haben. Infolgedessen mußte ich zu dem anderen Mittel der Heiligen Schrift schreiten: „Sag es der Gemeinde". Und dies deswegen, damit wenigstens von meiner Seite her vermieden würde, den alten Heli (ein alttestamentarischer Priester, der die Missetaten seiner Söhne duldete, d. Verf.), der in der Heiligen Schrift abgelehnt wird, nachzuahmen.

3. Das unmittelbare Echo auf meine Kanzelverkündigung war dies, daß die sämtlichen Regierungsbehörden mir von sich aus ihre Zustimmung ausgesprochen haben. Einer dieser Herren sagte wörtlich zu mir: „Wir haben schon lange darauf gewartet. Endlich haben Sie jetzt dazu gesprochen." Außerdem sind eine große Reihe von Briefen bei mir eingetroffen, die ebenfalls Zustimmung ausgesprochen haben. Daneben nun auch mit einem gewissen zögernden Abstand eine viel kleinere Anzahl von Briefen, die meine Kanzelerklärung kritisiert haben.

4. (...)

5. Noch liegt mir an, daß meine Kanzelerklärung im Gesamtzusammenhang gesehen werde. Dazu folgendes:

a. Die Tiefenpsychologie betont neuerdings, wie ich aus ganz jüngst erschienenen Werken entnehme, sehr stark die Gefährlichkeit einer Erziehung, die in den Anpassungen an heutige, angebliche oder wirkliche Jugendbedürfnisse weit geht. Sie weist darauf hin, daß volle Freizügigkeit erst recht Neurosen hervorrufe und daß damit die natürlichen Lebensbedingungen, in die ein Mensch zu stellen ist, nicht mehr gewahrt bleiben. Sie weist darauf hin, daß bei solcher Art weicher Erziehung die Menschen im späteren Leben der Lebenswirklichkeit, die vielfach harte Forderungen stellt, nicht gewachsen sind.

b. Der große politische Zusammenhang ist dieser: Es ist erwiesen, daß vom Osten sehr viel Geld eingeschleust wird, um den Westen zu erweichen. Es ist erwiesen, daß chinesische Führer ausdrücklich gesagt haben, der Westen müsse entmoralisiert werden, dann werde er von selbst erliegen. Es ist ebenso erwiesen, daß die einst freie Universität Berlin diesen Einflüssen schon weitgehend erlegen ist. Wenn die Dinge aber so sind, dann hat eine kirchliche Jugenderziehung heute die Aufgabe, echte Soldaten des Geistes heranzubilden, die an Selbstüberwindung und Opfer gewöhnt sind und Selbstüberwindung und Opfer auch nach innen hin zu leisten bereit sind.

6. (...)

7. (...) Abschließend darf ich noch darauf hinweisen, daß jede Pastoral unter anderem auch milieugerecht erfolgen muß. Wenn aber ein so betontes Echo der obersten Regierungsstellen und einer Reihe von gebildeten gläubigen Katholiken erfolgt, daß man mit der Vorgangsweise nicht einverstanden ist, dann scheint das Gesetz der Milieugerechtigkeit nicht mehr ganz gewahrt zu sein. (...)

Ich habe den Brief in allen wesentlichen Teilen wörtlich wiedergegeben, um die Punkte, in denen die pädagogischen Ansichten des Bischofs und meine auseinandergingen, authentisch darzulegen. Unter diesen Rahmenbedingungen blieb eigentlich kein Spielraum für eine halbwegs problemorientierte Jugendarbeit. Ich konnte mich während der nächsten zwei Jahre nur halten, weil das Haus immer noch wachsenden Zulauf von Jugendlichen und Studenten erhielt, der weitaus größte Teil der Eltern ebenfalls die Arbeit stützte und es einflußreiche Politiker gab, die mich nicht fallenlassen wollten. Auch im Orden hatte ich viele Freunde. Wie gesagt, meine Oberen warteten allerdings schon damals auf einen günstigen Zeitpunkt, um mich zu versetzen. Einigen wurde auch meine Macht zu groß. Und ich mußte sie natürlich weiter ausbauen, um dem Druck der Gegner meiner Pädagogik widerstehen zu können. Gegen eine Versetzung als solche hätte ich zuweilen nichts einzuwenden gehabt, strengte mich die Arbeit doch sehr an.

Noch war es nachkonziliäre Aufbruchszeit, die mit politischem Aufbruch zusammenfiel. Überzeugt von der Erneuerungsfähigkeit der Kirche, verstand ich meine Pädagogik durchaus als Erziehung zum gelebten Christentum. Das Wesen des Christentums fiel für mich mit dem Wesen des Menschseins zusammen. Ich verstand das Christentum als einen Schlüssel zum Menschsein, löste mich aber immer mehr von formalen Strukturen. Langsam begann ich zu denken, daß die konkrete Kirche, in Jahrhunderten gealtert, zum Hindernis für gelebten Glauben geworden war. Das Konzil bot durch Entrümpelung Neuerungsansätze, auf die ich lange hoffte, aber bereits Anfang der siebziger Jahre zeichnete sich ab, daß eine Gegenreformation einsetzen würde.

Abschied von morgen

Im Sommer 1972 entschloß ich mich, für meine Arbeit im Jugendzentrum entweder den Durchbruch zu erzielen oder zu scheitern. Der Anlaß war zufällig. Ein katholischer Verlag hatte mich gebeten, über meine Jugendarbeit ein Buch zu schreiben. Ich warnte ihn und sagte voraus, daß er es nicht veröffentlichen werde. Er insistierte. Ich sagte zu, setzte mich für vier Wochen hin und schrieb *Abschied von morgen*. Der Verlag war entsetzt und beschwor mich, das Buch nicht zu veröffentlichen. Ich habe es aber nie geliebt, Arbeiten halb fertig liegen zu lassen. So fand ich einen anderen Verlag (Patmos, Düsseldorf 1973).

Das Schreiben selbst war ein andauernder Kampf gegen die Schere im eigenen Kopf. Ich mußte mir ständig selbst Mut zusprechen und sagen, daß ich folgenschwere Passagen wieder streichen könnte. Es war einfach einmal wichtig, alles, was ich dachte, so niederzuschreiben, wie ich es dachte. Dazu durfte ich nicht an die Auswirkungen des Geschriebenen und schon gar nicht an die Ordenszensur denken, der ich das Buch würde vorlegen müssen. Ich wollte so ehrlich wie möglich meine Gedanken niederschreiben, in Form eines Erlebnisberichtes. Ich schrieb mir dabei vieles von der Seele, was mir später als unnötige, die Diskussion verhindernde Provokation vorgeworfen wurde. Jahre später, während meiner Lehrtätigkeit in Esslingen, fragten die Studenten mich immer wieder, an welchen Inhalten sich denn die Autoritäten gestoßen hätten. Sie selbst konnten nichts Anstößiges entdecken.

Das Schreiben des Buches wirkte auf mich befreiend. Oft hatte mich der Gedanke bedrückt, daß viele meiner Freunde unter den Eltern vielleicht gar nicht wußten, was ich wirklich dachte, und ihre Freundschaft zu mir deshalb auf falschen Voraussetzungen beruhte. Mit diesem Bericht wollte ich Klarheit schaffen. Ich hoffte aber auch ein wenig auf meinen pädagogischen Durchbruch, wenngleich ich nicht daran glaubte. Ich entschloß mich, Karl Rahner — einen langjährigen Freund unseres Hauses — zu bitten, ein kritisches Nachwort zum Buch zu schreiben, und dachte mir, daß dessen mitgelieferte Kritik den Vorläufigkeitscharakter des Buches unterstreichen, der Leser daher das Buch als Diskussionsbeitrag zu kirchlicher Pädagogik verstehen würde. Es sollte sich aber zeigen, daß die Spielräume, die theoretischen Konzepten in universitären Diskussionen gewährt werden, in der pädagogischen Praxis nicht gegeben sind. Eines ist es, eine These in der Diskussion zu vertreten, etwas anderes, sie in die Praxis umzusetzen. Letzteres wird als viel bedrohender angesehen. Ich wünschte mir damals, kontroverse Ansichten zunächst einmal ohne Auswirkungen aufs Jugendzentrum diskutieren zu können. Alles, was ich sagte oder tat, wirkte sich auf das Jugendzentrum aus. Andere mußten die Folgen meines Denkens tragen. Gymnasiasten, die im Jugendzentrum mitarbeiteten, wurden wegen meiner Ansichten unter Druck gesetzt. Ich wünschte mir, einmal ohne Verantwortung für eine Institution dazustehen, um unbelastet diskutieren zu können.

Das Schuljahr 72/73 verlief verhältnismäßig konfliktfrei, doch bestand der Bischof am 3. März 1973, ohne von meinem im Druck befindlichen Buch etwas zu wissen, beim Provinzial auf meiner Ablöse. (Der Provinzialwechsel hatte bereits stattgefunden, der Rektorwechsel stand — zu meinem Leidwesen — kurz bevor). Der Bischof begründete seinen Wunsch nach meiner Abberufung damit, daß ihm diese zugesagt worden sei, er weiterhin mit meiner antiautoritären Erziehung, meinem Sexualitätsverständnis und der religiösen Erziehung nicht einverstanden sei. Wenn ich die Korrespondenz jener Jahre durchsehe, muß ich feststellen, daß der Orden mich erstaunlich lange stützte. Mit mir sprach und korrespondierte der Bischof schon lange nicht mehr, der Kontakt lief nur mehr über die Oberen. — Klar, daß es auch keine kirchlichen Subventionen mehr gab, doch konnte unser Jugendzentrum aus eigener Kraft finanziell überleben.

Im Sommer 1973 forderte der Bischof erneut — für mich ziemlich unerwartet — meine Abberufung, diesmal unter Androhung, mir die Jurisdiktion zu entziehen und mich der Diözese zu verweisen. Das war ein ziemlicher Hammer, einen konkreten Anlaß gab es nicht. Die Sommerpause war schon wiederholt die taktische Handlungsphase für den Bischof gewesen. Da wähnte er zu Recht die Stadt im Urlaub, die Studenten im Ausland, den Widerstand gering. Aber der Orden spielte auch jetzt nicht mit. Der Provinzial erklärte, die Angelegenheit an die Öffentlichkeit bringen zu wollen, wenn der Bischof seine Drohung wahrmachte. Es kam noch einmal ein Kompromiß zustande, der mir nicht behagte. Unter Zureden des neuen Rektors und Provinzials unterschrieb ich ein vom Bischof vorgelegtes Papier, in dem ich mich verpflichtete, christlich zu erziehen. Ich war der Meinung, daß ich dies schon immer getan hatte, und wußte natürlich, daß er unter „christlich" seine Pädagogik verstand.

Diese Unterschrift konnte nur eine Verlängerung des Konfliktes bedeuten.

Mittlerweile hatte der Provinzial meinem Buch *Abschied von morgen* das „imprimi potest" (die Druckerlaubnis) erteilt. Die Universitätsprofessoren Karl Rahner, Julius Morel und Otto Muck hatten das Manuskript gelesen und seine Veröffentlichung für vertretbar, wenn auch nicht gerade wünschenswert gehalten, weil natürlich auch sie die Konsequenzen ahnten. Nachdem ich erklärt hatte, daß ich dieses Buch auch ohne Genehmigung veröffentlichen würde (es war schon in Druck), sollte vermieden werden, daß ich wegen Nichtbeachtung der Zensurvorschrift belangt würde. Dem Provinzial schlug ich vor, es nicht zu lesen, damit er gegebenenfalls durch den Inhalt nicht kompromittiert würde. Zum Erteilen des „imprimi potest" genügte die Beurteilung der Zensoren seiner Wahl, auf deren Urteil er sich stützen konnte. Ich verstehe das „imprimi potest" nicht als Garant für die Richtigkeit von Ansichten, sondern für ihre legitime Vertretbarkeit. Ich denke auch, daß der Autor inhaltlich verantwortlich und selbst für die Verteidigung seiner Thesen zuständig bleibt. Man darf also die Druckfreigabe der Zensoren nicht als deren Übereinstimmung mit dem Inhalt des freigegebenen Werkes verstehen. Die Druckfreigabe bedeutet nur das Einverständnis der Zensoren mit der Publizierung von (auch abweichenden) Ansichten. Ich denke allerdings, daß die Freigabe zur Publizierung den Autor vor disziplinären Maßnahmen durch den freigebenden Oberen schützen sollte. Im Klartext: Der Provinzial, der die Druckerlaubnis gibt, darf das Druckwerk dann nicht zum Ausgangspunkt disziplinärer Maßnahmen machen. Möglicherweise kann er den Autor gar nicht vor massivem Außendruck schützen, möglicherweise müßte er selbst auf Außendruck hin gegen den Autor vorgehen, um seine Position zu halten. Ich kann verstehen, daß nicht jeder Provinzial diese Stärke aufbringt. In meinem Falle aber wird der Provinzial später darauf insistieren, daß er mich aus freien Stücken, ohne Druck des Bischofs, aus eigener Überzeugung wegen des Buchinhaltes abgesetzt hat. Darin liegt der Widerspruch zu der von ihm erteilten Druckgenehmigung. In Anbetracht der gespannten Lage hatte ich mich im Sommer entschlossen, *Wir diskutieren* nach dreizehn Jahrgängen, in denen es in monatlicher Folge lückenlos erschienen war, einzustellen. Die Jugendhauszeitung hätte zum Kirchenblatt werden müssen, wollte sie nicht weiterhin Anstoß erregen.

Dann erschien *Abschied von morgen.* — Erst war es ganz ruhig. (Man kann das Buch in zwei Stunden lesen.)

Tagelang nichts. Dann sickerte durch, daß zwölf Patres aus dem Jesuitenkolleg an den Bischof geschrieben hatten, um von ihm meine Absetzung als Leiter des Kennedy-Hauses zu erflehen, weil sie sich ordensintern mit diesem Verlangen während der vergangenen Jahre nicht hatten durchsetzen können. Ein solcher Schritt ist laut Ordensregel zwar eindeutig verboten, doch schützte sie vermutlich die Rechtschaffenheit ihres Begehrens vor ordensinternem Ungemach.

Bald war klar, daß meine Absetzung betrieben wurde, obwohl der Provinzial einem Gespräch mit mir auswich. Es wurde im Hintergrund gearbeitet. Die innerkirchlichen Machtträger stimmten sich untereinander ab. Der Provinzial setzte sich mit der Jesuitenzentrale in Rom, der Bischof mit dem Vatikan in Verbindung. Die Zentralen standen auch untereinander in Kontakt. Während ich die Diskussion über die Inhalte des zum Anstoß gewordenen Buches wünschte, wurde diskussionslos meine Absetzung in die Wege geleitet.

Trotzdem unternahm ich noch weitere Versuche, eine Diskussion zu initiieren, und schlug als erstes vor, die wegen des Buches gegen mich erhobenen Vorwürfe durch eine Kommission überprüfen zu lassen und mein Verbleiben von ihrem Urteil abhängig zu machen. Der Orden setzte eine Kommission zusammen, ohne meine Zukunft an ihr Urteil zu binden. (Sie tagte dann hin und wieder, als ich längst schon abgesetzt war ...) Als zweiten Schritt berief ich eine Elternversammlung ein, bei der der Rektor des Jesuitenkollegs, mein direkter Vorgesetzter, den Eltern zusicherte, daß er vor einer Entscheidung erst ihre Meinung hören wolle — obwohl der Absetzungsbeschluß zu diesem Zeitpunkt schon auf seinem Schreibtisch lag. Als drittes setzte ich eine öffentliche Veranstaltung mit Podiumsdiskussion über das umstrittene Buch im Innsbrucker Kongreßhaus an. Auf dem Podium saßen acht Universitätsprofessoren, sieben davon aus dem Jesuitenorden. Es versammelten sich 2.500 Teilnehmer.

Ohne mein Zutun, aber mit engagierter Unterstützung meiner im Kennedy-Haus arbeitenden Schwester, entstanden verschiedene Solidaritätsaktionen, deren effektivste eine vom Zeichner Paul Flora finanzierte und lancierte Resolution war, die verlangte, daß erst nach Vorliegen der Anklagepunkte und Verhandeln darüber eine Entscheidung über mein Verbleiben getroffen werden sollte. Fast 6.000 Unterschriften kamen zusammen und wurden in der *Tiroler Tageszeitung* veröffentlicht. (Es waren auch drei Unterschriften von Leuten dabei, die nie unterschrieben hatten.) Natürlich gaben Orden und Bischof nicht nach. Ebenso natürlich hatten die Eltern, auf deren Erziehungsrecht sonst die Kirche so pocht, nichts mitzubestimmen. Der gewählte Elternbeirat der MK wurde völlig übergangen. Einfluß hatten nur die Hintertreppeneltern.

Hier interessiert eigentlich nur die Methode der Konflikt-Austragung beziehungsweise seiner -Nichtaustragung. Ich hoffe, sie durch einige Auszüge aus dem Briefwechsel mit dem Provinzial darlegen zu können. Ich werde ihn mit einigen öffentlichen Äußerungen des Bischofs garnieren. Mit ihm stand ich schon seit Jahren nicht mehr in Korrespondenz, sodaß ich keine Briefunterlagen besitze. Von Ordensseite wurden mir einschlägige Schriftstücke — mit ganz wenigen Ausnahmen — gänzlich vorenthalten oder nur zur Einsicht vorgelegt. Auch dies ist ordensüblich, wie sich Jahre später herausstellen wird. So manche Verhaltensmuster werden sich zehn Jahre später bei meinem Ordensausschluß wiederholen.

Endlich abgesetzt

Zunächst bringe ich Auszüge aus dem Schreiben, mit dem Provinzial Coreth am 3. 12. 1973 meine Absetzung als Leiter des Kennedy-Hauses begründete.

Lieber P. Kripp!

Sie haben verlangt, daß ich Ihnen schriftlich in aller Offenheit die Gründe angebe, die von Seiten des Ordens für ihre Abberufung (...) ausschlaggebend waren. (...) Sie sagten mir, es gehe nicht um ihre Person, sondern um die Sache. Die Sache verlangt aber — das muß ich mit allem Nachdruck betonen — daß Sie sich von allen Äußerungen und Stellungnahmen in der Öffentlichkeit zurückhalten, durch die sich die Lage in Innsbruck noch verschärft. (...)

Seit vielen Jahren gab es immer wieder Schwierigkeiten, nicht nur von Seiten des Bischofs, sondern auch von Seiten der Oberen. P. Pilz mußte als Provinzial mehrmals Einspruch erheben gegen manche Ihrer auch schriftlich veröffentlichten Äußerungen zur Moralfrage, besonders der Sexualerziehung, zu der (nur kritisch gesehen) „Amtskirche" usw. (...)

Dazu kam Ihr eigenwilliges, allzu selbständiges Vorgehen in der Leitung, wirtschaftlichen Führung und im Ausbau des Kennedy-Hauses mit allen seinen Nebenstellen. Was vom Innsbrucker Kolleg und von der Provinzleitung in personeller und materieller Hinsicht zur Förde-

rung des Werkes getan wurde, haben Sie nicht mit loyalem Verhalten erwidert, sondern durch die Ausweitung des Werkes haben Sie sich eine Machtposition geschaffen, die es immer schwerer, fast unmöglich erscheinen ließ, daß ein anderer das Werk übernehmen und weiterführen kann (...)

Aus diesen und anderen Gründen war schon vor zwei bis drei Jahren ernsthaft an eine Ablösung gedacht. (...) Die Silvesterpredigt des Bischofs hat ihn daran gehindert; der Provinzial wollte nicht unter öffentlichem Druck des Bischofs handeln (...)

Zugleich hat P. Pilz Sie gegen schwere Vorwürfe des Bischofs immer wieder sosehr in Schutz genommen, daß er dadurch selbst in Konflikt mit dem Bischof geriet (wissen Sie überhaupt, was die Oberen alles für Sie getan und auf sich genommen haben?). Ebenso habe ich selbst noch im letzten Sommer 1973 gegen schwerste Anschuldigungen, die der Bischof gegen Sie erhob, entschieden Stellung genommen, Sie bis an die Grenzen des Möglichen zu verteidigen gesucht und die vom Bischof schon ausgesprochene Absetzung — mit Jurisdiktionsentzug und Aufenthaltsverbot — mit allen Mitteln abgewehrt. Der Bischof nahm seine Entscheidung zurück unter der Bedingung, daß Sie eine „verpflichtende Erklärung" über Erziehungsprinzipien der MK unterschreiben und sich daran halten. Sie haben unterschrieben, während Ihr Buch schon im Druck war, das diesen Prinzipien kraß widerspricht. Der Bischof muß das als Wortbruch bewerten.

Von der Zensurfrage wollen wir nicht weiter reden. Wenn man weiß, wie diese Zensur zustande gekommen ist, kann ich es nur als höchst unloyal bezeichnen, wenn Sie sich jetzt formaljuridisch darauf berufen. Sie wollten auf jeden Fall, auch ohne Druckerlaubnis, das Buch herausgeben. Als ich davon erfuhr, bestand ich auf Zensur, um Sie nicht durch den Formfehler zu belasten. So geschah die Zensur sehr rasch und äußerst wohlwollend; die Zensoren wußten, daß sie das Erscheinen des Buches doch nicht verhindern können. Ich selbst unterschrieb die Druckerlaubnis, ohne das Manuskript gesehen zu haben. Als ich Sie im Sommer (...) darum bat, es mir zu zeigen, sagten Sie (ich glaube fast wortlich): „Lesen Sie es jetzt lieber nicht, und bilden Sie sich dann ein Urteil, wenn das Buch erschienen ist." Das habe ich getan: ich konnte und mußte mir ein Urteil bilden.

Das Buch Abschied von morgen könnte sehr wertvoll und aufschlußreich sein als lebendiger Erfahrungsbericht über die Probleme heutiger Jugendarbeit, wenn Sie sich darauf beschränkt hätten, die geistliche und sittliche

Lage der Jugendlichen zu schildern, und versucht hätten, darüber hinauszuführen oder wenigstens die Frage gestellt hätten, wie man vom Glauben her in einer für die Jugend verständlichen Weise ihre Probleme beantworten und zu einem Verständnis des Glaubens, der Kirche und eines christlich verantworteten sittlichen Lebens hinführen kann. Tatsächlich identifizieren Sie sich weitgehend selbst mit unreifen Auffassungen der Jugendlichen und machen Aussagen über Glaubens- und Sittenfragen, die nicht nur Meinungen von Jugendlichen wiedergeben, sondern Ihre eigenen Auffassungen zum Ausdruck bringen. Und damit scheinen Sie (wenigstens nach dem gedruckten Wortlaut des Buches) in einer nicht nur theologisch, sondern auch pädagogisch unverständlichen Weise Ihren eigenen Standort auf das zu reduzieren, was man Jugendlichen leicht verständlich machen kann und bei ihnen „ankommt". (...)

Ich hätte Sie gegen die Anklagen des Bischofs (und anderer, die bei ihm Klage geführt hatten) mit dem ganzen Einsatz meiner Autorität und meiner rechtlichen Befugnis in Schutz genommen. Die Veröffentlichung dieses Buches hat mir jegliches Argument zu ihrer Verteidigung aus der Hand geschlagen. In jedem der inkriminierten Punkte haben sie dem Bischof recht gegeben, mich aber — ihm gegenüber — ins Unrecht gesetzt. Die Aussagen Ihres Buches kann ich in meinem Gewissen vor Gott — persönlich und als Oberer in der Gesellschaft Jesu — nicht mehr decken. Damit will ich nicht sagen, daß ich mich jetzt restlos auf die Seite des Bischofs schlage. (...)

Inzwischen war er „ad limina" in Rom. Vorher hatte er mir angedeutet, daß er diese Sache in Rom vorbringen wolle, auch beim Papst selbst. Von P. General aufgefordert, war ich am 22. und 23. 11. 73 auch kurz in Rom. Ich habe die Sache eingehend mit P. General besprochen; er hat außerdem eigens einen Generalkonsult über diese Frage am 23. 11. einberufen. Ich erfuhr in Rom, daß bereits drei römische Kongregationen mit der Sache befaßt sind: die Glaubenskongregation (früher S. Officium), die Religiosenkongregation und die Erziehungskongregation (...), und daß Ihr Buch einhellig bestürzte Ablehnung erfährt. Später (am 26. 11. 73) sagte mir der Bischof, daß ihm der Hl. Vater ausdrücklich den Auftrag gegeben habe, die Sache Kennedy-Haus in Innsbruck unverzüglich in Ordnung zu bringen. Schon zuvor war aber P. General (der Ihr Buch selbst gelesen und sich ein Urteil darüber gebildet hatte) mit seinem Konsult durchaus der Meinung, daß wir nicht ein Eingreifen des Bischofs abwarten, sondern die Sache ordensintern regeln müssen. Die Durchführung habe ich übernommen, aber mit voller Zustimmung von P. General.

Aufgrund des Provinzkonsults am 16. 11. 73 war ich zwar einverstanden damit, daß vorbereitende Gespräche von P. Czerwinski (Rektor) (...) mit Jugendlichen, Hochschülern, Eltern usw. stattfinden, ich war aber sehr betroffen darüber, daß am Montag, 26. 11. 73, abends, noch eine große Elternversammlung zusammenkommt, die darüber eine Abstimmung halten will. Über grundsätzliche Glaubens- und Sittenfragen der katholischen Kirche kann eine Elternbefragung in Innsbruck nicht entscheiden. Deshalb war ich (wohl überlegt) bei der Elternversammlung nicht anwesend: nicht weil ich Angst vor den Eltern gehabt hätte, sondern weil ich dazu nicht eingeladen hatte, die Abstimmung (nur eines Teiles der Eltern) durch meine Anwesenheit nicht ratifizieren und mir vor allem nicht die Handlungsfreiheit für die Entscheidung des folgenden Tages (Provinzkonsult am 27. 11. 73) einschränken lassen konnte. (...)

Ich habe noch am selben Abend (...) die Entscheidung gefällt, Sie vom Kennedy-Haus in Innsbruck abzuberufen. Es gibt eine Bestimmung in der Gesellschaft, (...) die immer noch in voller Geltung ist und die ich wörtlich zitieren will: „Ne quis procuret externorum intercessiones, quae liberam Superioribus gubernationem non relinquant, id est quae Superiores impediant, quominus pro suo iudicio et voluntate de rebus et de personis sibi subiectis disponant; aut saltem difficilem eorum reddant gubernationem ..." (Niemand darf eine Einmischung Außenstehender herbeiführen, die den Ordensoberen nicht mehr freie Hand läßt, d. h. sie daran hindert, nach eigenem Urteil und Gutdünken ihre Angelegenheiten zu regeln und über die ihnen unterstellten Personen zu bestimmen oder die ihre Amtsführung in irgendeiner Weise erschwert.) *Ich mache nur darauf aufmerksam, daß Sie im Gehorsam daran gebunden sind.*

Ich bin sehr darum bemüht, habe schon viele Überlegungen angestellt und Beratungen darüber geführt, in welcher Arbeit wir Sie innerhalb der Gesellschaft Ihren Fähigkeiten und Initiativen entsprechend einsetzen können. (...) Mir liegt viel daran, Sie nicht nur in der Gesellschaft zu halten, sondern auch, für Sie — zu Ihrem Wohl und für Ihre Zukunft — eine entsprechende Arbeit zu finden.

Coreth (Provinzial)

Aus meiner damaligen Antwort zitiere ich nur kurz:

Ich habe nie darum gebeten und bitte auch jetzt nicht, hier bleiben zu dürfen (...) Ich verlange von niemandem,

daß ich gegen berechtigte Vorwürfe geschützt werde, aber
von jedem, daß er unberechtigte Vorwürfe zurückweist. (...)
Nachdem meine Identifikation in der im Buch aufgezeig-
ten Weise eben eine Tatsache ist, hätte ich es als unehr-
lich empfunden, dies nicht zu schreiben. (...) Man kann
das Buch als Waffe gegen mich gebrauchen, dann kommt
das heraus, was Sie schreiben (...), man kann es aber auch
(...) so lesen, daß man sich bemüht, das Anliegen, das da-
hinter steht, zu verstehen. (...)

Ein weiterer Punkt betrifft die Vorgangsweise. Ich
glaube, daß es keinen noch so schwerwiegenden Grund
geben kann, ein Urteil zu fällen, ohne Anklage erhoben zu
haben und den Verklagten zur Sache gehört zu haben. (...)
Sie haben mich unter anderem wegen meiner Initiativen
abgesetzt. Jetzt suchen Sie angeblich eine meinen Initia-
tiven entsprechende Arbeit für mich. (...) So wie Sie über
meinen Glauben urteilen, sehe ich auch gar nicht, wo Sie
mich weiterverwenden können.

Damals baute ich meine Verteidigung noch auf der
Hoffnung auf, daß mein pädagogischer Ansatz ein innerhalb katholisch-kirchlicher Pädagogik möglicher Ansatz
sei, Pädagogik im Christentum plural sein könne. — Ich
habe mich getäuscht.

Als ich in Innsbruck abgesetzt wurde, dachte ich nicht
daran, aus dem Orden auszutreten oder mein Priesteramt
niederzulegen. Ich fühlte mich weiter emotional völlig
zum Orden zugehörig, konnte mir einen anderen als den
Priesterberuf nicht vorstellen. Ich glaubte daran, im Orden und in der Kirche etwas bewegen zu können. Es gab
im Orden auch durchaus Leute, die meine Pädagogik verstanden. Einer davon war P. Morel, mit Rahner einer der
Zensoren von *Abschied von morgen*. Ich möchte hier aus-
zugsweise seine Einschätzung der Situation, die er in
einem Schreiben an den Provinzial formulierte, wiedergeben, um das Bild etwas abzurunden. Er schreibt am
8. 11. 1973:

(...) Ich habe einfach Angst, regelrecht, bedrückende
Angst: welche Konsequenzen für nicht wenige außer mir
und für mich persönlich zu erwarten sind, wenn der Pro-
vinzial (...) den Autor des Buches nicht mehr stützen kann.
Ich befürchte für mich eine Enttäuschung mit weittragen-
den Konsequenzen, wenn das Problem, das mit dem Er-
scheinen des Buches aufgetreten ist, zunächst als ein „ad-
ministrativer Fall" in der Kette der kirchenpolitischen
Auseinandersetzungen und viel weniger oder überhaupt
nicht als ein Phänomen betrachtet wird, dessen wesent-
lichste Aspekte in ganz anderen Dimensionen liegen. (...)
Ist das Buch eine Verkürzung des Glaubens oder eine

praeparatio Evangelii? (...) Wenn ein marxistischer Atheist ein solches Buch schreiben würde, gäbe es ein Te Deum bei uns. Ich würde einen Priester der katholischen Kirche bis zum letzten verteidigen, der etwas tut, was ein Atheist nie tun wird, und dadurch Bevölkerungsschichten erreicht, die sonst faktisch von jedem christlichen Gedankengut unberührt bleiben. Selbst für viele getaufte Katholiken ist ein solches Buch, ein solcher „verkürzter Glaube" die letzte Hoffnung, mit einem Gott und mit christlichen Elementen in Verbindung zu bleiben. Es wäre böswillig, nicht anzuerkennen, daß durch das Buch und durch die Erziehung im Kennedy-Haus junge Leute zu einer Stufe des Verständnisses hingeführt werden, auf der sie sich frei und bewußt für das Christentum entscheiden können. (...) Die ganze Dogmenentwicklung ist ein einziger Beweis dafür, daß die theologische Reflexion in der Konfrontation mit „Häresien" einsetzt. Ist es nicht eine verteidigungswürdige Leistung, wenn ein katholischer Priester (...) durch die Darstellung der Wirklichkeit die theologische Reflexion provoziert und die unangenehme Aufgabe auf sich nimmt, diesen schmerzhaften Dialog in der eigenen Person auszutragen, indem er sich mit der Gedankenwelt der ihm Anvertrauten — aber auch existentiell und unmißverständlich mit der Kirche identifiziert? (...)

Ein Imprimatur wurde nach fairsten Verhandlungen und Vorgangsweisen vom Orden gegeben. Dies bedeutet (...), daß man aus dem Erscheinen des Buches keine ordensinternen Konsequenzen ziehen kann. (...)

Ins Exil nach München

Am 31. Dezember 1973 zog ich ins Ignatiushaus nach München um. Gott sei Dank gibt es in Europa jeweils gleich um die Ecke eine Staatsgrenze, sodaß ich in der Ferne ziemlich nahe bleiben konnte. Über vierzehn Jahre hatte ich in Innsbruck gearbeitet, auch im Mittelpunkt gestanden, Zuneigung erfahren, Ablehnung bis zum Haß gespürt, und nun fand ich mich nach zweistündiger Fahrt zusammen mit dem Inhalt von zwei Koffern in einem 25 qm großen Raum, von den Jesuiten dieses Hauses freundlichst aufgenommen. In München lebte auch mein bester Freund im Orden, Alfons Klein. Die deutschen Jesuiten hatten den Konflikt in Innsbruck gelassen aufgenommen und sich auch über das zeitweilig recht aufgeregte Tun der österreichischen Ordensbrüder amüsiert. Die Stimmung mir gegenüber war ausgesprochen wohlwollend, und ich erinnere mich noch, wie Karl Rahner mich schon am zweiten Tag zu einem Funés-Film einlud: „Die Abenteuer des Rabbi Jakob".

Nun hatte ich also Zeit zum Nachdenken, die Zeit, die besonders manche besorgte Obere mir schon lange gewünscht hatten, um bar von Hektik mich auf das Wesentliche zu besinnen. Zuerst lähmte mich der Kontrast völlig. Gewohnt, hundert Entscheidungen am Tag zu treffen, gab es plötzlich nichts zu tun. Ich verkroch mich zum Verdauen der Ereignisse in meine vier Wände.

Die Reflexion radikalisierte mich. Ich hatte eigentlich nie das Gefühl gehabt, mir die Konzeption des Jugendzentrums in der Hektik nicht überlegen zu können oder keine Zeit zum Nachdenken zu haben. Meine Reflexion hatte wesentlich im Gespräch mit anderen stattgefunden. Ich benötigte die Kontroversen des Alltags, um Konzeptionen weiterentwickeln zu können. Ich benötige heute noch den dichten Alltag, um Theorien gleich an der Realität verifizieren oder falsifizieren zu können. Ich neige dazu, sowohl in Utopien zu denken als auch im Alltag konkret zu handeln. Der Alltag hat mich immer gezwungen, Visionen auf ihre Umsetzbarkeit zu überprüfen. Deshalb bezeichne ich mich selbst als Realisten, deshalb neige ich dazu, Ideologien zu sprengen oder zu verwerfen, wenn sie mich an Alltagsbeobachtungen vorbeiführen wollen.

Die Wartezeit in München war für mich bodenlos. Ich ließ mir die letzten Jahre, aber besonders die letzten Monate durch den Kopf gehen, war aber selbst wie gelähmt, weil ich die Ergebnissse der Reflexion nicht umsetzen konnte. In den vorausgegangenen Jahren war mir jeder Widerstand eine Herausforderung, nicht Anlaß zur Resignation. Nun erfuhr ich keinen Widerstand, ich war vielmehr in Watte gefangen. Es fehlte mir die Perspektive, auf die ich mich ausrichten, einstellen konnte. Ich hatte in Innsbruck kaum je Depressionen gehabt, schon gar nicht in Zeiten der Auseinandersetzung. Jetzt befielen sie mich. Ich wußte, daß nur neue Pläne mich ihnen entreißen konnten.

Am Jesuitenorden hatte mich zu Eintrittszeiten das Image der „acies ordinata" fasziniert. Dazu gehörte auch die Verfügbarkeit, die Mobilität. Bereit sein, sich dort einsetzen zu lassen, wo man gebraucht wird. — Es war nicht das Versetztwerden von Innsbruck, was mich verletzte, wohl aber die Abberufung ohne inhaltliche Austragung des Konfliktes. Meine veröffentlichten „Häresien" waren trotz gegenteiliger Behauptung der Abberufenden nicht mit mir diskutiert worden. Ich hatte mich deshalb auch nicht gegen die Abberufung, sondern gegen ihren Modus gewandt. Ich verlangte, man sollte die Gründe nennen, mich dazu anhören und dann entscheiden. Dieser Weg wurde damals nicht eingehalten und bei meiner Ordensentlassung wieder nicht. Beide Male haben die für die Entlassung Zuständigen immer behauptet, es seien vor der entsprechenden Entscheidung Gespräche mit mir geführt worden. Das stimmt, aber beide Male sind sie nicht mit den für die Abberufung beziehungsweise für die Entlassung Zuständigen geführt worden, beide Male haben diese sich nur aus zweiter Hand über die Gespräche berichten lassen, beide Male wurde ich selbst zu den Gesprächsinhalten nicht gehört, ja wußte ich nicht einmal, welche Inhalte aus welchen Gesprächen für die jeweiligen Maßnahmen entscheidend waren. Der ganze öffentliche Kampf in Innsbruck war nur darum gegangen, daß die Gründe benannt und diskutiert würden. Der Öffentlichkeit sollte transparent gemacht werden, wo die pädagogischen Grenzen der Jugendarbeit innerhalb der katholischen Kirche lagen. Dieser Versuch, die Öffentlichkeit — das heißt vor allem die Jugendlichen und die Eltern — an der Auseinandersetzung um pädagogische Wege teilhaben zu lassen, wurde als die Kirche, den Orden schädigend bezeichnet. Dabei ging es ja gar nicht um irgend jemandes schmutzige Wäsche, sondern um die Diskussion über Erziehungsprinzipien und Glaubensfragen, insofern diese pädagogische Auswirkungen hatten. Orden und Kirche fürchten die Öffentlichkeit wie der Teufel das Weihwasser.

Die Auswirkungen auf die Öffentlichkeit, also die Partizipation der vielgepriesenen mündigen Laien an einer viele Laien sehr direkt betreffenden Auseinandersetzung, wurde zum Skandal erklärt. Eine solche Erklärung, vorgenommen von einigen Ordensbrüdern, zieht natürlich ordensrechtliche Auswirkungen nach sich. Es wurde prompt ein Paragraph ausgegraben, der die Möglichkeit bot, mich von einem der wenigen demokratischen Gremien, die es im Orden gibt, von einem Gremium, in das ich gewählt worden war, auszuschließen. Das Gelächter in der süddeutschen Jesuitenprovinz war nicht unerheblich, als die Österreicher meinen Ausschluß aus dem Gremium feststellten und im selben Atemzug die Abschaffung des Paragraphen forderten, aufgrund dessen sie mich ausgeschlossen hatten! Den deutschen Jesuiten kam dies alles wohl wie eine österreichische Provinzposse vor. — Mir selbst war weniger zum Lachen, wenngleich ich mich darüber ärgerte, daß mir dieser Ausschluß so nahe ging. Ich begann, meine sarkastische Ader etwas mehr zu pflegen.

Einstweilen saß ich noch in München und depressierte vor mich hin. Theoretisch stellte ich mich auf den Standpunkt, daß es nun Sache des Ordens sei, zu entscheiden, wo er mich weiter verwenden wollte. Meiner Meinung nach hatte sich der Provinzial allerdings selbst ausmanövriert und handlungsunfähig gemacht: Die Gründe, die er als maßgeblich für meine Absetzung vom Kennedy-Haus genannt hatte, schlossen eigentlich meine weitere Verwendung im Orden aus. Ich war gespannt, wie es weitergehen würde, unterschätzte dabei aber das geschichtliche Denken des Ordens. Wie hatte man doch in der Vergangenheit solche Probleme gelöst? Katmandu schien die Lösung zu bieten! Ab in die Mission! Im Prinzip hatte ich dagegen nichts einzuwenden. Über fünfzig Innsbrucker Jugendliche hatte ich motiviert, in der Mission zu arbeiten, warum sollte ich es nicht selbst versuchen? — Ich wollte aber nicht einfach irgendwohin abgeschoben werden, sondern auch erwünscht sein. Die Brüder in Katmandu hatten andere Sorgen, als einen Exilanten aufzunehmen. Sie winkten dankend ab. Darüber war ich nicht so ganz unglücklich, denn ich hatte doch noch die Nerven, die Verlegenheit meines österreichischen Provinzials zu genießen. Schließlich übertraf er mich aber im Aussitzen.

Nach zwei Monaten verlor ich die Nerven und reagierte auf Inserate in *Die Zeit*. Die Stadt Fellbach suchte jemanden, um ein Jugendhaus aufzubauen. Ich bewarb mich, natürlich mit Genehmigung meiner Oberen, denen wohl ein Stein vom Herzen fiel. Es handelte sich um keine kirchliche Jugendarbeit, keine katholische Organisation würde mein Anstellungsträger sein: das waren gute Voraussetzungen, um aus dem Dilemma herauszukommen. Als Heide unter Heiden würde ich nicht so arg viel Unheil anrichten können. Mir selbst waren diese Bedingungen auch nicht so unrecht. Ich bekam die Stelle, wofür ich dem damaligen Oberbürgermeister und heutigen Finanzminister von Baden-Württemberg immer noch dankbar bin. Als ich ihm mit Arbeitsbeginn die Pläne für das Modell für das Jugendhaus, die ich ohne sein Wissen innerhalb von zehn Tagen von meinem Freund Architekt Josef Lackner hatte anfertigen lassen, auf den Schreibtisch legte, erlebte ich zum ersten Mal, daß ein Vorgesetzter sich mit mir über ein Projekt, das ein Mehrfaches der dafür vorgesehenen Summe verschlingen würde, freute und nicht mit „Muß das sein?" reagierte.

Trotzdem war Fellbach für mich ein hartes Brot. Angefangen hatte es schon damit, daß ich mein Bewerbungsschreiben losgeschickt hatte, ohne überhaupt zu wissen, wo Fellbach lag. Erst später suchte ich es auf der Landkarte. Niemand meiner Münchner Bekannten hatte je von der Stadt gehört. Ich war also bereit gewesen, an jedweden Ort zu gehen. Mit dieser Bereitschaft fühlte ich mich ganz jesuitisch. Und dann fiel mir doch die Kinnlade herunter, als ich zu meinem Vorstellungsgespräch auf dem Berliner Platz in Fellbach ankam. Ich hatte mir eine gewachsene Stadt, ein Drittel so groß wie Innsbruck, vorgestellt und stand jetzt vor dem *Wienerwald* in einem Dorf ohne Gesicht, dem durch das Stadtsanierungsprogramm mit der Wohncity gerade die Faust aufs Auge gedrückt wurde.

Also ein Stadtgefühl war da nicht zu holen. Da saß ich nun in meiner provisorischen Wohnung, herausgerissen aus der Geborgenheit der vielen Bekannten und Freunde, die ich in Innsbruck hatte. Die Trennung von ihnen, die für mich erst so langsam real wurde, war noch nicht abgeschlossen. Wie konnte ich nur als gestandener Mann nun Abend für Abend ins Bettpolster heulen? Das war mir als Elfjährigem im Internat das letzte Mal passiert.

Nach wenigen Tagen aber streckten sich mir schon wieder viele Hände entgegen, im Gegensatz zu Innsbruck diesmal ohne Gaben, leer. Es waren die Hände selbst, die ich ergreifen sollte. Sie fühlten sich anders an als in Innsbruck: fremd und manchmal auch kalt; schmutzig und oft geballt. Da fühlte ich nun, daß viele Innsbrucker Jugendliche mich in ihre Nähe gezogen hatten, daß ich mich bei ihnen wohlgefühlt hatte (wie ich es heute noch tue), daß wir alle zusammen aber das Leben nur aus privilegierter Erfahrung kannten, ja selbst Mitverursacher von Verarmung und Ausrandung waren. In Fellbach erfuhr ich, daß erst die gabenlose, nackte Hand, die sich in eine ebenso gabenlose nackte Hand legt, Partnerschaft bedeutet.

Stolpersteine

Meine Arbeit mit den Jugendlichen in Fellbach habe ich in *Lächeln im Schatten*, Patmos, Düsseldorf 1976, beschrieben. Hier will ich nicht weiter auf sie eingehen, sondern die weitere Entwicklung der Beziehung zwischen dem Orden und mir schildern und reflektieren. Die Eckpunkte dieser Beziehung während der nächsten elf Jahre sind folgende:

1. Abklingen der Auseinandersetzung um die Abberufung aus Innsbruck.
2. Im Orden findet sich keine Arbeit für mich. Beginn einer inneren Entfremdung.
3. Aufregung um den Artikel „Gott lächelt, wenn junge Hunde spielen" (*Die Zeit*, Mai 1978).
4. „Gesellschaftsspiele", ein unveröffentlichtes Manuskript (November 1979).
5. „Plädoyer für eine arme Kirche" (*Die Zeit*, April 1980).
6. „Reformiert die Orden" (*Die Zeit*, Okt. 1981).
7. Vorträge in Österreich ab sofort genehmigungspflichtig (24. November 1981).
8. „Hören, was die Jungen sagen" (Kösel, München 1984) — das Buch wird Anlaß für meine Entlassung aus dem Orden.
9. Auseinandersetzung um die Entlassung.

Mein Ausschluß aus der österreichischen Provinzkongregation (gewähltes Ordensgremium) hatte deutlich gemacht, daß die Auseinandersetzung um meine pädagogische Konzeption, die mein Glaubensverständnis miteinbezog, nicht nur eine Auseinandersetzung mit dem Bischof von Innsbruck, sondern auch eine Auseinandersetzung mit Jesuiten innerhalb der österreichischen Provinz war. Meine Entfernung aus dieser Provinz diente der Beruhigung der Lage. Aus den Augen, aus dem Sinn. Behindert wurde die Ruhe durch den Beschluß der Innsbrucker Jugendlichen, das Kennedy-Haus nach mir zu benennen. Einerseits war mir diese Umbenennung peinlich, andererseits fand ich sie taktisch geschickt: Stimmte der Orden der Umbenennung — natürlich — auch nicht zu (was nicht nötig war), dagegen unternehmen konnte er ebenfalls nichts. Er versuchte, mich via Gehorsam unter Druck zu setzen, und forderte mich auf, die Zustimmung zur Namensgebung zurückzuziehen. „Dann erst", so schrieb mir noch fast zwei Jahre später der österreichische Provinzial, „könnte er auch umso mehr für meine gegenwärtigen Anliegen eintreten." Ich tat es dann zehn Jahre später, weil die im Jugendzentrum arbeitenden Jesuiten, mit denen ich mich später freundschaftlich verbunden fühlte, den Namen als Belastung empfanden. — Der Kampf in Innsbruck war nicht nur mein Kampf gewesen, und es war nicht nur der Kampf um meine Person, sondern es war eine von den Jugendlichen mitgetragene Auseinandersetzung um die inhaltliche Linie ihres Hauses. Ich und sie waren äußerlich unterlegen. Der „Geist des Hauses" konnte ihnen nicht entrissen werden. Die

Namensgebung war ein Symbol für den nicht geschlagenen Geist. (Ich finde es nicht mehr peinlich, sondern schon wieder lustig, so über mich selbst zu schreiben. So geht es einem, wenn man sein eigener Hagiograph ist.) Zehn Jahre später, nach einem kompletten Generationswechsel im Jugendzentrum, wußten die Hausbesucher nichts mehr von dem damaligen Konflikt, der Name war für sie als Identifikationssymbol nicht mehr wichtig, während der Druck, den Namen zu ändern, seitens meiner ehemaligen Konfliktpartner, die bis heute meine Gegner geblieben sind, weiterhin anhielt. Meine Konzession in der Hausnamensfrage wirkte sich auf die Beziehung der österreichischen Jesuitenprovinz zu mir natürlich nicht aus. Das überraschte mich nicht. Die Erfahrung hatte mich schon lange gelehrt, daß im Konflikt mit autoritären Institutionen Nachgeben als Schwäche ausgelegt und ausgenützt wird. Schon der Bischof pflegte doppelt zu kassieren: Nach einer Unterwerfung verlangte er gleich weiteres Nachgeben.

Ich kannte im Orden eine Reihe von Patres und Brüdern, die nach einer ungewünschten Versetzung unzufrieden in Resignation und nicht selten in Verbitterung verfiel. Ich nahm mir fest vor, nicht zu resignieren. Ich hatte der Öffentlichkeit und wohl auch mir selbst immer wieder erklärt, daß es nicht so wichtig sei, wo ich arbeitete, wenn ich nur irgendwo arbeiten durfte. Nun wollte ich zeigen, daß Jugendarbeit nicht nur in Innsbruck möglich war, sondern auch anderswo, zum Beispiel in Fellbach. Oft hatte ich ja anhören müssen, daß nur die außerordentlich günstigen Bedingungen in Innsbruck den Aufbau des dortigen Zentrums mit allen seinen Zweigstellen ermöglicht hatten, daß dies an anderen Orten nicht möglich sein würde. Ich nahm mir vor, das Gegenteil zu beweisen. Meine Motivation für die Arbeit in Fellbach nährte sich also anfangs aus meinem Ehrgeiz, zu beweisen, daß ich nochmals ein Jugendzentrum aufbauen können würde. Hinzu kam bald der engere Kontakt, die konkrete Begegnung mit Jugendlichen, die mich wieder in ihren Bann zogen. Zwei Jahre lang aber wollte ich jeden Morgen, sobald ich aufwachte, aus Fellbach fliehen. Jeden Morgen, jeden Tag. Dieser Druck wich erst mit dem ebenfalls täglichen Betreten des provisorischen Jugendhauses, in der Begegnung mit den Jugendlichen. Da dachte ich nicht mehr daran, mir oder anderen etwas zu beweisen, da ergriff mich die Situation, da forderten mich Notlagen von Jugendlichen und Freundschaften mit ihnen heraus. Abends konnte ich der glücklichste Mensch sein, weil mir mein Dasein einen Sinn zu haben schien.

Und dann erwachte ich am nächsten Tag wieder mit dem Gefühl, daß mir alles zu viel würde. Dabei verlief meine Arbeit nach außen hin erfolgreich. Stadtverwaltung und Gemeinderat unterstützten meine Jugendarbeit, zollten mir mehr Anerkennung, als ich je im Orden von Oberen erhalten hatte. Ich war in der Arbeit freier als in Innsbruck. Es gab keine Tradition, die fortgesetzt werden mußte, die Jugendzentrumsinitiative stand noch am Anfang ihrer konkreten Jugendhausarbeit. Niemand forderte von mir, in eine bestimmte ideologische oder religiöse Richtung zu erziehen. Die Ziele des Hauses und seine Konzeption konnten mit den Jugendlichen entwickelt werden. Es gab keinen Bischof, der sich in die Arbeit einmischte, der sich bei meinen Vorgesetzten über mich beklagte. Und doch störte es mich, nicht in direktem Zusammenhang mit dem Orden zu arbeiten. Nun, da ich meine Arbeit frei hätte wählen können, gefiel mir dies auch wieder nicht. Es paßte mir nicht, daß der Orden, indem er mir Narrenfreiheit gewährte, sich aus der Verantwortung stahl — er hätte sich überlegen müssen, ob und wo er mich brauchte. Bei Ordenstagungen hörte ich mir immer wieder die Klagen über den Nachwuchsmangel und das fehlende Personal an, und die, die so klagten, nahmen die absurde Situation gar nicht wahr: daß sie vor einem Arbeitslosen über Personalmangel klagten. — Allmählich dämmerte mir, daß ich es war, der an Wahrnehmungsmangel litt. Der Orden hatte Arbeiten im Überfluß anzubieten, aber nicht mir. Die süddeutsche Provinz hatte mich freundlichst aufgenommen und milde über die österreichischen Jesuiten gespottet, wußte aber selbst nicht, was sie mit mir anfangen sollte. Während und nach den Auseinandersetzungen in Innsbruck hatte ich nie daran gedacht, den Orden zu verlassen. Ich dachte immer noch nicht daran, begann mich aber zu fragen, warum ich eigentlich im Orden war, wenn dieser nicht wußte, was er mit mir anfangen sollte.

Da half es auch nicht, daß der Provinzial mir erklärte, ich sei nun ausdrücklich im Auftrag des Ordens in Fellbach. Im Mai 1976 schrieb er mir: „Nach längeren Überlegungen bin ich nun doch der Meinung, daß Sie für eine gewisse Zeit noch in Fellbach bleiben sollen, (...) ich glaube nicht, daß eine schnellere Lösung besser ist, vor allem nicht im Hinblick auf das Fellbacher Projekt selbst." Ich antwortete: „Ich möchte zwar schon seit langem von hier fort, doch ist es nicht so, daß ich bei mir nicht auch Etablierungstendenzen festellen könnte. Persönlich hätte es für mich sicher einige Vorteile, wenn ich bis zur Fertigstellung des Hauses hier bleibe und auch noch etwas darüber hinaus. Ein — für den oberflächlichen Betrachter — abgerundetes Werk bringt mehr ein als ein unvollendetes. Es wird Leute geben, die mein Fortgehen als Davonlaufen bezeichnen werden. (...) Natürlich stellt sich mir auch die Frage nach dem Nachher. Die Hilflosigkeit des Ordens und meine eigene scheinen in diesem Punkt gleich groß zu sein. Ich bin zu entnervt, um weiterhin in dieser Art von Jugendarbeit zu bleiben. Vielleicht sollte ich (...) in eine Lehrtätigkeit überwechseln. Ein Stückchen Gesellschaft, Orden und Kirche würde ich auch noch ganz gerne reformieren."

Ich möchte festhalten, daß die süddeutsche Provinz, besonders ihr Prokurator P. Kreuser, meine Arbeit in Fellbach auch finanziell unterstützte. P. Kreuser eröffnete mir den Zugang zu einer Stiftung, mit deren Mitteln wir einen Bauernhof fürs Jugendhaus kaufen konnten, außerdem stellte der Orden selbst ein ansehnliches Darlehen zur Verfügung.

Im September 1976 schrieb ich an den Deutschen Assistenten in Rom, den ich auch schon vor Monaten um eine andere Arbeit gebeten hatte: „Sie haben wohl noch keine Arbeitsmöglichkeit für mich ausfindig gemacht? Es scheint mir immer deutlicher zu werden, daß mich der Orden eigentlich gar nicht gebrauchen kann, sicherlich aber, daß er nicht weiß, was er mit mir anfangen soll. Ein recht seltsamer Zustand."

Dieser Zustand verfestigte sich noch dadurch, daß ich — auch wenn es keine aktuellen Schwierigkeiten im Orden und mit der Kirche gab — in Briefen und Gesprächen mit meiner Meinung nicht hinter dem Berg hielt. So schrieb ich im Oktober 1976 wieder an den süddeutschen Provinzial: „Auf der Jugendseelsorgekonferenz wurde mir wieder bewußt, wie problematisch die Richtung der von uns betriebenen Jugendarbeit ist. Wir tragen unsere autoritäre Ordensstruktur in die Jugendarbeit hinein und unternehmen damit den untauglichen Versuch, die Jugendlichen auf das Leben in einer demokratischen Gesellschaft vorzubereiten. (...) Lassen Sie doch an Jugendarbeit interessierte Scholastiker nicht an Jesuitenwerken praktizieren, sondern in offenen Jugend- und Kommunikationszentren. (...) Der (zu kurze) Besuch im Noviziat hat bei mir Beklemmung ausgelöst. Das liegt am System, das immer noch innerhalb von ein paar Wochen aus Männern Kinder macht."

Später wird man mir vorwerfen, daß ich Kritik am Orden öffentlich geübt, nicht intern vorgebracht habe. Dies hatte aber eben auch seine Gründe. Die Oberen hörten sich Kritik gewiß immer an: als Müllschlucker von bewunderswerter Kapazität. Ich kann mich nicht entsinnen, daß meine ordensinterne Kritik je zu Veränderungen geführt hätte.

Auch zu Besuchen im Noviziat wurde ich nicht mehr eingeladen, wohl aber gerügt, wenn ich bei anderer Gelegenheit in der Ausbildung stehende Jesuiten nach den Motiven für ihren Ordenseintritt fragte. Man warf mir vor, im Orden noch ungefestigte Mitbrüder mit der Darlegung eigener Probleme zu überfordern. Ja, man hielt mir entgegen, daß ich mich bei Symposien mit jüngeren Mitbrüdern, nicht mit gleichaltrigen, die mit mir fundierter diskutieren könnten, unterhielt. — Ideologen müssen eine solche Haltung vertreten, müssen den Nachwuchs vor der Wirklichkeit abschotten, im Noviziat für sich allein Recht beanspruchen, Jüngere zu beeinflussen. Es erinnert alles ein bißchen an Gehirnwäsche, die ein System immer dann anwendet, wenn ihm Rationalität gefährlich werden könnte.

1976 und 1977 hatte ich wieder je ein Buch herausgebracht. Nach außen gab es keine Schwierigkeiten, weil ich alle Texte der Zensur vorgelegt und alle Auflagen, die ich prompt bekam, erfüllt hatte. Bei *Lächeln im Schatten* strich ich zwei Kapitel über die Kirche. Die Zensurgespräche sind mir noch in Erinnerung. Mein Freund, damals Rektor des Berchmanskollegs, bemühte sich sehr darum, die Zensur auf die Ebene eines Gedankenaustauschs zu bringen — mit dem Ziel, eine Arbeit zu verbessern. Ein solcher Versuch muß natürlich bei Ansichten, die von amtlichen kirchlichen Normen abweichen, scheitern. In so einem Falle ist auch Harmonie nicht möglich. — Es zeigte sich ganz klar, daß Zensur unter Gleichdenkenden kein Problem ist, sobald aber unterschiedliche Meinungen auftauchen, beinhart bleibt. Ich gab nach.

In den folgenden Jahren veröffentlichte ich eine Reihe von Artikeln ohne Zensur, ohne daß es deswegen irgendwelche Probleme gab oder ich auch nur eine Rückfrage erhielt. Da sich niemand über die Inhalte aufregte, keine kirchliche Stelle Klage erhob, kam auch niemand auf die Idee, mir vorzuwerfen, daß ich die Artikel unzensuriert veröffentlicht hatte. Dies belegt, daß die Zensur nur bei Klagen, also unter Druck eingefordert wird. Die Auswahl der Zensoren richtet sich nach der Klageschwelle. Klagen Außenstehende gegen bereits zensurierte Artikel, werden das nächste Mal strengere Zensurkriterien angelegt.

Diese Erfahrung mußte ich mehrmals machen, und sie trübte meine Beziehung zum Orden zusehends. Die Oberen empfanden mich als stur und unnötig provokativ, ich empfand sie als feige und anpasserisch. Sie hatten immer das „Wohl des Ganzen" im Auge und meinten damit Ruhe in der Jesuitenprovinz. Diese Ruhe verlangte, daß nicht an die inneren Spannungen und Meinungsverschiedenheiten, an die unterschiedlichen Seelsorgekonzepte und theologischen Ansichten gerührt wurde. Sie verlangte auch, daß niemand die Kritik von Bischöfen herausforderte. Der Orden wünschte sich, die Schmusekatze der Hierarchie zu sein, unter ihren streichelnden Fingern zu schnurren.

Der Orden richtete sich nach den Bedürfnissen von oben aus, orientierte sich nicht an der Situation und den sich daraus ergebenden Bedürfnissen unterprivilegierter Menschen. Er selbst zählt eben auch zu den gesellschaftlich privilegierten Verbänden und vertritt daher deren Interessen. Das geschieht nicht aus Bosheit, sondern aus in Selbstzufriedenheit gründender Unkenntnis. Die Jesuiten, die in Deutschland im Arbeitermilieu, in Ausländervierteln, unter Arbeitslosen und ganz allgemein mit Unterprivilegierten zusammen leben und arbeiten, lassen sich an den Fingern zweier Hände abzählen. Aus ihren Reihen kommen keine Oberen und auch keine Zensoren. Meine Schriften wurden meist von jenen Universitätsprofessoren begutachtet und abgelehnt, die das Milieu, das ich beschrieb und aus dem heraus ich auch Kirche und Orden kritisierte, nicht aus eigenem Erleben kannten.

Ich wünschte mir einen flexibleren Orden, und — das erkannten meine Kritiker richtig — ich wünschte mir einen anderen als den im deutschsprachigen Raum real existierenden Orden. Ich wünschte mir einen Orden, der sich an der Situation, die sich in vierhundert Jahren geändert hatte, nicht an geschichtlich überholten Prinzipien orientierte. Ich begann mich im Orden als Außenseiter zu fühlen und bemerkte, daß ich es für andere schon lange war. Meine Bindungen zum Orden waren stärker als die des Ordens zu mir. Während der ersten Jahre in Fellbach pflegte ich noch regelmäßige Kontakte zum Berchmanskolleg, bis ich realisierte, daß ich dort manche Mitbrüder mit Sinnfragen nervte, wenn sie sich gerade in der Cafeteria erholen wollten, während ich nach geistig oft trockenen Monaten auch Diskussion suchte. Als mir über die üblichen Umwege einmal eine entsprechende Klage zu Ohren kam, fühlte ich mich doch sehr verletzt und beschloß, meinen Urlaub, den ich jeweils zum Schreiben benutzt hatte, nicht mehr im Berchmanskolleg zu verbringen. Das letzte was ich wünschte, war jemandem lästig fallen. Streiten ja, aber lästig fallen wollte ich nicht. In der Folge realisierte ich auch, daß — mit zwei oder drei Ausnahmen — nur ich die Kontakte zum Orden gepflegt hatte. Es besuchte mich kaum ein Jesuit. Im Laufe der Jahre wurden es immer weniger Jesuiten, die nach Fellbach kamen. Meinen Freund Klein ausgenommen, war es während der letzten Jahre kaum noch einer im Jahr. Zur fehlenden Arbeit im Orden addierten sich die abnehmenden Kontakte und Beziehungen. Warum bloß war ich noch im Orden? Dabei wartete ich in all diesen Jahren des zunehmenden Zweifelns mit Sehnsucht auf die internen Ordensnachrichten, unterbrach jede Arbeit bei ihrem Eintreffen, verschlang sie in einem Zug. Mit Empörung verfolgte ich, wie der Papst den General demütigte, ihm den Judaskuß gab, als er sprachlos auf dem Krankenbett lag. (General Arrupe hatte einen den Zeitfragen gegenüber offenen Ordenskurs gefördert. Als von konservativer Seite her Klagen darüber eingingen, schenkte ihnen der Papst Gehör. Arrupe wurde praktisch keine Möglichkeit mehr gegeben, dem Papst seine Linie zu erklären. Obwohl er auf Lebenszeit gewählt war, bot er dem Papst seinen Rücktritt an, der aber nicht angenommen wurde. Als Arrupe jedoch nach einem Schlaganfall nicht mehr sprechen konnte, ergriff der Papst die Gelegenheit, den nach den Ordensstatuten regulär eingesetzten provisorischen Stellvertreter des Generals nicht anzuerkennen und die faktische Leitung des Ordens einem persönlichen Delegaten zu übergeben. Dafür stattete er dann dem gelähmten General einen Krankenbesuch ab.) Und dann kam die dunkle Stunde für den Orden, in der er sich entschloß, Christus im Papst und nicht in den Armen zu begegnen. Damals wurden die Weichen für die nächsten Jahre gestellt, die kommenden Opfer schon gezeichnet. Der Orden verstand sich wieder einmal als Instrument der Gegenreformation, diesmal entgegen dem besseren Wissen vieler. Aus dem „Fühlen mit der Kirche" wurde ein „Fühlen mit der Hierarchie". Im vorauseilenden Gehorsam begann der Ordensgalopp in die Restauration.

Emotional war ich noch stark an den Orden gebunden; ich denke, ich kann meine Gefühle zu ihm nur als Liebe bezeichnen. Rational distanzierte ich mich immer mehr sowohl von der konkreten Kirche als auch von dem ihr hörigen Orden.

Ausgehend von der erlebten Kirchenpraxis habe ich für mich den Schluß gezogen, daß jede konkrete Religion, jede konkrete Kirche ein jeweils menschlicher Versuch ist, Leben und erfahrene Wirklichkeit zu interpretieren, in ihr auch Sinn zu finden.

Die Versuche von Religionssystemen, sich durch ein Mehr an Rationalität zu erneuern, werden von Fundamentalisten jedweder Richtung bekämpft. Das II. Vatikanum, die sich auch daraus ergebende holländische Erneuerung (ein Auf- und Umbruch im Glaubens- und Kirchenverständnis, der zu großen Spannungen mit Rom führte), waren Versuche, zu größerer Rationalität im Christentum zu gelangen. Das Mittel der Kritik hat den Fundamentalisten solche Angst eingeflößt, daß sie eine weltweite Reaktion organisiert haben. Fundamentalisten fürchten nichts so stark wie die Beschreibung und Analyse von Gesellschaftszuständen, die neue Handlungsstrategien entwickeln und fordern könnten. Der Weg der Fundamentalisten geht nicht vom konkret erlebenden Menschen aus, sondern von einem Gottesbild, nach dem sie wiederum den Menschen zu formen versuchen. Letztlich ist es ein Bild, das ihnen selbst dient.

Ich empfinde Religionen als aufschlußreiche soziologische Erscheinungsformen, die über den Menschen in konkreten geschichtlichen Perioden wesentliches aussagen. Ich sehe heute auch den Jesuitenorden als Subsystem eines religiösen Megasystems. Je wichtiger und stärker das Subsystem ist — und der Jesuitenorden ist eines der stärksten Subsysteme der katholischen Kirche — desto megasystemähnlicher muß das Subsystem sein, wenn es nicht das Megasystem gefährden soll. Institutionssoziologisch wird es daher klar, daß Johannes Paul II. zuerst beim Subsystem Jesuitenorden das Kastriermesser ansetzte. Inzwischen ist der Orden längst zur Selbstverstümmelung übergegangen, schneidet dort, wo er selbsterneuernde Praxis erkennt, die Keimlinge ab.

Ja, also in diesen Orden war ich und bin ich auch nach meiner Trennung noch verliebt, obwohl die Vernunft mir längst Distanzierung gebietet. Es ist wirklich eine unglückliche Liebe, die noch nach der Verstoßung weiterliebt. Obwohl ich für den Primat des Verstandes eintrete, erliege ich ständig wieder meinen Gefühlen. Im Laufe der Fellbacher Jahre gab ich die Hoffnung auf eine innere Reform auf. Mein Reformwunsch schlug in Angriff um.

Natürlich dachte ich bei dieser zunehmenden Entfremdung auch an Trennung, an Austritt. Gefühlsmäßig bin ich aber konservativ durchwoben. Schon beim Eintritt hatte ich mir geschworen, nie selbst auszutreten. An einem solchen mir selbst gegebenen Schwur könnte ich zugrunde gehen. Ich habe etwas Fanatisches und Stures an mir. Ich bin aber auch sehr von überlieferten Traditionen abhängig, obwohl ich das nicht sein will und mich gegen diese Abhängigkeit wehre. Seit meiner Kindheit sitzt in mir ganz fest die Vorstellung, daß ein Priester, der sein Amt verläßt, abtrünnig ist. Wenn ich die von mir geschilderte Haltung der Kirche angreife, greife ich das eigene

Bild und aus eigener Veränderungsschwäche die Urheber des Bildes an. Durch den Angriff versuche ich, mich selbst zu befreien. Es ist sozusagen ein Entlastungsangriff. Zeitlebens hatte ich mir vorgenommen, nie dem Orden abtrünnig zu werden, immer treu zu sein. Den Inhalt des Treueschwures hatte ich nie genauer untersucht, den hatte ich einfach im Vertrauen auf die Kirche und den Orden als richtig und wahr aus der Vorlage abgelesen. Ich erinnere mich, daß eines Tages im Seminar dem Vorbeter des allmorgendlichen Gebetes ein veränderter, völlig unsinniger Gebetstext untergeschoben wurde, den er brav vortrug und auf den die versammelten Seminaristen ebenso brav mit „Wir bitten Dich, erhöre uns" antworteten, obwohl sie bestimmt nicht die Erhörung dieser Bitte wünschten. Es war eine blinde, irrationale Treue im Glauben an eine Institution, der auch ich ihr gottbezogenes Selbstverständnis abnahm. Ein Abweichen von den Gelöbnissen konnte meinerseits immer nur schuldhaft vollzogen werden. Ich war im Sektengeist befangen. Den hat die Kirche lange vor den Sekten erfunden. Wenn Du Dich einmal vertrauensvoll aufs System eingelassen hast, kannst Du Dich nur mehr als Schuldiger von ihm trennen.

Hinzu kam, daß ich mich meinen Geschwistern stark verbunden fühlte, ihnen eine ähnliche Kirchlichkeit unterstellte und sie durch meinen Austritt aus dem Orden zu enttäuschen, zu schockieren fürchtete. — Heute weiß ich, daß manche von ihnen eigenständiger denken als ich, daß ich mein Problem auf sie verlagerte. Die soziale Kontrolle spielte aber bei meinen Austrittsüberlegungen eine beträchtliche Rolle. Ich hatte durch meine Arbeit im Orden ein Image des Optimisten, des Erfolgreichen, des Einsatzbereiten, eines Menschen, der ständig für andere da war. Es war das Image des Starken, der durch seine Stärke anderen Halt bot. Ich war wohl für einige auch zum Symbol dafür geworden, daß es sich noch lohnte, in der Kirche zu leben und für sie zu arbeiten, daß Rückschläge verkraftbar waren, daß der Glaube einem half, in Bedrängnis aus den eigenen Reihen zu bestehen. Das hatte ich ja immer auch alles gepredigt. Ich empfand Verantwortung gegenüber jenen Menschen, die mir Glauben und Vertrauen geschenkt hatten — bis ich erkannte, daß schon ihr Vertrauen in mich, das ich gefördert hatte, sie entmündigt hatte. Ich meinte etwas verantworten zu müssen, das ich gar nicht verantworten durfte und konnte. Solange diese Art von Beziehung bestand, konnte ich mein Problem nicht lösen, weil ich es zum Problem der von mir als abhängig betrachteten Menschen machte. Dabei urteilte ich schon wieder über sie, ohne sie selbst zu fragen. Ich hielt sie immer noch für mich verfügbar. Ihre von mir angenommene Abhängigkeit entmündigte mich gleichzeitig selbst. Dieses Strickmuster verflechtet alle Beteiligten so, daß sie sich gegenseitig fesseln, gegenseitig der Freiheit berauben. Ich hatte mich aufgrund neuer Erfahrungen gewandelt, weiterentwickelt, verändert. Erfahrungen waren immer die Quelle meines Denkens gewesen. Diese neuen Erfahrungen gebaren in mir auch eine veränderte Lebenseinstellung. Durfte ich diese meinen alten Freunden vorenthalten? War es nicht ehrlicher, sie daran teilhaben zu lassen, das Neue zu akzeptieren, auch wenn es schmerzliche Krise verhieß? Das Neue war mein verändertes Religionsverständnis.

Ich bin ein ehrgeiziger, nach Anerkennung (auch öffentlicher) dürstender Mensch. Über Jahrzehnte ist mir diese Anerkennung wie selbstverständlich zugeflogen. Im Übermaß. Ich konnte es mir leisten, sie gelegentlich bescheiden zurückzuweisen, zu übergehen und zu übersehen. Aus diesem Streben nach Anerkennung nährte sich auch mein Wille zu weiterem Erfolg in der Jugendarbeit in Fellbach. Es war, ähnlich wie in Innsbruck, ein Erfolg, der vor allem auf dem Angenommen-Werden durch die Jugendlichen beruhte. Der Schlüssel zu diesem Angenommen-Werden ist Freundschaft. Freundschaft umfaßt natürlich eine Fülle von Inhalten, mit Sicherheit nimmt dabei das Füreinander-da-sein in der Not eine zentrale Position ein. Dieses Da-sein für andere hat mich selbst bereichert. Die Zuwendung der Jugendlichen, die ich so intensiv erfahren habe, war Grundlage meiner Arbeitsmotivation. Ich habe für mich gearbeitet. Ich habe nicht umsonst gearbeitet. Ich habe in Fellbach nicht für Geld gearbeitet, ich habe nicht für Gott gearbeitet, ich habe nicht für die Jugendlichen gearbeitet. Ich habe für mich gearbeitet. — Aus dieser Einstellung haben sich auch meine Tiefs ergeben: Wenn es mir zum Beispiel nicht gelungen war, zu bestimmten Jugendlichen in Beziehung zu treten, wenn ich zeitweilig gespürt habe, daß meine Kräfte nicht ausreichten, um angerissene Beziehungen zu vertiefen oder auch nur fortzusetzen. Die Folge davon ist Vertrauensschwund. Diese Jugendlichen habe ich dann verbraucht. Sie sind enttäuscht worden, ich habe sie sitzen lassen. Sie wenden sich ab, wenn ich Glück habe, sie wenden sich möglicherweise aber auch gegen mich. Mir sind viele Beziehungsfehler unterlaufen, die mich heute noch belasten. Ich selbst habe das Ende von Beziehungen selten positiv erlebt. Ich habe bis heute keinen Weg gefunden, Beziehungen zufriedenstellend zu Ende zu führen. Beenden aber mußte ich Beziehungen immer wieder, sei es durch Arbeitsplatzwechsel, durch das Älterwerden der Jugendlichen, oder wegen der großen Zahl der Beziehungen. Oft habe ich mich aus Beziehungen davongeschlichen, verschiedentlich habe ich sie einseitig abgebrochen. Heute denke ich, daß ich Beziehungen zu Jugendlichen oder Mitarbeitern auch benutzt habe. Das ist vielleicht der härteste Vorwurf, den ich mir mache. Ich habe die Beziehung gepflegt, solange sie mir etwas gebracht hat. Dann bin ich aus ihr verschwunden. Selbst habe ich ähnliches erlebt. Das hat mich vorsichtig, skeptisch und hart gemacht. Heute kontrolliere ich meine Beziehungseingabe. Ich lasse mich nicht mehr fallen.

Ich habe eine Grundlage meiner Arbeitsmotivation erklärt, damit verständlich wird, daß es keine „religiösen" Motive waren, die mich zur Arbeit anspornten, sondern eben die Begegnung mit Menschen, aus der ich selber zehrte.

Mein inneres Ordensverständnis hatte sich ganz grundlegend geändert.

Gott lächelt, wenn junge Hunde spielen

1977 veröffentlichte die österreichische Zeitschrift *Diakonia*, ein Fachblatt für Pastoraltheologie, einen zuvor bei mir angeforderten Artikel über das Sexualverhalten von Jugendlichen. Ich hatte den Auftrag nur ungern angenommen und letztlich noch weniger gern den von der Redaktion vorgenommenen Entschärfungen zugestimmt. Geschrieben hatte ich den Artikel während meines Urlaubs im Berchmanskolleg und ihn dort auch dem für mich zuständigen Rektor P. Klein zur Zensur vorgelegt. Er erteilte mir ohne längere Diskussion die Druckerlaubnis, wohl auch im Hinblick darauf, daß die kirchliche Redaktion der Zeitschrift dann ja nochmals selbst zu verantworten hätte, was sie druckte. Obwohl die Redaktion dann noch einige entschärfende Veränderungen vornahm, kostete die Veröffentlichung dem Chefredakteur fast den Kopf. Mir schrieb der österreichische Jesuitenprovinzial, P. Platzgummer, einige Monate später: „Vor zwei Wochen hat die Österreichische Bischofskonferenz Beschwerde gegen Ihren Artikel über Sexualerziehung erhoben und mich aufgefordert, Ihnen das mitzuteilen.

Ich habe den Artikel auch gelesen, nehme ihn als Tatsachenbericht (soweit Fakten berichtet werden) an, aber nicht in den apodiktischen Folgerungen, die Sie nach meiner Ansicht etwas vorschnell daraus ziehen. Wenn Sie die Folgerungen als Fragen stellen würden, wäre ein Denkanstoß gegeben, der der Sache sicherlich mehr dienen würde."

Die Reaktion war also wieder in üblicher Form erfolgt. Der Orden hatte zunächst die Veröffentlichung gestattet. Dann beklagte sich eine Bischofskonferenz, diesmal eine für mich ausländische, ohne nähere Angabe von inhaltlichen Gründen. Eine Diskussion wurde also nicht angestrebt. (Allerdings hatten etwa fünfzig Leser, meist Geistliche, den Originaltext angefordert, auf den die Zeitschrift verwiesen hatte.) Auf bischöflichen Druck hin distanzierte sich nun der angesprochene Provinzial mit dem schon klassischen Vorschlag, daß ich die Folgerungen in Frageform hätte formulieren sollen. Man hatte mir ja schon bei *Abschied von morgen* verübelt, daß ich persönlich Position bezogen hatte. Unverbindlich sollte die Diskussion auch hier bleiben. Dann hätte es natürlich keine Beanstandung geben können und natürlich hätten sich auch keine konkreten Folgen für die katholische Jugendarbeit ableiten lassen. Auf einer akademisch-unverbindlichen Ebene hätte das Gesagte gerade noch geschrieben werden dürfen. Verbunden mit einem Bekenntnis zur eigenen Position war es unerträglich, weil sie nicht mit den amtlich abgesegneten Normen übereinstimmte. Über unantastbare amtliche Normen erübrigt sich jede Diskussion. — Sonst blieb alles ruhig, bis *Die Zeit* mich um einen Artikel bat und ich ihr das Originalmanuskript zusandte, das sie etwas kürzte, mit dem aus dem Text genommenen Titel *Gott lächelt, wenn junge Hunde spielen* versah und acht Monate nach *Diakonia* veröffentlichte.

Ich hatte den Text zu einem Theaterstück geliefert. Eine Opernsouffleuse aus Graz machte sich durch Einflüsterung meines Textes bei Kardinälen und Erzbischöfen verdient und lieferte kommentierende Entscheidungshilfen gleich mit. „Man braucht bei Gott nicht mehr traurig sein, daß man in unserer Kirche heimatlos geworden ist, wenn man erleben muß, daß solche Terroristen in Priestergestalt unsere Jugend verderben (...) diese Kirche solche Barbaren in ihrem Priesterstand duldet." (2. 11. 1978)

Der *Freundeskreis Maria Gorett* sekundierte und Christa Meves, Andragogin („Erwachsenenbildnerin") und Mitherausgeberin des *Rheinischen Merkur*, stempelte mich in ihrer Hauspostille flugs zum Marxisten, „der bewußt die Zerstörung der jungen Menschen und damit der

Zukunft will" (was Marxisten natürlich überhaupt nicht wollen). (*Rheinischer Merkur*, 18. 8. 1978)

Ein halbes Jahr nach Erscheinen des Artikels in *Die Zeit*, am 7. 12. 1978, verkündete dann Kardinal Höffner im Auftrag des ständigen Rates der Deutschen Bischofskonferenz: „Die Aussagen von P. Kripp zu Fragen von ‚Sexualität und persönlicher Entfaltung' stehen im Widerspruch zur katholischen Lehre (...) sie stehen im Gegensatz zu christlichen Glaubenswahrheiten. Sie sind unvereinbar mit der Lehre von der Erlösungsbedürftigkeit und mit der Erfahrung der Verführbarkeit des Menschen." Höffner sandte das Verdikt nicht mir, sondern übergab es gleich der Presse. Sicher um das Briefporto für die Hungerhilfe zu sparen.

Gespannt war ich auf die Reaktionen meiner Ordensprovinz. Sie befand sich offensichtlich im Dilemma: Aus einem ordensgemäß zensurierten Artikel ließ sich mir kein Strick drehen (und die Oberen hatten danach auch sicher gar kein Verlangen), den Artikel zu verteidigen trauten sie sich aber auch nicht. Das Dilemma hatte überdies einen ganz besonderen Grund — der Zensor sollte Provinzial werden. Das konnte er aber wohl nicht, wenn er die Verantwortung für die Veröffentlichung übernahm. Das Dilemma gebar im März 1979 folgende ordensinterne Mitteilung:

Die Provinzialkonferenz (ihr gehören die Leiter der deutschsprachigen Ordensprovinzen an; d. Verf.) *befaßte sich intensiv und nicht zum ersten Mal mit den Auswirkungen, die der Artikel von P. Sigmund Kripp (...) innerhalb und außerhalb des Ordens gehabt hat, und ihren Reaktionen darauf. (...) Die Überlegungen geschahen auf dem Hintergrund der Schritte, die von der Provinzialkonferenz und anderen bisher unternommen wurden: Zunächst sind Gespräche zwischen P. Kripp und dem zuständigen Provinzial geführt worden mit der Absicht, einerseits dem Anliegen P. Kripps gerecht zu werden und andererseits notwendig erscheinende Korrekturen in den von P. Kripp geäußerten Ansichten herbeizuführen. Weiter wurden im Auftrag der Provinzialkonferenz zwei Gutachten von ordensinternen Fachleuten erstellt, die deutlich machen, daß einerseits nicht alle Äußerungen von P. Kripp akzeptabel sind, daß aber andererseits in Fragen der menschlichen Sexualität die Probleme — auch im Bereich der Normen — erheblich komplizierter sind, als von manchen angenommen wird. Ferner sind (...) inzwischen Artikel und Veröffentlichungen von Mitbrüdern erschienen oder in Vorbereitung, welche zur Klärung der Sachproblematik beitragen und der bei man-*

chen katholischen Eltern und Erziehern entstandenen Unsicherheit und Unruhe entgegenwirken sollen. Gleichzeitig dürfte dadurch deutlich werden, daß die Äußerungen von P. Kripp nicht in allem als Darstellung einer allgemeinen Auffassung des Ordens verstanden werden können. Der Vorsitzende der Deutschen Bischofskonferenz, Kardinal Höffner, hat nach längerem Briefwechsel mit Ordensoberen (...) in einer veröffentlichten Stellungnahme die „affirmative Sexualpädagogik", wie die Ausführungen von P. Kripp genannt werden, als im Widerspruch zur katholischen Kirche stehend zurückgewiesen.

Bei den Beratungen der Provinzialskonferenz war bzw. wurde man sich einig, daß P. Kripp zwar aus der reichen Erfahrung einer langjährigen Tätigkeit mit Jugendlichen die oft niederschmetternden Fakten, die er dabei traf, eindringlich zur Kenntnis bringt, daß es ihm aber in dem Zeit-Artikel nicht oder nicht hinreichend gelingt, die erforderliche Übersetzung in den Normenbereich zu leisten, was dann zu Konsequenzen führen kann, die nicht mehr annehmbar sind. Die Provinzialskonferenz ist sich außerdem einig, daß keine Stellungnahme der Provinzialskonferenz in der breiten Öffentlichkeit erfolgen solle. (...)

Für die Leser, die den in Rede stehenden Artikel (den ich inzwischen in meinem letzten Buch Hören, was die Jungen sagen nochmals veröffentlicht habe) nicht kennen, füge ich ihn im Anhang dieses Buches bei. Hier aber geht es jetzt nicht um eine inhaltliche Auseinandersetzung mit dem Artikel, sondern um die Auseinandersetzung mit dem Verhalten des Ordens, als Bischöfe sich über einen Artikel beschwerten, der vom Orden für den Druck freigegeben worden war.

Aus dem zitierten ordensinternen Schreiben ergibt sich:

1. Es wurde den Ordensmitgliedern generell verschwiegen, daß der Artikel offiziell zum Druck freigegeben worden war.

2. Die Gespräche mit dem Provinzial, die zur Korrektur meiner Ansichten führen sollten, waren Gespräche mit einem Zensor gewesen, der mittlerweile Provinzial war und bei der Provinzialskonferenz, die das Schreiben verfaßte, mit am Tisch saß.

3. Die Gutachten, die ich ebenfalls im Anhang beifüge, wurden weder der Öffentlichkeit noch ordensintern zugänglich gemacht. Ich meine, daß die Veröffentlichung eine Voraussetzung für eine notwendige inhaltliche Diskussion gewesen wäre, die die ganze ordensinterne Notlage der Sexualpädagogik ans Licht gebracht hätte. Man

hat mir immer wieder zum Vorwurf gemacht, daß ich durch meinen provokativen Stil Diskussionen nicht fördere, sondern abblocke. Ich denke, daß hier die Diskussion bewußt abgeblockt wurde, weil die Gutachten fortschrittlicher ausfielen, als es manche Ordensmitglieder oder gar die Hierarchie vertragen hätten.

4. Deutsche Bischöfe haben meine Sexualpädagogik eine „affirmative" genannt, eine Bezeichnung, die in ihren Augen zur Ablehnungsetikette wird. Ich finde den Ausdruck sehr treffend, weil ich die Sexualität wirklich bejahe. Wenn die Bejahung der Sexualität falsch ist, muß ihre Ablehnung richtig sein. Da bestätigt die Kirche plötzlich selbst wieder ihre überwunden geglaubte Körperfeindlichkeit.

5. Die Verunsicherungsthese wurde voll von den Traditionalisten übernommen, mit meinen Gegnern wurde die Ansicht vertreten, daß Pädagogen und Eltern nicht verunsichert werden dürfen. — Hauptsache, die Leute fühlen sich sicher, ob aus gutem oder schlechtem Grund ist irrelevant. Über die Gründe sollen sie gar nicht so arg viel nachdenken. Wichtiger ist, daß sie die Argumentation der Hierarchie übernehmen. Es muß als Vorgesetzter schon ein erhabenes Gefühl sein, zu wissen, daß Gott durch einen spricht und gehorchende Untergebene auf alle Fälle den Willen Gottes erfüllen, egal welcher Schaden durch ihren Gehorsam entsteht. Wir sind hier an der Quelle der Theorie des Befehlsnotstandes, der so viele Nazis und Militärs nach dem Krieg vor Strafe gerettet hat. Sie waren ja nicht verantwortlich für die Menschen, die sie getötet hatten, sie waren ja durch Eid zum Töten Unschuldiger verpflichtet. Alle autoritären Systeme, egal ob kirchliche oder weltliche, entwickeln Organisationsstrukturen, zu deren Kern das Befehl-Gehorsam-System zählt.

6. Und der Höhepunkt des Ganzen: Die Provinzialskonferenz zitierte die Verurteilung meiner Sexualpädagogik durch Kardinal Höffner, ohne dieser Verurteilung zu widersprechen. Der Zensor blieb dabei ganz trocken. Ja, die Provinziäle distanzierten sich auch noch ihrerseits von mir, wenn auch gemäßigter. Selbst der Provinzial, der noch immer mein bester Freund im Orden war und das Manuskript zum Druck freigegeben hatte, gab sich nicht als Zensor zu erkennen, sondern stimmte der Distanzierung zu. — Er begann seine neue Verantwortung als Oberer zu entdecken. Als Untergebener sah ich das anders: das Amt begann ihn zu korrumpieren. Ich nahm ihm das damals gar nicht übel, wir gingen wieder einmal zu *Mario* in München essen.

Mit der gemeinsamen Erklärung der Provinziäle war der Konflikt zunächst beendet. Der Orden hatte sich meiner Meinung nach wichs-weich verhalten, und er war auch davor zurückgeschreckt, ordensintern die längst überfällige Diskussion über Sexualerziehung innerhalb der Jugendarbeit des Ordens zu führen. Verwunderlich ist dies nicht, weil notwendigerweise dann auch Theorie und Praxis des Keuschheitsgelübdes innerhalb des Ordens hätte diskutiert werden müssen. Heiße, tabuisierte Eisen, die die Jesuiten regelverpackt endgelagert haben.

Im fünften Jahr nach Innsbruck hatte es also wieder eine Affäre gegeben, die dann allerdings abgeschlossen zu sein schien.

Der Artikel hatte allerdings noch die Folge, daß ich in der Diözese Innsbruck nicht mehr taufen oder trauen durfte. Bis dahin hatte ich diesbezüglich keine Schwierigkeiten gehabt, wenn mich liebende Alt-MKler dazu einluden. Auf Rückfrage erhielt ich nun von Bischof Paulus Rusch am 13. Januar 1979 das folgende kurze Schreiben:

„(...) Mit Zustimmung der entsprechenden römischen Stellen haben Sie seinerzeit Diözesanverweis erhalten, was Ihnen gemäß Mitteilung an mich von Ihrem zuständigen Provinzial damals mitgeteilt wurde. Der auslösende Grund hierfür war ihr Buch Abschied von Morgen. *(...) Daraus ergeben sich natürlich die Konsequenzen, daß Sie die seelsorglichen Dienste in unserer Diözese nicht ausüben können. Die Angelegenheit hat durch mehrere Artikel, die Sie im letzten Jahr geschrieben haben, ihre Verschärfung erfahren (...)"*

Von einem Diözesanverweis hatte ich bis dahin nichts gewußt. Meine Oberen hatten ihn mir nie mitgeteilt und erklärten nun auf meine Rückfrage hin, daß auch sie nie Kenntnis von einem Diözesanverweis erhalten hatten. — Irgendjemand log wieder einmal ... Es wurde mir verboten, Bischof Rusch zu antworten und um Aufklärung zu bitten ... Die Oberen würden dies tun. Darauf warte ich heute nicht mehr.

Ebenso wurde mir verboten, an Kardinal Höffner zu schreiben ... Ich wurde dem Orden wohl schon ziemlich lästig.

Damals hatte ich noch das Verlangen, mich zu verteidigen, darauf zu bestehen und zu belegen, daß meine pädagogischen Absichten mit dem Christentum und dem Evangelium vereinbar und im Rahmen eines zulässigen Pluralismus angesiedelt waren. Das Schweigen gegenüber Bischof und Kardinal fiel mir also nicht gerade leicht. Heute, aus der Distanz, sehe ich die Angelegenheit gelassener. Ich entfalte nicht mehr den Ehrgeiz, zu beweisen, daß meine Ansichten katholisch sind. Mir reicht aus, daß ich sie menschenwürdig finde. Ich bin froh, daß meine sittlichen und ethischen Ansichten nicht mit denen Kardinal Höffners übereinstimmen. Sein Gott ist nicht mein Gott. Mir liegt heute auch nichts mehr an einer Korrespondenz mit Kirchenfürsten, die im Zweifelsfalle sich für ihren Gott und gegen Menschen entscheiden. Die kirchlichen Normen für den Umgang mit Sexualität sind dafür ein gutes Beispiel. Aus der Notwendigkeit von Normen für die Regelung der Beziehung zwischen den Menschen wird abgeleitet, daß die kirchen-katholischen Normen die einzig gültigen seien. Es stört diesen Anspruch offenbar nicht, daß evangelische Kirchen teilweise erheblich abweichenden Normen anhängen.

Eskalation um die Zensur

Nach fünf Jahren Jugendleitung hatte ich in Fellbach die Geschäftsführung an einen Kollegen abgetreten. Ich hatte von der Stadt eine Teilzeitstelle erbeten und engagierte mich mehr in Vorträgen, widmete mich verstärkt dem Schreiben. Ich hatte eine kleine Sammlung von Satiren — *Gesellschaftsspiele* — fertiggestellt, die ich nun veröffentlichen wollte. Also legte ich sie Mitte 1979 der Ordenszensur vor. Das Urteil der Zensoren war vernichtend. Ich zitiere:

1. Zensor: „Um P. Kripps willen erscheint es mir notwendig, daß diese Schrift nicht gedruckt wird. Es kann sonst endgültig der Eindruck entstehen, daß er ein Mensch ist, der nur noch mit Schmutz um sich wirft (...) So kann ein P. SJ wohl nicht veröffentlichen." 2. Zensor: „Ingesamt halte ich das Manuskript (...) nicht den Anforderungen an Qualität gewachsen, die bei uns üblich sind." Der für die Druckerlaubnis zuständige Obere schloß sich zum Schutze meines „Marktwertes" diesen Ansichten an.

Bemerkenswert ist noch, daß zwei Beiträge, die im Rahmen der *Gesellschaftsspiele* erscheinen sollten und von den Zensoren ausdrücklich abgelehnt wurden, vor Jahren schon mit der Genehmigung anderer Zensoren veröffentlicht worden waren.

Ein Literaturkritiker, dem ich — unsicher geworden — das Manuskript vorlegte, schrieb mir: „Ich finde sie (die Texte) durchgängig gut — eine neue Form der Satire eigentlich, die sich bewußt auch naiver Formen bedient."

Ich hatte auch verschiedentlich schon vor größeren

Gruppen aus den Texten gelesen und war nicht schlecht angekommen. Über unterschiedlichen Geschmack läßt sich natürlich trefflich streiten. Bei Satiren müssen Ordenszensurkriterien eigentlich versagen. Deren Unzulänglichkeit läßt sich vorzüglich kaschieren, indem man, wie geschehen, die Druckerlaubnis zum Schutze des Betroffenen verweigert. Wir werden an anderer Stelle sehen, daß der Fürsorgepflicht nicht immer ein so hoher Stellenwert beigemessen wird. Ordenspolitisch war natürlich von Bedeutung, daß zur Zeit des Zensurspiels noch immer die öffentlichen Auseinandersetzungen wegen meines Sexualitätsartikels liefen.

Ende 1979 kündigte ich dann trotz Verbotes die Veröffentlichung der *Gesellschaftsspiele* an. Auch auf die Gefahr hin, den Leser etwas zu überanstrengen, möchte ich wieder aus dem damaligen Briefwechsel zitieren, weil so der Konfliktablauf authentisch wiedergegeben werden kann, was für die Beurteilung einer Auseinandersetzung im kirchlichen Bereich — die in diesem Buch ja lesbar dokumentiert werden soll — doch von Bedeutung ist.

Ich schrieb also am 19. 11. 1979:

Ich bestreite nicht das Recht eines Ordens auf Zensur (heute würde ich das übrigens so nicht mehr aufrecht erhalten; d. Verf.), *sondern die Klugheit einer solchen Bestimmung in der heutigen Zeit. Die vielen Pressionen, denen der Orden durch eine wieder enger denkende Kirchenleitung ausgesetzt ist, lassen das Instrument der Zensur weniger zu einem Mittel der Korrektur durch Diskussion als vielmehr zu einem Instrument geistiger Disziplinierung werden, sodaß auch mir die Luft zum Atmen wegzubleiben droht. Bisher waren zwei meiner Veröffentlichungen kirchlich umstritten. Sowohl* Abschied von morgen *als auch* Gott lächelt, wenn junge Hunde spielen *waren vom Orden zum Druck freigegeben worden. In beiden Fällen wurden Ordenssanktionen gegen mich erst auf Druck der Bischöfe hin ergriffen. Dies erweckt in mir den Eindruck, daß der Orden in seinem Handeln nicht mehr frei ist, sich selbst aufs Wohlwollen der Bischöfe als Maßstab seines Handelns festgelegt hat. Zensur ist so nur mehr Last, nicht auch Schild — Da ich praktisch gar nicht mehr im Orden lebe, wogegen ich mich vergeblich versucht habe zu wehren, und nun wohl schon unfähig geworden bin, im Orden zu leben, bedeutet es für mich wohl die Aufgabe meiner selbst, wenn ich nicht mehr schreiben könnte, was ich denke und wie ich fühle.*

Meinen Entschluß, mich nicht mehr der Ordenszensur zu unterstellen, kündige ich an, um dem Orden Handlungsspielraum zu geben, ihn nicht einfach vor vollen-

dete Tatsachen zu stellen. Gesellschaftsspiele *sind dazu nur der Anlaß. Ich halte das Manuskript nicht für so gut, daß es unbedingt veröffentlicht werden müßte. Es geht mir ums Prinzip.*

Eigentlich habe ich damals schon mit dem Ausschluß aus dem Orden gerechnet. Ich war auch in einer Stimmung, die mich den Ausschluß möglicherweise provozieren ließ. Wie hatte doch ein Zensor begutachtet? „So reizvoll eine solche Art literarischen Schaffens sein mag, so sehr gibt sie dennoch mehr Zeugnis vom Zustand des Autors als von der Wirklichkeit." (Was offenbar nicht jesuitisch ist.) So schrieb ich weiter meinem Freund und Vorgesetzten:

Ich wollte Dir schreiben, was ich in der Nacht nach unserem Gespräch träumte. Du warst ans Kreuz genagelt, und das schien Dir ganz selbstverständlich. Das schlimme war, daß Du dabei das Gefühl hattest, irgendwie falsch zu hängen, und Deine unangenehme Lage durch Positionswechsel verbessern wolltest. Es ging für Dich nicht darum, vom Kreuz herunterzusteigen, sondern sinnvoll und halbwegs erträglich zu hängen. — Meine Rolle war die des Zuschauers, der versuchte, Dir gute Ratschläge zu erteilen. Das Ganze war ziemlich hoffnungslos. — Das Gespräch mit Dir läßt mich die Situation als lähmendes Dilemma erfahren. Ich habe aber nicht vor, mich lähmen zu lassen.

In der offiziellen Antwort wurde mir nochmals verboten, *Gesellschaftsspiele* zu veröffentlichen. Aus einem langen privaten Brief geht das Bemühen meines Freundes, des Provinzials, hervor, es sowohl dem Orden als auch mir recht zu machen. Ein Bemühen, daß wohl scheitern mußte. Den privaten Charakter dieses Briefes möchte ich respektieren. Ich zitiere daher nur aus meiner Antwort vom 9. 12. 1979, die meine damalige Verfassung und Einstellung wiedergibt. Ich nehme dabei den Gedanken der Lähmung als Ausgangspunkt wieder auf.

Lieber Alfons!

Ich sehe nicht, wie das Lähmungsstadium sich durch Zuwarten ändern soll. Ich vermute heute, daß ein Teil der Lähmung vom zu langen Warten kommt (...) Ich verstehe auch das Verhältnis des Ordens zu mir nicht mehr. Die Österreicher sind froh, daß ich in Deutschland bin, und die deutschen Jesuiten wissen auch nicht, was sie mit mir anfangen sollen. Ich bin dafür, daß die Karten endlich auf den Tisch kommen, ich möchte erfahren, wo der Orden glaubt, mich brauchen zu können, wenn er glaubt mich brauchen zu können. Wenn der Orden findet, daß er mich, so wie ich bin, nicht brauchen kann, soll er mir sagen, was ich ändern soll, damit er mich dort oder da gebrauchen kann. Wenn es keine Gebrauchshoffnung geben sollte, soll er mich entlassen.

Ich mache mir heute selbst den Vorwurf, daß ich nicht energisch genug auf eine Verwendung durch den Orden gedrängt habe. Sechs Jahre warten, in denen ich weiß Gott oft fort wollte von hier, haben mich dem Orden in einem Maße entfremdet, daß ich mich selbst nicht mehr für ordenstauglich halte.

Es stimmt, daß ich mich bei meinem Eintritt mit der Ordenszensur abgefunden habe, ebenso wie mit manch anderen Bestimmungen, die inzwischen selbst vom Orden abgeschafft wurden. Wenn man mir allerdings damals gesagt hätte, wie Zensur abläuft, hätte ich mich nicht damit einverstanden erklärt. Heute bin ich sicher nicht damit einverstanden. (Wenn ich mich heute so an die Regelerklärung im Noviziat zurückerinnere, muß ich gestehen, daß ich vermutlich im damaligen Willen, Jesuit zu werden, bereit gewesen wäre, noch schwerwiegendere Einschränkungen als Zensur auf mich zu nehmen. Im Noviziat war ich ja manchmal in einer den jungen Khomeinianhängern nicht unähnlichen, von Martyriumsbegeisterung überschäumenden Stimmung. Der saure Kärntner Most hat sie gewiß nicht erzeugt.)

Wenn ich darüber nachdenke, warum der Orden eigentlich keine Verwendung für mich hat, komme ich zum Schluß, daß es nur mit Abschied von morgen, *dessen Wirkung eigentlich längst vorbei sein müßte, und* Gott lächelt..., *dessen Wirkung offenbar noch anhält, zu tun haben kann. Ich kann mich nicht erinnern, sonst dem Orden während der letzten sechs Jahre irgendwelche Schwierigkeiten bereitet zu haben. Alle Zensurgespräche und Kontroversen hatten sich ja in dieser Zeit privat abgespielt, nichts Unerlaubtes hatte ich veröffentlicht. Allerdings nehme ich inzwischen an, daß bei Dir doch auch unveröffentlichte Schreibereien von mir sehr negative Wirkungen hinterlassen, die sehr wohl auch in Entscheidungen einfließen, was ich verstehen kann, ohne darüber glücklich zu sein. Meine Nichtverwendung kommt mir tatsächlich wie eine stille Sanktion vor.*

In dieser Situation suche ich nun wieder seit vielen Monaten über Inserate ein anderes Arbeitsgebiet, in dem ich auch älter werden kann und darf. — Dieses Suchen hat mich auch verstärkt zum Schreiben (...) hingeführt (...) Ich kann aber einfach nicht schreiben, wenn ich an Zensur denke. Mit totaler Freiheit hat dies für mich nichts zu tun. Es gibt genügend andere Grenzen. Schließlich gibt es auch etwas wie eigene Verantwortung. Die muß ich in vielen Dingen selber tragen. Warum nicht auch beim Schreiben. Daß die letzte Generalkongregation von der Ordenszensur nicht abgegangen ist, wundert mich gar nicht, sie hatte sich ja durch den bekannten äußeren Druck auch ein Stück weit selber aufgegeben.

Du schreibst, daß Du bei einer grundsätzlichen Ablehnung der Zensur keine Möglichkeit siehst, innerhalb des Ordens eine Lösung zu finden. Ich sehe nicht recht ein, wie sich eine Zensur, die sich — eigenartigerweise, aber Gott sei Dank — nur auf das geschriebene Wort, nicht auf Vorträge auch in Fernsehen, Rundfunk, auf Lehre und Predigten erstreckt, zum Ordenszugehörigkeitskriterium aufwerten läßt. Ein Orden sollte meiner Meinung nach das freie Wort seiner Mitglieder nicht fürchten. Auch die Kirche bräuchte es nicht zu fürchten. — Es kommt hinzu, daß ich bisher gerade in Veröffentlichungsfragen oft zurückgesteckt habe, mich aber nun immer mehr frage wozu. Ich bin auch weiterhin bereit, Einschränkungen auf mich zu nehmen, auch wenn ich sie inhaltlich nicht akzeptieren kann, wenn mir klar ist, warum. Um der Arbeit in Innsbruck willen habe ich jahrelang manches nicht gesagt. Um keiner Arbeit im Orden willen, sehe ich nicht ein, warum ich schweigen soll (...) auf der Gehorsamsschiene soll ich bleiben, auch wenn es ein Abstellgleis ist.

Entscheiden muß der Orden. Für mich sind mit Ablehnung der Zensur die Grenzen meines auch im Orden wünschenswerten Pluralismus noch nicht überschritten.

Die umstrittenen Gesellschaftsspiele habe ich bis heute noch nicht veröffentlicht. Das hat nichts mit Gehorsam zu tun, sondern der Verleger entschloß sich wieder anders. Im April 1980 veröffentlichte ich aber in Die Zeit einen kirchenkritischen Artikel, diesmal gleich ohne ihn der Zensur vorzulegen. Ich denke, er fügt sich nahtlos in die Thematik dieses Buches ein, deshalb gebe ich ihn hier samt Reaktionen wieder.

Plädoyer für eine arme Kirche

März 1980. An der gemeinsamen Eingangstür zu Katholischer Akademie und Jugendzentrum Caritas Pirckheimer Haus in Nürnberg hängt ein mit Filzstift geschriebenes Plakat: „Während der Fastenzeit keine öffentlichen Partys."

Anerkennend nicken die Bürger, die sich zur Feier des dreifachen Jubiläums der katholischen Erwachsenenbildung um ihren Bischof scharen. So schlecht wie sein Ruf scheint Nürnbergs einziger Treff für junge Gastarbeiter doch nicht zu sein. Während junge Moslems und ungläubige Christen nach den katholischen Regeln für die Fastenzeit auf öffentliches Tanzvergnügen verzichten, begeben sich Bischof und Prominenz in den ersten Stock an weißgedeckte Tische, zum kalten Büffet. Fastenzeit. Für die Kellerkinder.

In fensterlosen Clubräumen, an selbstgezimmerten Theken bedienen inzwischen junge Türken, die keine Arbeitserlaubnis bekommen, illegal sich selbst helfend, ihre Kameraden. Heißer Tschai steht für erwachsene Besucher gratis bereit. Doch der Gratis-Tee bleibt ungetrunken. Von der Jubiläumsgesellschaft findet niemand ins Souterrain, folgt niemand den Plakaten im Treppenhaus, die den Weg zu Ausländern, Obdachlosen weisen. Griechen und Italiener, die sich im Haus verirren, spähen durch halb geöffnete Türen auf vollgedeckte Tische, an denen gutgekleidete, gläubige Kirche Mahlzeit feiert. Auf den leerbleibenden Platz des ebenfalls geladenen Präsidenten der Bundesanstalt für Arbeit wird kein arbeitsloser Junge von der Straße oder vom Zaun geholt.

Von der Jubiläumsfeier der gebildeten Kirche ausgesperrt sind nicht nur Jugendliche. Auch Erwachsene. Arbeiter haben zwar die Akademie gebaut, das Festbrot gebacken, das Metall fürs Besteck aus dem Erz geschmolzen. Mit am Tisch sitzen sie nicht, weil sie mitsammen nicht sprechen können. Das Essen würde allen schmecken. Es ist das weiße Tischtuch, das sie trennt, die Krawatte, das Festkleid, die Sprache, die Stellung in der Gesellschaft. Das Schwarze fehlt dort, wo es verbinden würde: unter den Nägeln von Priesterhänden. Es lädt nicht der Zimmermannssohn die Fischer, sondern der Akademiker die Doktoren zum Jubilieren.

Wem als Schüler gesagt wurde, daß in der Religion Lebenssinn zu finden sei, der bekommt als Arbeiter ein Gottesbild vorgesetzt, das den Erlösungsvorstellungen bürgerlich lebender Theologen entspricht. Da gibt es den Gott der Besitzer, der das Privateigentum zum Bestandteil des Glaubens macht; der alles weiß, dem durch höhere Schulbildung vor allem bürgerliche Kinder ähnlich werden; der seines Sohnes Namen bürgerlichen Parteien leiht, die nun mal in erster Linie nicht die Interessen der Arbeiter vertreten. Es gibt den Gott der Strafe, der zum Polizisten von Lehrern und Eltern wird; und der Kommunisten frißt, um die Marktwirtschaft zu garantieren, wenn es sein muß, mit Waffengewalt. So entsteht ein Gott des Schreckensgleichgewichtes.

*Die Grundwerte Gerechtigkeit, Solidarität und Frei-
heit werden im Munde unserer bürgerlichen Kirche nur
zu leicht zu Gerechtigkeit aus der Sicht der Wohlhabenden, zu Solidarität der Starken und zur Freiheit der Ord-
ner, die sich ganz anders aus der Sicht der Geordneten
ausnähme.*

*Einen gemeinsamen Gott wird es erst in einer die so-
zialen Schichten übergreifenden Kirche geben, die gemeinsam mit ihrem Bischof zu Tische sitzt.*

*Zwischen Arbeiter und Kirche aber schiebt sich tren-
nend der Wohlstand der Kirche. Wohlstand, den sie sich
selbst zubilligt, während sie die Bedürftigen auffordert,
ihm zu entsagen.*

*Vor einiger Zeit besuchte ich ein Ordenshaus in
Deutschland. Dort erzählte ein Pater, daß am Vorabend
ein Junge und ein Mädchen vor der Kirche gesessen hatten und ihn um einen Übernachtungsplatz angegangen
waren. Daraufhin hatte er in seiner Predigt die Kirchen-
besucher aufgefordert, mehr als üblich zu spenden. Den
Mehrbetrag würde er den beiden als Übernachtungsgeld
fürs Hotel zustecken. Die unbewohnten Zimmer im Ordenshaus waren ihm gar nicht in den Sinn gekommen.
Aber er fürchtete auch, die beiden Unbekannten würden
ihn bestehlen.*

*Die Amtskirche hat sich daran gewöhnt, mit dem Geld
anderer Leute Gutes zu tun, ihre Leistung mißt sie vielfach in Caritas-Millionen. Ein Drogenkonsument wäre
vermutlich bereit gewesen, mit den beiden Hippies sein
Bett zu teilen, eine Wohngemeinschaft wäre enger zusam-
mengerückt. Wo die Wohngemeinschaft im Zeichen des
Kreuzes zum Ordenshaus wird, geht ihr heute die Gast-
freundschaft leicht verloren. Die deutsche Kirche ist für
viele unglaubwürdig geworden, weil sie sich durch Wohlstand korrumpieren ließ. Wir Ordensleute fürchten, daß
uns Unbekannte den Reichtum stehlen, den wir gelobt
haben, nicht zu besitzen!*

*Neulich klaute in Nürnberg, vor besagtem Jugend-
haus, ein junger Gastarbeiter von der Mercedeskarosse
des Bischofs den Stern. Beim nächsten Besuch in der
Akademie forderte der Chauffeur des Bischofs einen So-
zialarbeiter auf, den erneuerten Stern zu bewachen. Der
Bischof hatte die Diebesbotschaft falsch verstanden:
Nicht Bewachung der Karosse, sondern Trennung von der
Karosse hatte Gott im Dieb signalisiert.*

*Die vatikanischen Museen sind gewiß sehenswert.
Ausländische Stücke, gerade auch aus dem Missionsmu-
seum, sollten aber lieber den Ursprungsländern zurückgegeben werden. Als Zeichen der Reue für wegmissionierte*

Identität. Aufgabe des Kirchengewissens wäre es, auf diese Weise auch das Weltgewissen zu sensibilisieren. Leere vatikanische Museumsvitrinen mit dem Plakat „Zurückgegeben ans Ursprungsland" würden es zu einem besuchenswerten Museum machen. Auch den Rest seines Besitzes sollte der Vatikan veräußern. Nicht so sehr, weil mit dem Erlös sehr vielen Menschen geholfen werden könnte, sondern um zeichenhaft nichts zu besitzen.

Von Nord bis Süd gibt es in Europa Wohnungsnot in Ballungsgebieten. In denselben Ballungsgebieten gibt es auch leerstehenden kirchlichen Wohnraum: in fast leeren Klöstern, in Seminaren, die keine Zöglinge mehr finden, in Ferienhäusern für Patres. Mieter würden die klösterliche Ruhe stören, heißt es, die Mönche wären nicht mehr unter sich, ihre Gemeinschaft gestört, Studium und Arbeit beeinträchtigt. Intensität der Ordensgemeinschaft, Qualität des Studiums und Erfolg bei der Arbeit werden so für Mönche, ganz im Gegensatz zu Jesus, zu Kriterien der Entfremdung von der Not wohnungssuchender Mitmenschen.

Ein katholisches Stift ist Wiens größter Privatgrundbesitzer. Die Kirche predigt, daß auf Eigentum eine soziale Hypothek laste, doch von ihren ausgedehnten Ländereien mag sie sich nicht trennen. Um beim eigenen Orden zu bleiben: Das Gelände um das Studienhaus St. Georgen in Frankfurt sollte an bedürftige Familien verschenkt werden, statt es zum Ergehen für den spärlichen Ordensnachwuchs zu reservieren. — In Innsbruck wird zur Zeit das Jesuitenkolleg umgebaut. Um Wohnbaufördermittel zu bekommen, werden teilweise zum Schein Kleinwohnungen eingebaut. So entzieht die zur Armut verpflichtete Kirche denen, die nicht nur zum Schein arm sind, Fördermittel.

Verschiedentlich genießt die Kirche Steuerprivilegien. Viel vom so eingesparten Geld verwendet sie gewiß, um Menschen in Not zu helfen. Es bleibt aber ein unangenehmes Gefühl, weil öffentliche Mittel eher direkt den Bedürftigen als den Helfern zugeteilt werden sollten. In diesem Sinne sollte die Kirchensteuer abgeschafft und die Hilfe direkt den Menschen in Not erteilt werden. Denn bei aller Hilfsbereitschaft und Nächstenliebe helfen die Helfer sich doch auch selbst, verdünnt sich der Fluß der Kirchensteuer manchmal zum Rinnsal für die Bedürftigen. Und ab und zu bleibt auch mal was von dem Geld an Fingern von Helfern kleben.

Dann wird durch Vertuschen der „Ruf" der Kirche gewahrt, wie jüngst in der Diözese Innsbruck, wo ein betagter Prälat sich mit abgezweigten Kirchengeldern eine

Wohnung in Kurlage finanziert hatte. In solchen Fällen wird das abgeschaffte Privileg eigener kirchlicher Gerichtsbarkeit durch die Hintertüre wieder eingeführt, zum Nutzen des Beschuldigten.

Durch das Kirchensteuersystem wird Geld zum entscheidenden Kriterium von Kirchenzugehörigkeit. Wer nie zur Kirche geht, den Glauben der Kirche nicht teilt, sich zum Atheismus bekennt, Kirchengebote übertritt, mag von der Gemeinschaft der Gläubigen durch Exkommunikation ausgeschlossen werden. Mitglied der kirchensteuerzahlenden Kirche bleibt er, es bleiben seine finanziellen Verpflichtungen. Wer hingegen gläubig die Sakramente empfängt, aber den Reichtum der Kirche mit seinem Gewissen nicht vereinbaren kann und ihm daher durch Kirchensteuerzahlungen auch nicht Vorschub leisten will, macht sich strafbar, wenn er ohne Kirchenaustritt die Zahlungen einstellt. Kirchenaustritt aber bedeutet gleichzeitig Exkommunikation.

Kirchenfunktionäre sagen gern, daß der Bürger ja auch dem Staate die Steuern nicht verweigern kann, nur weil er meint, sie würden falsch verwendet. Diese Argumentation ist konsequent und entlarvend: Kirche wird nicht als Glaubensgemeinschaft, sondern als Organisation verstanden.

Die deutsche Kirche steht im Sog des Besitz- und Wachstumsdenkens unserer atheistisch materialistischen Gesellschaft. Dadurch sondert sie sich ab von den Menschen, die nicht mithalten können. Sie weckt in ihnen nicht Liebe, sondern Neid. Schlimmer noch: die Kirche lebt Reichtum als Lebensziel vor.

Exerzitienhäuser wirken häufig elitär. Schloß Fürstenried in München, zum Beispiel. Bekannt wurde es durch seine Tapeten aus Seide, die der darob aufgebrachte Kardinal Döpfner durch Rupfentapeten überdecken ließ. So verdeckt dort bis heute scheinbare Einfachheit kostspieligen Aufwand, in dessen Rahmen es sich so geistreich wie unverbindlich über Armut und Unterdrückung in der Dritten Welt meditieren und diskutieren läßt: Kirche im asozialen Getto des Reichtums.

So kommt die eigentliche Aufgabe der Kirche zu kurz: die Vermittlung menschlicher, christlicher Werte, für die zu leben sich lohnt. Erst wenn die D-Mark der Kirche wie Schuppen von den Augen fällt, wird sie die Menschen wieder sehen und in ihren Nöten erkennen, weil sie dann deren Nöte teilt.

Was die Kirche in Mittel- und Südamerika beim Volk beliebt und bei den Regierenden gefürchtet macht, ist ihre Solidarität mit den Armen und Unterdrückten. Eine

Solidarität, aus der sie neuen Geist schöpft, dargelegt in der wiederentdeckten Theologie der Erlösung durch Befreiung. Diese Theologie trennt nicht die Lehre vom Leben.

Unsere mitteleuropäische Kirche muß sich von ihrem Reichtum lösen. Sie sollte ihre Schulen, Krankenhäuser, Altersheime, Jugendzentren, Fakultäten, Bildungshäuser aufgeben und sich, geläutert durch Besitzlosigkeit, der geistigen Erneuerung dieser Institutionen, deren Träger andere sein können, widmen. Die Bischöfe sollten Caritasvermögen und Caritasorganisation in die Hände von Laien legen oder an andere Institutionen übertragen, soweit es nicht überhaupt besser wäre, die institutionalisierte Hilfe auf das Notwendigste zu reduzieren, denn sie entmündigt ja auch die Bedürftigen; sie verlernen es, sich selbst zu helfen. Die Spender verleitet sie dazu, sich vom persönlichen Engagement für den Nächsten durch Geld loszukaufen.

Jesus hat die Kirche gegründet, nicht die Weltbank. Befreit von Finanzverwaltung hätten Bischöfe wieder Zeit, als Seelsorger mit dem Volk zu leben, Gastarbeitern und Jugendlichen persönlich die Hand zu reichen, sich an der Quelle den Problemen der Menschen zu stellen. Beginn einer Grünen Kirche.

Reaktion des Ordens und Leserbriefe

Ich hatte zwar nicht die *Gesellschaftsspiele* unzensuriert veröffentlicht, dafür aber diesen die Kirche etwas kritisierenden Artikel. Den darauf folgenden Zoff hatte ich einkalkuliert, aber auch ausgerechnet, daß ich wegen dieses Artikels, mit dem ich erstmals gezielt die Ordenszensur umging, nicht entlassen werden konnte. Dazu fehlte ihm die kritische Masse. Ich hatte ihn der Zensur nicht vorgelegt, weil diese sicher die Ordensbeispiele kassiert hätte, aber auch um meinen Freund nicht zu kompromittieren. Er konnte mit Recht sagen, daß der Artikel ihm nicht vorgelegen hatte. Also distanzieren, Rüge erteilen, das würden die Reaktionen des Ordens sein. Zeit vergehen lassen, weiterschreiben. So stellte ich mir das vor.

Die offizielle Ordensreaktion war recht gemäßigt, den Ärger der direkt Kritisierten meinte ich ertragen zu können. Mein Freund, der Provinzial, teilte mir am 5. 5. 1980 mit: „Du hast so lange Schreib- und Veröffentlichungsverbot, bis Du bereit bist, Dich an die alle verpflichtenden Zensurbestimmungen zu halten (...) Wer sich grundsätzlich nicht daran halten will oder kann, muß sich deshalb bewußt sein, daß er damit seine Mitgliedschaft in Frage stellt und den Orden dazu zwingt, sie ebenfalls in Frage zu stellen."

In einem persönlichen Begleitschreiben bemühte er sich sehr, mir verständlich zu machen, daß meine Anliegen von vielen Jesuiten geteilt würden, meine provokative Art aber wünschenswerte Veränderungen in Orden und Kirche eher erschwerte als förderte. Zum Unterschied von mir glaubte er noch an die Möglichkeit der sanften Reform, einen Weg der schmerzlosen aber tiefgreifenden Kirchenveränderung.

Da das *Plädoyer für eine arme Kirche* in *Die Zeit* erschienen war, reagierte der Orden auch über die Leserbriefspalte dieser Zeitung. Diese Briefe und eine Auswahl einiger anderer an mich gerichteter Leserzuschriften dokumentiere ich hier.

Die Sache, um die es P. Kripp in seinem Plädoyer für eine arme Kirche geht, ist sehr ernst. Die Kirche ist nicht arm, obwohl Jesus außerordentlich hart gegen die Reichen und den Reichtum redet. Die Ordensgemeinschaften tun sich schwer, ihr Armutsgelübde zeichenhaft zu leben, obwohl fast alle Ordensgründer großen Nachdruck auf die Armut legten. Die negativen Auswirkungen des Reichtums sind nicht zu verkennen, obwohl die Kirche mit finanziellen Mitteln viel Gutes tun kann und tatsächlich auch tut. Gerade in den letzten Jahren haben Konzil, Synoden, Bischofsversammlungen, Ordenskapitel und sonstige Gruppierungen in der Kirche begonnen, einen Umdenkungsprozeß zu fordern und zu fördern, dem man nur zustimmen kann. Wie gesagt, die Sache ist ernst genug.

Nur: Bin ich verstockt, wenn ich die Provokationen Pater Kripps nicht als prophetisch ansehen mag? Nicht ganz zufällig kenne ich die meisten der im Plädoyer angeführten Beispiele und Begebenheiten. Sie sind zum Teil überzogen, zum Teil müssen sie für Schlußfolgerungen herhalten, die der vielschichtigen Problematik nicht angemessen sind. Bin ich überkritisch, wenn ich auf Sachlichkeit bestehe, auch wenn dann manch sprachlicher Gag Pater Kripps nicht mehr viel Durchschlagskraft hätte?

Ich kann den Forderungen P. Kripps nichts entgegensetzen als den mühsamen Versuch, mit der Bekehrung immer wieder bei mir selbst anzufangen. Ich muß die

Mühe auf mich nehmen, der Komplexität der Sache gerecht zu werden, anstatt dem Drang nach schrecklicher Vereinfachung nachzugeben. Ich will von Menschen (auch von P. Kripp) lernen, die sich für eine glaubwürdigere, d.h. ärmere Kirche einsetzen. Ich muß die kleinen, unscheinbaren Schritte gehen, auch wenn es dafür nicht so leicht Beifall gibt wie für flotte Angriffe gegen Kirchenfunktionäre und kirchliche Institutionen.

Ich plädiere deswegen für Sachlichkeit, Sorgfalt und Fairneß.

P. Vitus Seibel SJ, München
Vorsitzender der Provinzialkonferenz
der deutschsprachigen Jesuiten

* * *

In seinem Plädoyer für eine arme Kirche fordert P. Kripp: „Das Gelände um das Studienhaus St. Georgen in Frankfurt sollte an bedürftige Familien verschenkt werden, statt es zum Ergehen des spärlichen Ordensnachwuchses zu reservieren." Zwar ist der zitierte Satz effektvoll formuliert, aber angesichts der komplexen Situation von St. Georgen sachlich unzutreffend. Denn im Wintersemester 1979/80 lebten im Priesterseminar St. Georgen 108 Seminaristen aus zehn Bistümern. An der Hochschule waren 273 Studentinnen und Studenten immatrikuliert. Schließlich leben in St. Georgen 69 Patres und Brüder.

In St. Georgen werden viele Treffen und Tagungen durchgeführt, finden Einkehrtage und Exerzitien statt. Regelmäßig kommen die spanische und italienische Mission: z.B. waren innerhalb der letzten Woche 84 Firmlinge der italienischen Mission von Frankfurt in St. Georgen. Diese Kinder „eroberten" den Park, sie fanden Räume und Essen ebenso wie 39 Jungen und Mädchen einer Frankfurter Pfarrei. Ein recht großer Teil des Grundstücks liegt in einem Kleingartengebiet. Dieser Teil ist seit einer Reihe von Jahren einer Familiengruppe mit vielen Kindern als Spiel- und Erholungsplatz überlassen. Das gewiß beachtlich große Parkgelände ist nach den derzeit geltenden staatlichen Gesetzen nur zu einem ganz geringen Teil bebaubar. Und diesen Teil werden wir höchstwahrscheinlich zur Behebung unserer eigenen wirtschaftlichen Schwierigkeiten veräußern müssen. Vor einigen Jahren wurde von einer SPD-Gruppe der Antrag gestellt, das Gelände von St. Georgen der Öffentlichkeit zugänglich zu machen. Dieser Antrag wurde von dem damals mit SPD-Mehrheit bestimmten Magistrat nicht unterstützt, *nachdem man sich über die vielfache Verwendung unseres Parkes informiert hatte.*

P. Albert Giesener SJ, Sankt Georgen

* * *

Ich habe damals P. Giesener geantwortet:

Auch eine ausführliche Darlegung hätte an meiner Schlußfolgerung nichts geändert, daß der Orden sich von Besitz, der ihn reicher macht als Arme, trennen soll. Da ist es im Grunde genommen egal, ob 27 oder 300 Studenten einen großen Park zur Verfügung haben, solange die meisten Studenten an anderen Universitäten eben gar keinen Park zur Verfügung haben. (...) Unfair finde ich unseren Lebensstil und Besitzstand (immer bei Armutsgelübde) gegenüber Menschen, die nebenan zusammengepfercht wohnen, nicht selten in einer Weise, daß ihr Familienleben kaputt gehen muß. Wir stellen an ein funktionierendes Ordensleben lauter Vorbedingungen an Ruhe, Raum und Sicherheit. Aus diesem Wohlstand predigen wir dann den weniger Wohlhabenden, daß sie ihre Familien unter ungünstigsten äußeren Bedingungen harmonisch zusammenhalten sollen.

Ich habe in meinem Artikel eben angegriffen, daß wir in Wohlstand Tagungen, Treffen, Einkehrtage und Exerzitien abhalten. Diese Treffen würden nur an inhaltlichem Feuer gewinnen, wenn wir sie in bedürftiger Umgebung abhielten. Wohlstandsumgebung macht sie für mich unglaubwürdig. Es geht doch nicht um das Erholungsbedürfnis von Exerzitanten, sondern um mangelnden Lebensraum, den auch unser Orden durch seinen Besitz Bedürftigen vorenthält.

Laßt doch alle Kinder immer in den Park, schenkt doch der Familiengruppe im Kleingartengebiet das Grundstück.

Ihr wollt Baugrund verkaufen, um Eure wirtschaftlichen Schwierigkeiten zu sanieren. In meinen Augen werden also die Bedürftigen, denen Ihr das Grundstück schenken könntet, Eure Schulden bezahlen, weil sie das Grundstück nicht bekommen. (...)

Betroffen bin ich durch Deine Argumentation mit der SPD. Ist denn die SPD die Interpretin des Evangeliums? Können wir uns denn durch die SPD von Verpflichtungen, die sich aus dem Evangelium ergeben, entbinden lassen?

Komplex ist an sich nicht die Situation in St. Georgen, komplex ist nur der Versuch, den Reichtum so zu entschuldigen, daß man ihn letzlich doch mit dem Evangelium in Einklang bringen zu können glaubt.

Inzwischen hat St. Georgen eine Bibliothek um fast 10 Millionen DM. Begründung: Die Bücher waren nicht so untergebracht, daß sie nicht gestohlen werden konnten (von Theologiestudenten!). Dabei wissen seit Jahren alle, daß die deutschsprachigen Jesuiten nur zwei statt drei Hochschulen benötigten. Deshalb hat sich jede der Hochschulen durch weitreichende Baumaßnahmen vor der drohenden Auflösung zu retten versucht. Eine Methode, die zum erfolgreichen System geworden ist: bedrohte Jesuitengymnasien verfahren ähnlich. — Wie sollen da neue Werke eine Chance haben?

Es gab aber auch andere Stimmen im Orden. So schrieb mir ein Jesuit, dessen Name ich nicht nenne, um ihn nicht durch meine Freundschaft zu kompromittieren, am 23. April 1980:

Du hast in Deinem Armutsartikel Gedanken zu Papier gebracht, für die ich Dir danken möchte. Vieles von dem, was du ansprichst (Armut, Bürgerlichkeit, Privilegien, Lebensstandard) macht mir selbst viel Kummer. Oft finde ich mich in Situationen vor, in denen ich meine Zugehörigkeit zur Kirche nur als zynische begreifen kann. Ich hoffe, daß Deine Gedanken nicht nur auf taube Ohren stoßen, gerade bei denen, die Macht und Einfluß haben, auch im Orden.

* * *

Ein anderer Jesuit schrieb: *Mir hat es Freude gemacht, Deinen Artikel zu lesen. (...) Manche Nägel sind nur angeschlagen, sitzen noch nicht fest, sie brauchen noch einige Schläge. (...) Es ist ja wirklich auch eine Chance, daß Dir Die Zeit Platz gibt. Ich könnte eine solche Chance nicht nutzen, denn ich würde den Druck der Zensur zur Zeit innerlich nicht akzeptieren können. Ich muß auf die Leser hin schreiben, und da stoße ich zur Zeit sehr viel schneller als früher auf Grenzen. Zum Inhalt: der ist einfach gut. Auch daß Du das Pirckheimer-Haus nennst. Ich hoffe, die Leute dort nehmen das als Chance und sprechen darüber.*

* * *

Wie sie dort auch darüber sprachen, zeigt der folgende Brief:

Das Caritas Pirckheimer-Haus in Nürnberg ist ein katholisches Jugendhaus im Zentrum Nürnbergs, in dem auch die Diözesan-Akademie des Erzbistums Bamberg *beheimatet ist. Die Spannung, die mit diesen beiden Schwerpunkten entstehen, wird akzeptiert. Viele Organisatoren von Veranstaltungen für Erwachsene und auch Besucher meiden allerdings in zunehmendem Maße das Haus, weil die Störungen, insbesondere durch die ausländischen Jugendlichen, z.T. erheblich sind. Dies ist ganz besonders der Fall bei musikalischen Veranstaltungen für Erwachsene, Meditationen und Vorträgen. Die mehrmaligen Störungen durch Gruppen junger Gastarbeiter während unserer dreistündigen festlichen Veranstaltung wurden von den Teilnehmern geduldig hingenommen. Mir ist kein anderes Haus, gleichgültig welcher Trägerschaft, bekannt (und ich kenne mindestens hundert im deutschen und europäischen Raum!), das sich nicht nur so offen für die Gastarbeiterkinder zeigt, sondern sich gerade auch für sie engagiert. Die jugendlichen Gastarbeiter dominieren wesentlich in diesem katholischen Jugendhaus!*

Robert Lebert, Bamberg
Geschäftsführer der Diözesan-Arbeitsgemeinschaft für
Katholische Erwachsenenbildung im Erzbistum Bamberg.

Zwei Jahre später mußten die jungen Gastarbeiter ausziehen, wurde für sie ein separater Treff geschaffen.

* * *

Sigmund Kripp sei Dank; welche Wohltat, einmal Offenheit und Wahrheit aus der Feder eines Klerikers zu lesen; diese bittere Wahrheit, die so vielen unter den Nägeln brennt. Hierzu erlaube ich mir, Pasolini zu zitieren: „Wenn die Kirche als Kirche überleben will, dann bleibt ihr nichts übrig, als ihrer Macht zu entsagen und sich jener — von ihr stets gehaßten — Kultur zuzuwenden, die von ihrem Wesen her freiheitlich, nichtautoritär, widersprüchlich, skandalös und in ständiger Entwicklung ist. Und schließlich: Wer sagt denn, daß die Kirche im Vatikan verkörpert sein muß? Wenn der Papst die ganze riesige (folkloristische) Szenerie des derzeitigen Sitzes des Vatikans dem Staat übereignen würde und den ganzen (folkloristischen) Plunder an Roben und Gewändern, an Fächern und Sänften den Arbeitern von Cinecittà schenkte und dann mit seinen Mitarbeitern im einfachen Priesterrock in irgendeine Souterrain-Wohnung in Tormarancio oder Tuscolano, unweit der Katakomben des heiligen Damianus oder der heiligen Priszilla umzöge — würde dann die Kirche etwa aufhören, Kirche zu sein?" (1974) (P.P. Pasolini: Freibeuterschriften; Verlag Wagenbach, S. 99)

Saint John Augustin, Innsbruck

Leider enthält dieser Artikel zuviel Wahrheit. Ein Kirchenaustritt wäre verständlich, aber falsch, weil Jesus die Kirche nicht auf Heilige gegründet hat, sondern auf Sünder. Und sind wir ehrlich: auch wir sind Sünder oder auf Neuhochdeutsch: wir haben Fehlhaltungen! Ich danke Gott, daß er auch eine Kirche in Südamerika hat, die glaubwürdiger ist als unsere.
Paul A. Heider SVD, Missionshaus St. Wendel

* * *

Das „Plädoyer für eine arme Kirche" wird leider die Herzen derjenigen nicht erreichen, die tatsächlich etwas ändern könnten. Das Klassen-Denken und das Elite-Bewußtsein in unseren Kirchen wird ja sorgsam gepflegt, wenn auch nicht eingestanden. „Gespräche" zwischen „gebildeten" und „ungebildeten" Christen beschränken sich mehr und mehr auf reine Konversation. Wie Pflichtübungen werden sie empfunden.

Den reichen Kirchen in unserem Lande wäre z.B. zuzutrauen, das soziale Elend und die Diskrimierung der Zigeuner nach und nach abzubauen, wenn in jeder Landeskirche und in jedem Bistum eine feste Wohnwagensiedlung — auf kircheneigenem Grundstück — errichtet würde, in der diese Menschen ihren persönlichen Bedürfnissen entsprechend leben dürften. Hier könnten Gemeinden und einzelne Christen vorleben, was Hilfe zur Selbsthilfe bedeutet, wie aus Worten Taten entstehen, wo Nächstenliebe nicht in Betreuung und Bevormundung ausartet, sondern daß ein Miteinander-Leben gemeinsam anzustreben ist.

Meine Seele friert in der Kirche. Das mag manche „Christen" belustigen. Aber unzählige Menschen sind über dieses Stadium längst hinaus. Sie leiden nicht mehr an ihrer Kirche, sondern gehen in ihr und an ihr körperlich wie seelisch zugrunde.
Anne Pilat, Bensheim

* * *

Ein weiterer Jesuit schrieb: *Ich stimme dem Anliegen Deines Zeit-Artikels zu, halte ihn aber wegen seiner polemischen Einseitigkeit für keinen geeigneten Ausgangspunkt einer Diskussion; mit einer Stinkbombe kann ich nicht in eine Argumentation eintreten.*
Meine damalige Antwort: *In meinen Augen ist die Si-*

tuation die Stinkbombe, nicht die Feststellung, daß es
stinkt. Einseitig ist die Güterverteilung, nicht die Fest-
stellung der Einseitigkeit der Güterverteilung. Armut und
Reichtum sind nun mal nicht nur ein sachliches Problem,
sondern ein sehr emotionales. Wenn jemand geschlagen
wird, sagt er nicht ,es tut weh', sondern er schreit.

Reformiert die Orden

Da ich schon beim Schreiben war, schrieb ich gleich weiter, diesmal direkt über den Orden. Ich wollte den Bogen
nicht überspannen und legte den Artikel der Zensur vor.
Und siehe, ich erhielt am 29. August 1980 das „Nihil obstat", und zwar vom Stellvertreter des Provinzials, weil
der Provinzial gerade in Indien weilte. Einen Monat darauf zog dann der zurückgekehrte Provinzial die Druckerlaubnis wieder zurück. Er begründete dies wie folgt: „Ein
Hauptgrund (für die Rücknahme) liegt in der veränderten
Situation, in der sich die Gesellschaft Jesu und Pater General befinden, seit dieser dem Papst seine Rücktrittsabsichten mitgeteilt hat. Dieses Faktum und besonders die
Reaktion des Papstes waren zwar den beiden Zensoren
und P. ... bei der Erteilung der Druckerlaubnis bekannt;
aber ich habe keinen Beweis dafür, daß ihnen das Gewicht dieses Eingriffs, seine Konsequenzen und die dadurch entstandene Lage für den Orden und Pater General so klar waren, wie es notwendig gewesen wäre, um es
bei ihrer Meinungsbildung in angemessener Weise berücksichtigen zu können." Außerdem bot der Provinzial
mir an, den Artikel in einem ordensinternen Rundbrief
abzudrucken. Spätestens da wurde klar, daß die Zensur
vor allem eine ordnungspolitische Funktion hat, daß die
Zensoren selbst nur ein Spielball der Kirchenpolitik sind.

Der Artikel erschien ein Jahr später in *Die Zeit* (Oktober 1981).

Reformiert die Orden
Der Jesuitenorden hat Nachwuchssorgen. Das ist kein
Symptom für Egoismus, mangelnde Nächstenliebe oder
gar Schlechtigkeit der heutigen Jugend. Das ist vielmehr
Ausdruck einer inneren Krise des Ordens selbst. Denn
junge Menschen sind auch heute durchaus bereit, das
ihre zu tun, um die Welt nicht nur durch Reden, sondern
auch durch Handeln zu verändern, Opfer und Fasten ein
geschlossen. Man denke doch nur an die vielen sponta
nen Hungerstreiks junger Leute, die damit ihren Protest

gegen Unrecht ausdrücken, man denke an das oft entbehrungsreiche Engagement junger Menschen in Alternativprojekten und Selbsthilfegruppen.

Nein, wenn es ihm an Nachwuchs mangelt, dann muß der Jesuitenorden die Gründe dafür in sich selbst suchen, muß nach seiner Glaubwürdigkeit, nach seinen Zielen fragen, Lebensstil, Ausbildung und Ordenswerke hinterfragen. Diese Selbstprüfung durch Werbung zu ersetzen, halte ich für bedenklich: Vor einiger Zeit hat der Orden eine Diaserie als Selbstportrait herausgebracht, die nun in Schulklassen und vor Jugendgruppen gezeigt werden soll — als Imagepflege und Novizenwerbung.

Darin werden zwar die Menschenopfer erwähnt, die der Orden unter den Nazis bringen mußte, mit keinem Wort aber die Jesuiten, die, zum Beispiel in Spanien, Faschisten waren oder heute noch mit Diktaturen sympathisieren. Kein Wort auch ist über den Judenparagraphen zu hören, der seit Ende des 16. Jahrhunderts getaufte Juden aus religiösen Gründen vom Ordensbeitritt ausschloß und sogar nach dem Zweiten Weltkrieg noch einige Zeit Geltung behielt.

Die jungen Zuschauer der Tonbildschau werden von einem mit Jesuitenschulen nahezu übersäten Deutschland des 18. Jahrhunderts erfahren, auch vom Jesuitentheater, von der China- und Indianermission, von vorbildlichen Versuchen, verschiedene Kulturen einander gegenüberzustellen. Aber sie werden kein Wort hören über Sklaven, die auch die Jesuitenhäuser der Neuen Welt bis ins vergangene Jahrhundert besaßen. Und sie werden nichts hören über jene Jesuitengymnasien in den USA, die keine schwarzen Schüler aufnahmen, bis in den sechziger Jahren die Rassenintegration endlich gesetzlich vorgeschrieben wurde. Erwähnt wird ein Stück Leidensgeschichte des Ordens, seine zeitweise Aufhebung, seine Toten an der kolonialen „Glaubensfront". Sind das werbewirksame Helden; dürfen wir mit ihrem qualvollen Sterben überhaupt für uns heute Reklame machen? In der Diaserie wird danach nicht gefragt.

Es ist schade und beschämend, daß auch Jesuiten es für nötig halten, in den selbstgefällig unkritischen Stil bischöflicher Kirchenzeitungen zu verfallen. Wer die Geschichte und die Leistungen des Ordens in solch gefällig glatter Machart präsentiert, der täuscht nicht nur andere — er täuscht auch sich selbst. Und er irrt zudem in seiner Meinung über den Adressaten: Der Mangel an Nachwuchs entsteht ja nicht, weil die Jungen die „glorreiche" Vergangenheit nicht kennen, sondern weil sie der gegenwärtige Zustand nicht überzeugt.

Die Orden werden in den Industrienationen ihre Struktur, ihre Regeln und Gelübde verändern müssen, wenn sie als Hilfe zur christlichen Lebensbewältigung tauglich bleiben wollen. Ob man dann noch den Jesuitenorden wird erkennen können? Frage und Antwort verblassen, wenn es darum geht, sich fürs Überleben der Menschheit zu engagieren. Ich verstehe die Jesuiten und andere Orden nicht als Geheimorganisationen der Kirche, sondern als Vereinigungen, die von den Gläubigen dieser Kirche leben und die ihnen daher auch Einblick zu gewähren haben, um sich beurteilen zu lassen.

Die geforderten Veränderungen sind schwer zu vollziehen. Schließlich ist auch der Jesuitenorden in den Ketten der Großkirche befangen. Die Kirche hat die Orden zunehmend vereinnahmt, beim letzten Konzil schließlich ihre seelsorgerische Selbständigkeit aufgehoben. Für einen apostolischen Orden, wie den Jesuitenorden, ist das ein bedenklicher Angriff auf seine Wirkungsmöglichkeiten. Ein Angriff, der beim Orden selbst weniger zur Abwehr, sondern eher zum Sprung auf den Finanzarm der Amtskirche geführt hat. Der Angriff wurde als Umarmung angenommen.

Das „Outsider"-Leben der Orden, ihre Zuwendung zu verdrängten oder verlorenen Werten, Menschen und Aufgaben, hat in vergangenen Zeiten die gesamte Kirche oft in erneuernde Auseinandersetzungen geführt. Wer soll die Kirche heute noch aufwecken, zu unbequemen Stunden, wenn alle Uhren, gleichgeschaltet, nachgehen?

Wenn der Jesuitenorden — und andere Orden sind in ähnlicher Situation — seine Einsatzfähigkeit wahren will, wird er mehr Selbständigkeit gewinnen müssen, wird das Fühlen mit der Kirche (Ignatius von Loyola) nicht zum Starren auf vatikanische Kurie, Papst und Bischöfe werden dürfen; vielmehr muß es zu einem Fühlen mit den leidenden Menschen führen.

Wo das Fühlen mit den notleidenden Menschen und Völkern in Kontrast zum Fühlen mit dem Vatikan gerät, kann es für Ordensleute nur die Entscheidung zur Solidarität mit den Schwachen geben.

Alle Orden zählen drei Gelübde zu ihren Wesensmerkmalen: das der Armut, das der Ehelosigkeit und das des Gehorsams. Ein starres Festhalten daran kann in gesellschaftlicher Entwicklung und politischer Veränderung dazu führen, daß die vermeintlichen Wesensmerkmale zu Hindernissen auf dem Weg der Nachfolge Christi werden, an der sich schießlich jedes Ordensmerkmal überprüfen lassen muß. Wesentlicher als das Gelübde ist die Nachfolge. Diese Priorität ist Überlebenskriterium — nicht nur der Orden, sondern der ganzen Kirche. Ich meine, daß die Orden heute neue Akzente setzen müssen: der gleiche Orden in verschiedenen Ländern vielleicht sogar unterschiedliche Akzente.

Die Armut: Sie hat an symbolhafter Aktualität nichts verloren, doch ist gerade dieses Gelübde von den meisten Orden in sein Gegenteil verkehrt worden. Der gemeinsame Auszug in die Lebensunsicherheit ist zur Lebensabsicherung durch die jeweilige Ordensgemeinschaft geworden. Über den Besitz, meist ein Millionenvermögen, verfügt zwar nicht das einzelne Ordensmitglied, wohl aber die Gemeinschaft des Ordens. Aus diesem gemeinsamen Vermögen, aber auch aus anderen Faktoren, wie etwa dem gesicherten Arbeitsplatz, erwächst das Gefühl risikoloser Sicherheit für den einzelnen. Gleichzeitig entsteht ein Eigentumsdenken, das dem von Haus- und Grundstücksbesitzern entspricht — mit allen politischen Konsequenzen, die sich daraus ergeben. So leben wir wie bescheidene Millionäre. Währenddessen leben wirklich Bedürftige von den Abfällen reicher Orden, mit der Schnauze am Boden.

Das Armutsgelübde kann Orden nicht mehr zum Betteln führen. Das würde unter den heutigen Lebensumständen auch zu Recht als Schmarotzen empfunden. Armut könnte aber heißen: solidarisch mit den Ungesicherten die Unsicherheit teilen. Es könnte heißen, sich von Reserven und Vermögen trennen, um wieder von der eigenen Arbeit zu leben oder auch Mangel zu leiden, wenn Arbeit einmal fehlen sollte. Ich bin überzeugt, daß Ordenstheologen, die in dieser Solidarität mit den Ungesicherten leben, die ihre Nichtachtung und Ausnutzung teilen, auch wieder ein Gottesbild entwickeln würden, das diese Menschen erlösen kann. Es würde helfen, uns von der Komplizenschaft mit den Mächtigen, Reichen und Einflußreichen zu lösen. Es würde uns von den Bedürftigen nicht mehr abheben, sondern uns erfahren lassen, wie gemeinsam erlebte Schwäche zur Stärke wird, zur Kraft der Veränderung.

Es geht nicht um die Armut als Selbstzweck, sondern darum, es sich nicht auf Kosten der wirklich Armen gutgehen zu lassen. Es geht um nichts anderes als um Gerechtigkeit; um jene Gerechtigkeit, die die letzte Generalkongregation der Jesuiten und auch der jetzige Jesuitengeneral forderten und fordern — im reichen Mitteleuropa, wie mir scheint, vergeblich.

Auf Gerechtigkeit, schlage ich vor, Ordensleute besonders zu verpflichten.

Der Gehorsam: Dieser Begriff ist nicht zuletzt durch

den Mißbrauch politischer und kirchlicher Instanzen, besonders während der letzten Jahrzehnte, ruiniert worden. Er sollte gestrichen werden, damit er sich inhaltlich regenerieren kann. In einer Zeit, wo Diktatoren aller Schattierungen Völker und Institutionen beherrschen, in der aber auch Demokratien schleichend zu Oligarchien werden, haben sich auch in den Kirchen Gruppen an der Basis gebildet, die sich zur Nachfolge des Evangeliums auf andere Weise verpflichtet fühlen als die Amtskirche. Zwischen ihren Wegen und dem kirchenoffiziell vorgezeichneten tut sich eine immer breitere Schlucht auf.

Der Versuch, von der Basis her Christentum zu leben, mehr an Lebenshoffnungen und Lebensnöten ausgerichtet als an bestehenden Gesetzen, die unter anderen Umständen, zu anderen Zeiten, mit anderen Zielen formuliert wurden, das ist sich konkret erneuerndes Christentum. Orden, verstanden als Gruppierungen, die von der Basis her immer neu die Nachfolge üben, werden sich in der Spannung zwischen grundsätzlicher Ordensidee, die jung bleibt, und festigender Ordenspraxis, die alt werden und absterben muß, entscheiden für die Ordensidee und gegen manches Ordensgesetz. Der Gehorsam zur Idee kann zum Ungehorsam gegen das Gesetz führen.

Eine hierarchische Ordensstruktur führt zu Defiziten in der Kommunikation, sie entsolidarisiert. Sie macht viele Ordensmitglieder unfähig, offen miteinander zu reden oder persönliche Erfahrungen auszutauschen. Sie macht sie unfähig, sich gegenseitig zu korrigieren und zu kritisieren. Was einem am Kollegen nicht paßt, wird dem Oberen gesagt — aber nicht dem Betroffenen selbst.

Hierarchische Struktur führt zur „königlichen Familie". Führungspositionen werden unter denselben Ordensmitgliedern ausgetauscht. Die einen bleiben die Oberen, die anderen die Untergebenen. Orden haben häufig eine Reihe verbitterter Mitglieder. Die voller Hoffnung und Idealismus eingetreten sind, werden oft, zu oft an den Rand gedrückt und nicht ernst genommen. Andere treten mit falschen Erwartungen ein, werden dann überfordert und scheitern oder werden im Konfliktfall der Ordensräson geopfert.

An die Stelle eines unbefristeten Gehorsamsgelübdes sollte ein ganz normaler Arbeitsvertrag auf Zeit treten. Anstatt auf die Abhängigkeit der Mitarbeiter zu bauen, müßte man um sie werben. Das brächte nur eine Verbesserung des Ordensklimas mit sich.

Bedenklicher als diese ordensinternen Auswirkungen des Gehorsams sind die Folgen nach außen: Die hierarchische Ordensstruktur fördert die Entfremdung des Or-

dens von den Menschen. Sie desensibilisiert. Sie ist dazu
geeignet, die Ordensorganisation für vorgegebene Ziele
einzusetzen. Sie ist aber nicht fähig, den Orden mit den
Menschen zu verbinden und aus dieser Verbindung von
unten her den Bedürfnissen der Menschen entsprechende
Ziele zu entwickeln. Was heute in der Bundesrepublik
Menschen existentiell berührt, wird nicht von oben her
bewußt gemacht, sondern von der Basis entwickelt. Das
gilt für die Friedensbewegung, für das wachsende ökolo-
gische Bewußtsein, für das zunehmende Bedürfnis des
Menschen, sich auch in der Industriegesellschaft als Sub-
jekt zu verstehen. Gehorsam steht der Entwicklung dieser
Ziele direkt entgegen. All diese Bewegungen entstehen
aus Auflehnung und Protest gegen Entwicklungen im
Staat und in der in ihn integrierten Kirche, die von der
Spitze her eingeleitet oder unterstützt werden.

Aktueller als ein Gehorsamsgelübde wäre ein Gelübde der Solidarität.

Die Ehelosigkeit: Er ist Ende Zwanzig und vor einem
Jahr zum Priester geweiht worden; seit fast zehn Jahren
ist er in einem Orden. In einem guten Jahr hofft er, seine
Spezialausbildung zu beenden, die einer der Gründe für
seinen Ordenseintritt war. Da verliebt er sich, seine
Freundin wird schwanger. Der Ordensaustritt würde für
ihn den Abbruch seiner Spezialstudien bedeuten, weil er
sie außerhalb des Orden nicht fortsetzen kann. Als Vater
eines Kindes im Orden bleiben kann er auch nicht, das
würde dieser nicht akzeptieren. Ihm zuliebe läßt seine
Freundin das Kind abtreiben, obwohl sie es gern geboren
hätte. Natürlich darf die Abtreibung nicht bekannt werden, das hatte sein Vorgesetzter zu erkennen gegeben.
Was er, der Ordensobere, aus der Beichte seines Fraters
wisse, dürfe und würde er aber nicht verwenden.

Gewiß, das ist, in den Einzelheiten, keine alltägliche
Begebenheit, bleibt aber bezeichnend für den Konflikt,
der aus der Spannung zwischen menschlicher Zuneigung
und Ordensforderung auf Liebesverzicht entsteht. Einzelne Ordensleute geraten immer wieder, unter vielen
Siegeln der Verschwiegenheit, in größte Gewissenskonflikte zwischen der gelobten Ehelosigkeit und einem geliebten Menschen. Jedem Ordensaustritt, ob aus Freund-
schafts- oder Heiratsgründen, geht ein oft jahrelanger innerer Kampf um die richtige Entscheidung voraus: auf-
reibend für alle Beteiligten, nicht zuletzt für die Vorgesetzten, die, je mehr sie ins Vertrauen gezogen werden,
desto stärker selbst in Gewissenskonflikte geraten.

Die Ehelosigkeit kann Priestern und Ordensleuten
viele Vorteile bieten. Sie erlaubt zum Beispiel in kriti-

schen sozialen Auseinandersetzungen eine Radikalität des Einsatzes, die sich, mit Rücksicht auf Kinder und Frau, engagierte verheiratete Sozialarbeiter oft gar nicht leisten können. Auf so manchem pädagogischen Feld, wo die Forderung nach intensivem, alle Tarifvereinbarungen sprengendem Arbeitseinsatz nicht vom Arbeitgeber, sondern von den Betroffenen gefordert wird, hat Ehelosigkeit ihren Sinn — und sie wird für manchen durch sein Aufgehen in der Arbeit auch erträglich. Diese Ehelosigkeit muß aber freiwillig bleiben, sie muß aus dem Herzen kommen, wenn sie nicht zum sinnlos verzehrenden Brandopfer werden soll. Wer kann solche Ehelosigkeit heute aufrichtig für ein Leben geloben?

Viele Ordensleute leben und arbeiten außerhalb von Klöstern. Warum sollten sie keine Familien haben können? Es ist unsittlich, von jemandem lebenslange Ehelosigkeit zu fordern, solange eine Revision dieser Entscheidung, die aus sehr guten Gewissensgründen erforderlich werden kann, den Betroffenen zum Abtrünnigen stempelt.

Wenn das Mittel Ehelosigkeit an Stelle des Ordenszieles, den Einsatz für Glaube und Gerechtigkeit, tritt, hat das Mittel sich verselbständigt und über das Ordensziel gesetzt — zum Schaden für den Orden, für die Kirche und für die Menschen.

Statt dem Gelübde der Ehelosigkeit möchte ich ein Gelübde auf das Engagement für Menschenrechte vorschlagen.

Für diejenigen, die sich im Orden nicht mehr wohl fühlen, wäre Austritt konsequent. Leicht ist dies meistens nicht. Nicht nur Sekten, sondern auch Orden entwickeln Methoden, um ihre Mitglieder durch verdeckte Zwänge zu halten.

Durch Abfall von den Gelübden wird man zum Abfall der Kirche. Die kirchlichen Stellen, in denen Laien arbeiten, sind nicht automatisch auch für Ordensleute, die von Gelübden entbunden wurden, zugänglich und schon gar nicht solchen, die formell noch nicht entbunden sind und so jahrelang massivste Abhängigkeit von derselben Kirche zu spüren bekommen, der sie lange Zeit mit all ihren Kräften gedient haben.

Papst Johannes Paul II. hat alle Ansuchen um Zölibatsentbindung auf unbestimmte Zeit zurückgestellt. Sie stapeln sich im Vatikan zu Tausenden. Dies ist ein Versuch, Menschen mit unerhörtem moralischem Druck in einer unwürdigen und unerträglichen Lage zu halten. Dies läßt sich aus dem Evangelium nicht rechtfertigen. Den jeweiligen Laienpartner berücksichtigt die Kirche überhaupt nicht. Er tritt hauptsächlich in der Gestalt des Verführers, als Abbild Satans, auf.

Manche Ordensmitglieder stehen beruflich und ökonomisch vor dem Nichts, wenn sie austreten. Erst wer austritt, wer das Armutsgelübde aufgibt, erfährt, was Armut ist.

So wählen manche Ordensmitglieder den dritten Weg. Sie bleiben öffentlich im Orden und lieben heimlich. Ein menschlicher Weg ist dies nicht, am wenigsten für den Partner. Die Kirche als eigentliche Braut des Zölibatären wurde inzwischen leider oft zur Hure. Zu selbstverständlich geht sie zuweilen mit Diktatoren, Wirtschaftsbossen, Militärs, Politikern und Mächtigen ins Bett. Zu oft liebt sie den, der sie bezahlt.

Die Erneuerung eines Ordens muß natürlich die Ausbildung miteinbeziehen. Diese darf nicht ins Getto, sie muß vielmehr zu den Menschen führen. Noch wird in manchem Orden im luftleeren Raum erzogen, Askese ohne Lebensbezug geübt. Geistliche, fachliche und praktische Ausbildung gehen bei den Jesuiten zum Beispiel in voneinander getrennten Abschnitten vor sich. Das Ordensleben beginnt auf der Isolierstation Noviziat, wo sich prompt oft Regressionserscheinungen einstellen. Während der weiteren, mindestens sechs, oft zehn und mehr Jahre studiert der Ordensstudent ohne jegliche Sorge ums tägliche Brot, ohne Sorge um den zukünftigen Arbeitsplatz, voll umsorgt vom Kloster.

Es ist verständlich, daß diese Studenten keinen Anteil an den Konflikten einer aufmüpfigen Studentengeneration hatten, eher schon Vorbild für unpolitisches Strebertum wurden. Wer, selten genug, aus dem Arbeitermilieu den Weg in den Orden fand, wird durch Studium und Lebensstil voll ins bürgerliche Ordensmilieu integriert. Er steigt sozial auf und nimmt nur selten die Chance wahr, im Ordenshaus Antenne für sozial schwächere Schichten zu bleiben. Es ist nur konsequent, daß sich aus diesem Lebensmilieu eine Sprache und Theologie entwickelt, die einfache Menschen nicht verstehen und die ihnen in ihrem Leben und bei ihren Problemen auch nicht helfen kann.

Die Menschen brauchen heute Orden, die Leben, Studium und Arbeit mit Bedürftigen aller Art teilen. Alle Ausbildungsreformen bleiben nur Retuschen, wenn sie nicht auf das Zusammenwachsen von Ordensstudenten und der Lebenssituation der Schwachen hinauslaufen. Erlebte Ungerechtigkeit ist ein ganz anderer sozialer Reformmotor als studierte Ungerechtigkeit. Darum sollten Ordensstudenten selbst für ihren Unterhalt aufkommen, sie sollten selbst auf Wohnungssuche gehen und selbst in der Studentenpolitik aktiv werden, um nicht später als Studentenpfarrer in ausgewählt eingerichteten Räumen, mehr oder minder ratlos, vor ausgewählten „braven" Studenten zu stehen, die zusammen mit ihrem Meister gerade noch die Kraft aufbringen, einen Protestleserbrief zu schreiben.

Kirche müßte an starken, eigenständigen Orden interessiert sein, um durch provozierende, beunruhigende Alternativen wach zu bleiben. Werden Orden von der Mutterkirche mit ihr gleichgeschaltet, verarmt die Spannkraft des Christentums. Vielfalt in der Kirche ist nötig, um die Vielfalt des Christentums aufzuzeigen und es vielen Menschen als Lebenshilfe zugänglich zu machen.

Inzwischen haben es in diesem Lande andere Gruppen übernommen, vom Rande her das Zusammenleben von Menschen zu erneuern und verfallende Werte zu retten. Zum Beispiel:

- Wohngemeinschaften entstehen als Alternativen zu Kleinfamilien, die in der Industriegesellschaft verkümmern.

- Was die Sackkutte dem heiligen Franziskus war, nämlich Protest gegen Verschwendung, sind heute die Sperrmüllmöbel in Studentenbuden (nicht in Ordenshäusern!) und Jugendzentren (selten in Pfarrheimen!).

- Alternative Gruppen bekämpfen die Ideologie des Wirtschaftswachstums.

- Stromboykott-Initiativen wehren sich gegen Atomkraftwerke, die sie als Bedrohung empfinden.

- Sekten päppeln an leeren Predigtworten verhungernde Christen wieder auf — um sie später oft leerzusaugen (was zu kritisieren mir die Kirchen als letzte berechtigt erscheinen).

- Bürgerinitiativen wehren sich gegen Ausbeutung durch Bodenspekulation und Vernichtung des Lebensraumes, sie besetzen leerstehende Häuser. (Warum eigentlich noch nie ein Kloster oder einen Pfarrhof? Neulich erzählte mir ein Ordenspfarrer, daß er, aus Angst, in den etwas abseits gelegenen, für ihn viel zu großen Pfarrhof einen Wachhund aufgenommen habe — eine Familie hätte wohl gestört.)

- Zivildienstleistende weigern sich, Gewalt als Mittel zur Friedenserhaltung einzusetzen.

- Frauen, die ihre Benachteiligung entdecken, schließen sich zusammen, um ihre Interessen, die bis heute von der Kirche nicht akzeptiert werden, durchzusetzen.

- Behinderte lösen sich aus karitativer Abhängigkeit und kämpfen selbst für ihre Rechte.

*Dies und noch viel mehr geschieht ohne großen Auf-
wand, meist ohne komfortable Häuser, mit nur wenig Bü-
rokratie.*

*Während es so viel Bewegung gibt, hat sich zum Bei-
spiel der Jesuitenorden im deutschsprachigen Raum in
erheblichem Maße als freiwilliger Gefangener seiner
Werke in seine eigenen Häuser zurückgezogen. Er sieht
diese Gefängnisse als zu erhaltende Ordenswerke an. Mit
fortschreitendem Alter drohen manchmal diese Werke zu
Museen zu werden, zum Beispiel der Pädagogik, und wir,
die Patres, zu ihren Wärtern.*

*Wir sollten den Mut aufbringen, uns der von der Or-
densleitung unentwegt geforderten Verbreitung von Gerechtigkeit zu stellen und uns den anstehenden Problemen zuzuwenden, anstatt auf die Methoden der Vergangenheit zu setzen. Unsere Gymnasien sollten wir in Aus-
bildungsstätten für Gastarbeiterkinder verwandeln, wir
sollten uns in offener Jugendarbeit den Arbeiter-Jugend-
lichen zuwenden, wir sollten nicht Eltern am Familien-
zerfall schuldig sprechen, sondern die wirtschaftspoliti-
schen Ursachen anprangern, die familiäres Zusammenleben unmöglich machen. Wir sollten ungenützten Wohnraum in Ordenshäusern Obdachlosen zur Verfügung stellen, durch unseren Lebensstil den Sog zum Wachstum
brechen, auf alle rechtlichen und gesellschaftlich einge-
spielten Privilegien verzichten. Wir sollten die Ausrede,
daß wir reich sein müssen, um Armen helfen zu können,
entlarven. Erst dann werden wir wirklich reich.*

*In der gegenwärtigen unruhigen innenpolitischen Si-
tuation sollten die Orden sich nicht mit der Kirche auf
rechtsstaatliche Positionen zurückziehen und gleichzeitig zum Dialog mit der Jugend auffordern, wie es eben
Kardinal Höffner getan hat. Dies ist ein Versuch, unru-
hige Jugendliche den eigenen Interessen anzupassen.
Was gibt es denn noch zu reden? Es ist Zeit zum Handeln.
Was demonstrierende Jugendliche sagen, ist glasklar: Es
geht darum, moralisches Recht gegen unrechtes positives
Recht durchzusetzen. Mit moralischen Mitteln natürlich.
Eine lohnende Aufgabe für Orden.*

Die offizielle Reaktion des Ordens hielt sich im Rahmen des Einkalkulierten. Der Provinzial schrieb mir am
4. November 1981: „(...) bin ich verpflichtet, Dir gegenüber
eine schwere Verwarnung auszusprechen und Dich darauf hinzuweisen, daß sich bei einem nochmaligen Verstoß
gegen die entsprechenden Vorschriften des Ordens für
Dich und mich die Frage eines weiteren Verbleibens im
Orden stellt. Du würdest mich (...) damit zwingen, auch gegen Deinen Willen entsprechende Schritte zu unterneh-

men. (...) Daß Dein Konflikt mit dem Orden letztlich keine Frage der Zensur mehr ist, wissen wir beide. Ich kann nicht für Dich entscheiden, welche Konsequenzen Du daraus ziehen zu müssen glaubst und wie Du den so auf die Dauer nicht mehr lebbaren Konflikt auflösen willst. Ich hätte gewünscht, daß es innerhalb des Ordens möglich ist." Hier wurde erstmals offiziell ausgesprochen, daß nicht mein unzensuriertes Schreiben, sondern mein abweichendes Denken zum Ausschlußgrund werden könnte.

Der Vorsitzende der Provinzialkonferenz der Jesuiten bezog für die Konferenz öffentlich Stellung:

„(...) Kripps Alternativen können nicht mehr als Vorschläge zur Reform innerhalb der Strukturen angesehen werden, auf die unser Orden von seinem Gründer und Selbstverständnis her auch heute weder verzichten kann noch will. Sie sind bestenfalls ein Plädoyer für eine Neugründung. Deshalb stellt sich auch die Frage, wo Kripp noch eine hinreichende Basis für die Identifikation mit dem Jesuitenorden sieht. Die Provinzialkonferenz der Deutschen Assistenz SJ muß sich aus all diesen Gründen mit Bedauern vom Artikel Pater Kripps distanzieren."

Die Zensoren hatten ein Jahr vorher alles noch etwas anders gesehen ... Die etwas überzogene Reaktion entsprang aber wohl auch der allgemeinen Nervosität im Orden, die durch einen perfiden Brief des Papstes an den gelähmten General, der um dieselbe Zeit geschrieben wurde, ausgelöst wurde. Der Papst bescheinigte sich selbst ein zunehmendes Feingefühl in diesem Schreiben und nutzte die Stummheit des Generals kalt aus, um ihm einen Oberaufseher zu verpassen. — Irgendeine Aktion des Vatikans gegen den Orden war befürchtet worden. Mit dieser Furcht hatte der Provinzial die Rücknahme der Druckgenehmigung begründet. Es war gekommen, wie es in solchen Situationen zu kommen pflegt: Der vorauseilende Gehorsam hatte Einschränkungen bewirkt und Eingriffe nicht verhindern können. Ach, es ist so schön, in einer Diktatur auf den Himmel vorbereitet zu werden!

Vor Erscheinen des Artikels, also im Sommer der Zensurdispute — 1980 — lagen noch zwei Ereignisse. Ich wurde nach Rom, zu einem Gespräch mit P. General eingeladen, in dem ich das etwas vage Angebot erhielt, für den Orden in der Weltflüchtlingshilfe tätig zu sein. Bei dieser Gelegenheit erklärte mir P. General auch, daß es das Ende wäre, wenn ich die Zensur nicht respektierte. Außerdem erklärte er mir, „sollte es einen Widerspruch zwischen der Loyalität zum Orden und Loyalität zu konkreten Menschen geben, habe immer der Orden den Vorzug."

Das zweite Ereignis war, daß mich die Fachhochschule für Sozialwesen in Esslingen im Berufungsverfahren auf Platz eins gesetzt hatte. Ich hatte mich um eine Professorenstelle beworben. P. General riet mir, nicht darauf zu verzichten, weil das von ihm vorgeschlagene Projekt noch in der Schwebe sei und noch andere außer mir für die Arbeit in Betracht gezogen würden. — Ich entschied mich für die Fachhochschule und arbeitete gleichzeitig noch im Jugendhaus Fellbach mit.

Mit dem Schritt an die Fachhochschule begann für mich ein neuer Lebensabschnitt. Ich zog bald aus dem Jugendhaus aus, weil ich der Doppelbelastung nicht gewachsen war, und stellte mich langsam auf eine viel weniger intensive Arbeit um. Erstmals hatte ich wirklich Zeit zum Lesen und zum Studieren. Die intensive Arbeitsatmosphäre des Jugendhauses wich einer mehr sterilen, müden, bürokratisch gelenkten Fachhochschulatmosphäre. Nun hatte ich also eine Tätigkeit gefunden, die ich — im Gegensatz zur Jugendarbeit — bis zur Pensionierung ausüben konnte. Dies jedenfalls war die herrschende Meinung. Außerdem war ich erstmals nicht Angestellter des Ordens, sondern des Landes. Im Falle eines ernsten Konfliktes mit dem Orden war ich nun beruflich und ökonomisch von diesem unabhängig. Einerseits stärkte dies meine Position, andererseits brauchte aber auch der Orden keine besonderen Rücksichten auf mich zu nehmen. Es hatte also ein Positionswechsel stattgefunden.

Leserbriefe zu
„Reformiert die Orden"

Eine Flut von Zuschriften erhielt ich zum Ordensartikel. Eine Flut, die an sich schon belegt, daß das Ordensthema keineswegs ein kircheninternes ist, sondern Mitglieder aller christlichen Konfessionen bewegt. Die hohe Zahl der Zuschriften war die beste Antwort auf die vorwurfsvolle Frage, warum ich denn den Artikel in *Die Zeit* und nicht in einem ordensinternen Mitteilungsblatt veröffentlichte.

Zur Wiedergabe wähle ich zunächst Briefe von Jesuiten aus, weil sie den Zusammenhang zu meiner Ordensentlassung herstellen und die Stimmung im Orden anzeigen.

In mehreren Punkten teilen viele Jesuiten, darunter auch ich, seine kritische Analyse. Wir brauchen Reformen und wissen auch, daß wir sie gar nicht bewerkstelligen können. Wir erhoffen von Gott, daß er sie in unserer Mitte wirkt. Erst, nachdem das in allem Ernst gesagt ist, dann noch drei Anmerkungen:

1. Anders als vieles aus der Kritik teilen wir doch nicht die Zielvorstellungen von Pater Kripp für eine Reform. Wir wollen uns nicht so verändern, daß wir hinterher „in die heutige Zeit passen". Wir meinen: Wir dienen unserer Zeit besser, wenn wir unangepaßt sind. Auch die alternativen Bewegungen, so viel uns mit ihnen verbindet, können nicht einfach unser Maß sein. Die wirkliche „Alternative" hängt an Jesus und seiner Sache. Jesus hat eine Gruppe von Menschen zu Besitzverzicht und Verzicht auf eigene Familie verlockt und sie auf Wege geschickt, die nicht sie sich ausdachten — alles um seiner neuen Sache willen. Das ist ein Lebensstil des Widerspruchs und neuer menschlicher Möglichkeiten zugleich. Auch uns hat Gott, jeden einzeln, zu einem solchen Leben geführt. Wir wollen davon nicht wieder weg. Wir wollen die uns geschenkte Jüngergemeinschaft nicht eintauschen gegen „Arbeitsverträge", und die noch „auf Zeit". Das wäre reine Anpassung.

2. Pater Kripp verschweigt Fakten. Deshalb ist er undifferenziert. Was gegen ihn spräche, nimmt er nicht zur Kenntnis. Wenn es im Jesuitenorden bei aller Armseligkeit nicht doch ein gewisses Maß an Einsatz für die Armen der Welt und für die Gerechtigkeit gäbe — warum ist der Orden dann auf allen Kontinenten in so viele Konflikte mit den Mächtigen in Staat und Kirche geraten? Warum wurden allein in den letzten dreißig Jahren zwanzig Jesuiten umgebracht? Zwänge dies, zur Kenntnis genommen, nicht zu etwas weniger eindimensionaler Rhetorik?

3. Pater Kripp hat sich nicht auf seinen Orden beschränkt. Er will gleich alle katholischen, ja „christlichen" Orden reformieren. So hat er auch das Bild anderer Gemeinschaften verzerrt. Das kann zum Beispiel bewirken, daß junge Leute, die sich einem Orden anschließen wollten, es sich jetzt noch einmal überlegen.

Ich möchte auch im Namen anderer Jesuiten, mit denen ich diesen Brief besprochen habe, alle unsere Schwestern und Brüder in den anderen Orden, besonders in den Klöstern und Gemeinschaften, die zu den Kirchen der

Reformation gehören, für den ihnen durch einen von uns zugefügten Schaden um Vergebung bitten.

Prof. Dr. Norbert Lohfink SJ,
Hochschule Sankt Georgen, Frankfurt.

PS. Ich hoffe nur eines: daß Ihr Artikel nicht zum Theaterdonner für Ihren Abgang gehören soll (...) Bitte kehren Sie doch um und haben wieder Vertrauen.

Ihr Norbert Lohfink SJ

* * *

Eine Gruppe von Jesuiten schrieb:

Um so betroffener sind wir von der unangemessenen, undifferenzierten und verletzenden Art, mit der Sie eine Thematik behandeln, die die Gesellschaft Jesu seit ihrem Bestehen immer neu bewegt. Sie leisten keinen Beitrag zu einer legitimen Diskussion. Sie geben die Grundlagen der Gesellschaft Jesu auf, wie sie unantastbar in der Formula Instituti und in den Konstitutionen niedergelegt sind.

Nach diesem Beitrag müssen Sie sich, so scheint uns, fragen, ob Sie nicht zu den Ordensleuten gehören, die aus materiellen oder anderen irdischen Gründen nicht den Mut aufbringen, ihre Ansicht in die Tat umzusetzen. Wir hoffen und beten jedoch, daß Ihnen Jesus Christus den Sinn für seine Nachfolge in der Gesellschaft Jesu auftue.

Oskar Simmel SJ; Caspar Wiedemann SJ;
Alois Leicher SJ; Friedrich Osusky SJ;
Robert Bacsvary SJ; F.G. von Waldburg SJ

* * *

Sie kommen mir vor wie ein Don Quijote, der sich von lauter finsteren Feinden umringt wähnt und blindwütig nach allen Seiten im Weinkeller schlägt und sticht, bis sämtliche Weinschläuche aufgeschlitzt am Boden liegen und der Wein ohne Rücksicht auf Qualität und Alter in den Abfluß rieselt.

Daß Sie so nach allen Seiten um sich schlagen, läßt vermuten, welche Gewissensqualen Ihnen das Leben in einer solchen Kirche und besonders in einem solchen Jesuitenorden bereitet. Nur begreife ich nicht, wie Ihr Gewissen es erträgt, noch länger einem solchen Verein anzugehören. Wie reimt sich der Aufstand Ihres Gewissens gegen die Praktiken des Ordens mit Ihrem weiteren Verbleiben in ihm?

Martin Löffler SJ

Teile Ihnen mit, daß ich Ihren Artikel für unausgegoren und nicht inspirativ finde.

Da Sie selbst von Privilegien des Ordens bislang profitierten (wie Steuerbegünstigungen), muß ich Ihren Artikel auch als unehrlich bezeichnen, wenn nicht gar verlogen.

Norbert Briskorn SJ

* * *

Ich möchte Ihnen sehr für diesen Artikel danken, für die Analyse der kirchlichen und gesellschaftlichen Situation, und für Ihren Mut, diese Dinge offen auszusprechen.

Ich kann mir vorstellen, daß Sie nicht nur Dankesbriefe erhalten, darum möchte ich Ihnen jedenfalls sagen, daß ich Ihnen für den Artikel sehr dankbar bin und daß er mir Mut gemacht hat. Ich bin selber Jesuit und meine Gedanken gehen seit Jahren in eine ähnliche Richtung wie Ihre, ich habe aber bisher noch nicht den Mut gehabt, mich zu anderen darüber zu äußern als zu einigen Mitbrüdern und Freunden außerhalb des Ordens.

xy SJ

* * *

Da habe ich mich also doch getäuscht, daß Du des Kämpfens müde bist. Ich empfinde das, was Du da schreibst, aufs Ganze gesehen als eine sehr mutige Schützenhilfe, für die ich dankbar bin. Daß Du das im öffentlichen Rahmen der Zeit tust, hat den Vorteil, daß es aufräumt mit der Schizophrenie eines nach außen hin makellosen Eindrucks, während es im Inneren umso mehr stinkt. Unwohl wurde mir zuerst bei Deinen Zölibatsausführungen, aber auch hier glaube ich, daß es gut ist, das Image des tadellosen moralischen Führers der Menschheit anzukratzen. Müssen wir nicht genauso beschämend versuchen, uns mehr schlecht als recht durchs Leben zu mogeln, wie der Rest der Menschheit auch? Außerdem ärgert es mich schon lange, wie die Abtreibung zu der moralischen Forderung der katholischen Kirche an die bundesdeutsche Öffentlichkeit hochgespielt wurde.

Die Jesuiten werden, weg von einem totalitären Gehorsamsideal, ihre Identität neu finden müssen — und durch ihren Widerstand dem Papst den besten, weil ökumenischen Dienst erweisen — oder sang- und klanglos untergehen. — Du wirst nicht nur begeisterte Zustim-

*mung zu Deinem Artikel finden. Umso mehr wollte ich
meine Dankbarkeit zum Ausdruck bringen.*

xy SJ

* * *

Nun noch Auszüge aus Briefen von Lesern, die nicht dem
Jesuitenorden angehören:

*Bis zur zweiten Kolonne des Beitrags über die Reform
der Orden traute ich meinen Augen nicht. Da war jemand
am Schreiben, der die Sache von innen kannte und zugleich den Mut hatte, das Innen nach außen zu kehren.
Ich kann mir leicht vorstellen, was seit der Zeit-Publika-
tion mit der Post so alles bei Ihnen landet. Nicht ganz
vorstellen kann ich mir, daß Sie gänzlich ungeschützt
und ungedeckt publiziert haben. Warum ich Ihnen
schreibe? Zum einen deshalb, weil ich alles, ausnahmslos
bis ins Detail das, was Sie beschreiben und erzählt haben,
erlebt habe. Zum anderen darum, weil ich beinahe zehn
Jahre meiner siebenundzwanzigjährigen Ordenszugehörigkeit auf die innere Reform verwendet habe. Ich war
Prior eines Konventes, der exemplarisch die eigene
Transformation — nicht die unheilvolle Anpassung —
versucht und gelebt hat. Das Resultat: Austritte einerseits
(wenigstens sind sie beinahe alle „gelungen"), Marginali-
sierung und aktive Zerstörung von Seiten des Gesamtor-
dens und der Staatskirche CH andererseits. Ich selber bin
1975 ausgetreten. Ich war buchstäblich arbeitslos geworden und mußte mich als (...) anstellen lassen. Für diesen
Job allerdings war ich nicht Dominikaner geworden (...)
Was mich bewegt, sind zwei Dinge. Einmal die Trauer
darüber, daß auch so eine signifikante Diagnose, wie Sie
sie gemacht haben, dazu verurteilt ist, von vornherein
dazu verurteilt ist, keine Chance zu haben, daß die Orden
zu ihrer Selbstheilung ansetzen.*

*Aber auch Sympathie und Einvernehmen, das nur in
der Vertrautheit mit Ihrer jetzigen Existenz und mit meiner vergangenen Existenz gemessen werden kann, bewegen mich.*

K. Mainberger

* * *

*Dankbar bin ich für Ihren Artikel, angeregt, aufgeregt. Sie
schreiben so warm, so kreativ, so liebevoll, und doch mit
brennender Schärfe.*

*Ich fühle mich betroffen nach dem Lesen. Ich habe da
eigene Erfahrungen. Als Engagierter in meiner Kirche,*

der evangelischen, arbeiten, loyal sein wollen und dann nach langer Zeit merken, daß ich aus der verehrten Institution herauswachse wie aus einem Elternhaus (...)

Meine eigene Erfahrung ist, daß Institution kaum je das Beste von einem will, sondern nur etwas zu ihrem eigenen Besten. Mein letzter Dienst, den ich ihr je tun konnte, war, nicht mehr unter ihrer Oberhoheit zu arbeiten. Eben wie ein Kind, das erwachsen wird und aus dem Elternhaus auszieht. Je weniger es den Segen der Eltern kriegt, umso erwachsener muß es handeln.

Mutter Kirche wird von Vätern regiert, Ihr Orden von kinderlosen Vätern. Väter auf jeden Fall.

Das fühl ich mit Schmerz und mit Wut: meine Kirche ist auch nichts anderes als ein Teil des gesellschaftlichen Ganzen, also: hierarchisch, unsozialistisch, autoritär, männlich stigmatisiert.

Erneuerung kann nicht von oben kommen, sie beginnt an der Basis! Wo sonst, wenn nicht in und mit mir? An der Basis muß ich alles selbst machen, auch ohne Segen von oben; enttäuscht, daß „die da oben" deswegen nicht stolz auf mich sind.

Meine Ahnung: Ihr Orden wird Ihnen das nie verzeihen, was Sie gedacht, geschrieben, veröffentlicht und gefordert haben. (...)

Ich bin Mitte Fünfzig und kann mich in meine Kinder oft nicht mehr einfühlen. Sie ziehen aufs Wasser, wie Entenküken, die ich als Glucke ausgebrütet habe. Ich bin selbst auch aufs Wasser gezogen, und meine Eltern und Kirchenoberen standen am Ufer und haben sich gesorgt. Bestätigend genickt haben sie nur, wenn ich an Land kam.

Wie ein Elternhaus, stelle ich mir vor, hat eine Institution einmal Entwicklung besorgt, in Gang gesetzt und bewirkt. Ab dann ist sie müde und verletzlich. Jetzt will sie erhalten und behalten, vor allem recht.

Bei Ihnen spüre ich Liebe zu Ihrem „Elternhaus". Sie sagen deutlich und gut erzogen, was Sie erdacht, erlebt, gerungen und gefunden haben. Ich kann mir jedoch nicht vorstellen, daß am Tisch Ihrer elterlichen Wohnung, im Orden, Platz ist für ihren Kopf, höchstens für Hände und Füße.

Jede Institution hält, meine ich, an ihren eigenen Kinderschuhen fest und liebt das Feste, was sich wiederholen läßt. Allenfalls Experten dürfen „älter" und pubertär werden. Werden sie jedoch trotzig oder gar erwachsen, entledigt man sich ihrer, siehe Pfürtner, Holl, Küng, mich selbst. Das Motto elterlicher Erziehung bleibt: arbeite, forsche und lehre, aber, bitte, nur das, was uns frommt! Auf jeden Fall spüre ich so etwas wie Haßliebe, löse ich mich los und möchte autonom werden und möchte ich doch als Sohn meinen Segen von ihnen haben, schiele nach den Eltern, fürchte mich davor, von ihnen Abschied zu nehmen. Doch ich muß meinen Weg suchen, meine Gefährten selber wählen, meinen eigenen Stil entwickeln, und merke: die „Eltern" sind deswegen nicht gut auf mich zu sprechen. Sind sie nicht sogar froh, daß sie mich los sind? Und sagen: „Seht ihr? So einer kommt aus unseren Reihen", sobald es ihnen einmal gefällt.

In Ihrem Artikel lese ich wohlmeinende und zutreffende Vorschläge zur Erneuerung Ihres Ordens. Das klingt verlockend, hoffnungsvoll. Doch dann ernüchtert mich meine eigene Erfahrung. Meine Erneuerung besteht darin, meine Hoffnung auf Erneuerung meines Elternhauses aufzugeben.

Nicht den Eltern sagen, „nun brauche ich Euch, dank Eurer Erziehung und Förderung, nicht mehr!" Das wäre deren Schmerz und bedeutet nur halbe Trennung. Ich muß das für mich behalten und mir selbst sagen, auf Antwort, „Auf Wiedersehen" und feedback verzichten. Das tut mir weh, enttäuscht mich, ist ein Pfahl im Fleisch.

Ich verrate es Ihnen, den Bruder suchend.

Dr. M.G.

* * *

Als ich Ihren Artikel über die Ordensreform las, hielt ich einerseits die Luft an und andererseits hätte ich auf dem Tisch tanzen können! Sie haben mir fast jeden Satz aus dem Herzen geschrieben; ich fürchte nur für Sie eine Reihe von Sanktionen. Doch wenn Sie davor Angst hätten, stünde dieser Artikel wohl nicht in der Zeit. Ich möchte Ihnen Danke sagen für soviel Zivilcourage.

Anläßlich eines Seminars lernte ich einen Theologieprofessor kennen, der Ordenspriester ist. Daraus entstand eine sehr tiefe Zuneigung. Leider auch mit all der auch von Ihnen erwähnten Konsequenz. Ein Ordensaustritt kommt nicht in Frage, auch da wegen der von Ihnen bereits erwähnten Gründe. Dafür weint sich mein Freund seit einem Jahr fast die Augen aus und schwankt gelegentlich auch in Betrachtungen über mich, ob ich nun „Versuchung" oder berechtigte Liebe bin. Er ist Mitte Vierzig und ganz schön kaputt. Ich weiß nicht, ob er jemals ganz zu mir findet; ich fürchte, die Existenzangst und die Schuldgefühle bringen ihn um. So „lieben wir heimlich", mit all den dazugehörigen Konflikten, Mißverständnissen und Versteckspielereien.

Meine Bitte an Sie: Würden sie mir Namen und Adressen von Leuten in unserer Lage nennen können? Ich möchte einen Gedankenaustausch mit Menschen in genau derselben Situation; vielleicht auch ein gegenseitiges sich Trost geben, vor allem unter den weltlichen Partnern. Es ist sehr schwer, einen Menschen zu lieben, der im Orden eingebunden ist. Das Alleinsein ist manchmal grauenhaft, das Nacheinandersehnen mörderisch. Es täte sicher gut, Menschen in gleicher Lage zu kennen und deren Problembewältigung. (...)

XX

Sondereinlage

Zur Leitung der österreichischen Jesuiten hatte ich schon seit Jahren nur wegen irgendwelcher administrativer Angelegenheiten Kontakt. Völlig überraschend erhielt ich Ende November 1982 einen Brief des österreichischen Provinzials P. Platzgummer, in dem er mir mitteilte, daß er mit dem deutschen Provinzial vereinbart hatte, „daß Sie für alle öffentlichen Vorträge in Österreich vor einer Zusage meine Erlaubnis einholen sollen". Als Begründung wurde angegeben, „daß Vorträge in anderen Provinzgebieten dem jeweiligen Provinzial vorher angemeldet werden sollen. In Ihrem Falle muß ich das leider besonders betonen, da Ihr Auftreten meist mit irgendwelchen Schwierigkeiten verbunden ist."

Ich antwortete, daß ich als Mitglied der österreichischen Provinz nicht unter die Anmeldebestimmungen falle, und bat außerdem, mir mitzuteilen, welche „unliebsamen Verärgerungen" sich aus meinen Vorträgen in Tirol ergeben hätten. Aus der Antwort ging nur hervor, daß sich sowohl Ordensmitglieder als auch Nichtjesuiten „einigermaßen verwundert hätten", daß ich in der Michael-Gaismair-Gesellschaft einen Vortrag gehalten hatte. Kein Wort zum Inhalt, nur Verwunderung, daß ich vor dieser Gesellschaft gesprochen hatte. (Sie erfreut sich bei den Schwarzen in Tirol keiner besonderen Beliebtheit.)

Aus einer „Verärgerung" war also eine „Verwunderung" geworden, ein anstößiger Inhalt wurde nicht genannt. Ich bat nochmals um eine inhaltliche Begründung für die Einschränkung meiner Redefreiheit. Ich bekam sie natürlich nicht, weil offensichtlich kein „Verwunderter" bei meinem Vortrag anwesend gewesen war, also auf dessen Inhalt nicht Bezug genommen werden konnte.

Deutlich wurde die Einstellung P. Platzgummers, als er schrieb: „Was Sie schreiben und sagen, könnte uns Jesuiten mehr oder weniger gleich sein, wenn Sie nur als Sigmund Kripp sprächen, aber Sie sprechen und schreiben immer (und können es als Mitglied des Ordens gar nicht anders) als Angehöriger der Gesellschaft Jesu. Ihre ganz persönlichen Ansichten werden uns allen wider Willen in die Schuhe geschoben." Jeder Jesuit spricht also nicht nur aus dem eigenen, sondern auch aus dem Munde jedes anderen Jesuiten. Soweit war bisher allerdings noch keiner meiner Zensoren gegangen. Damit war das Österreich-Intermezzo beendet.

Die Jahre 1982 und 1983 vergingen in äußerer Ruhe. Seit ich an der Fachhochschule war, hielt ich zwar immer noch viele Vorträge, schrieb aber kaum noch. Mir fehlte der er- und angreifende Alltag als Inspirator und Energiequelle. Ich begann zusehends bequem zu werden und zu verspießern. Zuweilen plagten mich Depressionen. Zur Halbzeit der Grabesruhe, im Oktober 1982, schrieb ich einmal meinem Freund und Provinzial:

Lieber Alfons!

In letzter Zeit beschäftigt mich wieder verstärkt die Frage, warum ich eigentlich noch im Orden bin, und es fällt mir immer schwerer, sie sinnvoll zu beantworten. Ein Teil der Antwort hängt sicher von meiner eigenen Einstellung ab, die ich selbst abklären muß. Ein Teil der Antwort hängt aber auch vom Orden ab. Wenn ich so meine Zeit in der BRD überblicke, dann habe ich so eine Art Parkplatz im Orden, meine Tätigkeit und mein Leben ist aber nicht in den Orden eingebunden. De facto lebe ich in ständig zunehmender Isolation, ohne daß ich irgendjemand Schuld an dieser Isolierung zuweisen möchte. Ich spüre nur, daß diese Isolierung mir psychisch nicht gut tut und ich daher meine Situation verändern möchte.

Um nun in dieser Situation entscheiden zu können, möchte ich Dich bitten, mir mitzuteilen, ob der Orden noch ein konkretes Interesse an mir hat und, wenn ja, welches. Ich finde nicht, daß der Orden eine Aufgabe für mich suchen sollte, damit ich nicht austrete, sondern daß er mir mitteilen soll, ob er eine Aufgabe hat, von der er wünscht, daß ich sie übernehme. Ich möchte also nicht einfach im Orden bleiben, weil ich dies gelobt habe; ich habe mein Gelöbnis nicht als Selbstzweck, sondern in Verbindung mit der Erwartung einer sinnvollen Aufgabe abgelegt. Fällt diese fort, scheint es mir hinfällig zu sein. Ich kann es nicht mehr als vernünftig ansehen, daß ich seit Jahren Einschränkungen auf mich nehme, ohne im Orden oder für den Orden zu arbeiten.

Ich schreibe diesen Brief nicht gerade in bester Stim-
mung. Es ist auch nicht jeder Gedanke zu Ende gedacht.
Ich wünsche mir einfach eine Klärung.

Auf diesen Brief habe ich keine schriftliche Antwort
bekommen. Meine Beziehung zum Orden entwickelte
sich so, daß eine Verbindung, wenn es zu ihr kam, immer
von mir ausging. Auch mein Freund rief mich nicht an, er
rief höchstens zurück. Es gab auch zu ihm nur mehr selten Kontakt.

Entlassung

Auch 1983 war äußerlich ein ruhiges Jahr. Zwei Dinge beschäftigten mich: Zum einen suchte ich noch immer nach
einer in den Orden eingebundenen Aufgabe, zum anderen
arbeitete ich an einem Buch. Ein Verlag hatte angefragt,
ob ich Lust hätte, etwas zu publizieren. Da ich mich durch
die Lehrtätigkeit nicht ganz ausgelastet fühlte, akzep-
tierte ich. Anfang 1984 legte ich, inkonsequent wie ich bin,
das Manuskript (es bestand aus Interviews und meinen
Kommentaren dazu) dem Provinzial anläßlich seines
jährlichen Besuches vor. Er teilte mir mit, daß er während seines Aufenthaltes in Rom, wo er an der Generals-
wahl teilgenommen hatte, sich auch wieder um eine Aufgabe für mich innerhalb des Ordens bemüht hatte und
sein Bemühen wohl auch zum Erfolg führen würde. Als
wir so in meiner Wohnung saßen, schlug ich ihm vor, erst-
mal ein Kapitel aus dem neuen Manuskript zu lesen. Ich
hatte für die Probelesung passende Seiten ausgesucht.
Die gute Laune war wie verflogen, der nächste Konflikt
stand an, das war sicher. Diesmal ging es um die Wurst.

Das neue Buch deckte auf, daß ich durch die direkte
Teilnahme am Leben Jugendlicher ihre Situation nicht
nur theoretisch begriff, sondern direkt erlebte. Dies hatte
bei mir den Wandel von apolitischer zu politischer Jugendarbeit bewirkt. Es ist ein Unterschied, ob ich in der
Zeitung von Verbrechen lese oder einen Freund im Gefängnis besuche; ob ich aus den Schriften des Paulus
meine Einstellung zu Homosexuellen bilde oder Homose-
xuelle mir selbst ihre — durch Paulus mitbedingten —
Probleme schildern und meine Freunde sind. Es wurde
mir klar, daß gesellschaftlich bedingte Probleme nicht pädagogisch, sondern nur politisch gelöst werden können.
Gesellschaft und Kirche sichern sich durch Individuali-
sierung der Probleme und der damit verbundenen per-

sönlichen Schuldzuweisung gegen die Notwendigkeit gesellschaftlicher Veränderungen ab. Alle Gruppen von Priestern und Laien, die durch Zusammenleben mit Ausgeranderten zu deren Partisanen werden, geraten mit dem Establishment in der Kirche in Schwierigkeiten. Das trifft für Arbeiterpriester wie für Basisgemeinden in der Dritten Welt zu. — Wer vom Assistentialismus, der in Caritaskategorien denkt, zu einer politischen Arbeit übergeht, die die Ursachen der Ausrandung bekämpft, rührt auch an den ökonomischen Grundlagen einer Kirche, die im Bund mit Macht und Reichtum steht, einer Kirche, deren Exegeten wegen dieses Bündnisses aus dem Nadelöhr ein Stadttor machen.

Ich möchte nun diesen Konflikt beschreiben, dokumentieren und analysieren. Um Wiederholungen einzuschränken und den Leser nicht allzusehr zu ermüden, werde ich in die Beschreibung nur die wichtigsten Passagen aus den Originaltexten aufnehmen, sie textbegleitend kommentieren und die Auseinandersetzungen im Anhang ausführlich dokumentieren. Den hurtigen Leser möchte ich so nicht überbeanspruchen, dem das Detail gustierenden die Lust nicht schmälern.

Anfang Februar 1984 teilte mir der Provinzial mit, daß von den drei Zensoren, die das Manuskript begutachtet hatten, zwei (die nicht öffentlich genannt sein wollten) sich gegen eine vom Orden genehmigte Veröffentlichung ausgesprochen hatten. Der dritte, P. Morel, Soziologieprofessor in Innsbruck, hielt die Veröffentlichung für möglich und empfahl gleichzeitig einige Verbesserungen. Der Provinzial sah sich „unter diesen Umständen nicht in der Lage, (...) die Druckerlaubnis des Ordens" zu geben, und nannte drei Handlungsmöglichkeiten:

1. Überarbeitung des Manuskripts unter Berücksichtigung der Stellungnahme der Zensoren, erneute Zensurvorlage. (Die Verbesserungsvorschläge Morels habe ich bis auf einen alle übernommen; den durchaus unterschiedlichen Kritiken der beiden anderen konnte ich aber beim besten Willen nicht entsprechen, da sie grundsätzlich anderen gesellschaftspolitischen und moraltheologischen Positionen entsprangen. — Meine Haltung ist nicht austauschbar.)

2. Veröffentlichung der Interviews ohne Kommentierung durch mich. (Ursprünglich wollte ich dies sogar einmal. Aber aus anderen Gründen. Die Leser sollten direkt mit der Meinung der Jugendlichen konfrontiert werden, sich mit ihr alleine auseinandersetzen; die Jugendlichen sollten nicht durch meine Kommentierung bevormundet werden. Da machte aber kein Verlag mit. Die Leser wür-

den überfordert, bräuchten eine Lesehilfe. — Hinter dem Vorschlag des Provinzials stand eine andere Begründung: Der Orden und ich hätten nicht angegriffen werden können, wenn ich nur „Fremdmaterial" ohne eigene Interpretation und Meinungsäußerung vorgelegt hätte. Das hatte ich ja schon in Innsbruck zu hören bekommen: Zu vorliegenden Tatbeständen hätte ich vorsichtig Anfragen stellen, aber nicht dezidiert „von der geltenden Norm" abweichende Positionen beziehen oder Partei ergreifen dürfen. — Eine solche Haltung kam für mich nicht in Frage.)

3. Verzicht auf die Veröffentlichung. Von einer Veröffentlichung ohne Genehmigung durch den Orden riet mir der Provinzial ausdrücklich ab.

Ich antwortete am 13. Februar mit dem im Wortlaut folgenden Brief.

Lieber Alfons!

Ich möchte Dir nur mitteilen, daß ich mich dazu entschlossen habe, das Manuskript Hören, was die Jungen sagen *ohne Druckerlaubnis des Ordens zu veröffentlichen. Meinen Entschluß möchte ich kurz begründen.*

1. Seit ich dem Orden angehöre, befasse ich mich mit praktischer Jugenderziehung, seit Jahren nun auch mit theoretischen Problemen der Sozialpädagogik. Meine praktische Arbeit hat innerhalb des Ordens meist Anerkennung gefunden. Sobald ich aber die theoretischen Grundlagen meines praktischen Handelns schriftlich dargelegt habe, ist es regelmäßig zu Konflikten mit Teilen der Kirche und des Ordens gekommen. Ich brauche wohl nicht detailliert in Erinnerung zu rufen, daß die Ordenszensur in diesen Konflikten wiederholt eine unglückliche Rolle gespielt hat, sie mich nicht geschützt hat, wenn ein genehmigtes Buch oder ein genehmigter Artikel zu Protesten Andersdenkender geführt haben. Nur weil meine praktische Tätigkeit sich seit zehn Jahren nicht mehr innerhalb eines Ordenswerkes vollzieht, konnten die Proteste besagter Kreise meine direkte Arbeit nicht beeinflussen. — Die Ordenszensur allerdings hat sich den Protesten angeglichen und ist zunehmend enger geworden, was sich an Hand von Textpassagen belegen läßt, die ich vor fünf Jahren noch veröffentlichen durfte, heute aber beanstandet werden.

Hören, was die Jungen sagen *gibt nun wiederum Einblick in meine praktische Jugendarbeit und legt auch Positionen offen, die ich in meiner Lehre an der Hochschule vertrete. Ich empfinde es als Widerspruch, wenn der Orden mein sozialpädagogisches Handeln wiederholt anerkennt, die Theorie, auf der dieses Handeln gründet, aber ablehnt. Wer nicht wünscht, daß ich so wie geschrieben denke, kann auch nicht wollen, daß ich diesem Denken entsprechend handle.*

2. Etliche meiner sozialpädagogischen Theorien widersprechen der offiziellen kirchlichen Lehre im einen oder anderen Punkt. Das habe ich nie geleugnet. Meiner Meinung nach läßt aber der verpflichtende Charakter besonders der kirchlichen Sexualmoral aus sehr guten Gründen unterschiedliche Grade der Verpflichtung zu, die den Gegenargumenten, dem kulturellen Wandel, dem Fortschritt in Psychologie und Sozialwissenschaften, der prozeßhaften Entwicklung der Sozialgeschichte entsprechen. Meine von der heutigen offiziellen Lehre abweichenden pädagogischen Theorien sehe ich als durchaus christlich an. Ich halte sie für innerhalb des zulässigen Rahmens innerkirchlicher Pluralität befindlich. Für mich stellt sich deshalb auch nicht die Frage, mich zwischen meinen pädagogischen Ansichten oder dem Orden entscheiden zu müssen. Ich hoffe, daß dies der Orden seinerseits auch so sieht. Wenn nicht, liegt es bei ihm, über die Konsequenzen zu entscheiden.

Die Unterdrückung von Theorien und Ansichten (Standpunkten), die nicht der heutigen offiziellen kirchlichen Sozialpädagogik entsprechen, halte ich für unzulässig und für den desolaten Zustand der kirchlichen Jugendarbeit im deutschsprachigen Raum mitverantwortlich. Ohne offene Dikussion ist es unmöglich, Antworten auf die schwierigen sozialpädagogischen Fragen der heutigen Zeit zu entwickeln. Dies triff natürlich auch für den Diskussionsraum im Orden zu.

Während der nächsten Wochen weilte P. Provinzial Klein in der Ordenskurie in Rom, wo wohl zu diesem Zeitpunkt meine Entlassung zwischen allen Beteiligten — außer mir — abgesprochen wurde. Durchgeführt wurde sie dann vom österreichischen Provinzial. Ich hatte P. Klein, der nun nicht mehr Provinzial war, gebeten, im Falle einer Entlassung eine schriftliche Begründung zu veranlassen. Ebenso hatte ich ihm mitgeteilt, daß ich nicht an einem langwierigen Prozeß interessiert sei. — Gekommen ist es leider anders. Am 17. April 1984 besuchte ich P. Czerwinski in Innsbruck, und er überreichte mir das folgende Schriftstück:

Lieber P. Kripp,

unter Einbeziehung Deines offiziellen Briefverkehrs mit P. Alfons Klein (bis 15. d.M. Provinzial der Süddeutschen Ordensprovinz der Gesellschaft Jesu) und Deiner mit ihm von Amts wegen geführten Gespräche ersuche ich Dich:

Bestätige mir, dem Provinzial der Österreichischen

Ordensprovinz, daß Du keinen Einspruch gegen die Lösung Deiner Ordensgelübde und der damit durchzuführenden Entlassung aus unserem Orden erheben wirst.

Begründung dieses Ansuchens von Seiten des Ordens:

Im Verlauf der letzten zehn Jahre hat es sich wiederholt erwiesen, daß keine zureichende und beiderseits befriedigende Übereinkunft erreicht werden konnte zwischen Deinen persönlichen, mündlich und schriftlich vorgetragenen Überzeugungen und den Erwartungen der zuständigen Autoritäten der Katholischen Kirche. Diese Meinungen bzw. Erwartungen betreffen Fragen der Verkündigung vor allem auf dem Gebiete der Moral und der Pastoral.

Eine zureichende Übereinkunft Deiner Meinungen mit den Erwartungen der kirchlichen Autoritäten aber wird von Seiten der Ordensleitung als eine Voraussetzung für das fruchtbare Wirken der Gesellschaft Jesu innerhalb der Katholischen Kirche angesehen.

Mit freundlichen Grüßen

J. Czerwinski SJ
Provinzial

Gleichzeitig legte P. Czerwinski mir einen Entwurf für das von mir zu unterzeichnende Schriftstück vor. Daraus ging hervor, daß ich einvernehmlich aus dem Orden schied. Da dies nicht der Fall war, verweigerte ich meine Unterschrift. Da mir aber immer noch daran gelegen war, die offenbar schon beschlossene Entlassung wenigstens formell abzukürzen, formulierte und unterschrieb ich folgenden Satz: „Gegen meine Entlassung aus der Gesellschaft Jesu erhebe ich keinen Einspruch, obwohl sie gegen meinen Willen erfolgt."

Heute sehe ich diese Unterschrift als eine Fehlleistung meinerseits an.

Mir schien damals klar zu sein, daß ich mit meiner Erklärung auf den Instanzenweg im Verfahren verzichtete, aber nicht auf ein faires Verfahren. Obwohl ich ausdrucklich erklärte, gegen meinen Willen entlassen zu werden, wurde mein Verzicht auf Widerspruch in der Folge von P. Czerwinski zeitweilig als Zustimmung zur Entlassung ausgelegt. Das geschah wider besseres Wissen, denn unsere ganze Unterhaltung hatte sich nur um diesen Punkt gedreht. — Daß das geschehen würde, stellte sich aber erst später heraus.

Meine Bitte um eine genauere Begründung für meine Entlassung lehnte P. Czerwinski schon damals mit dem Hinweis ab, eine nähere Begründung würde den Interpretationsspielraum der Begründung erhöhen und sei deshalb problematisch. — Für mich belegte dieser Hinweis schon damals die Schwäche der inhaltlichen Begründung. Als Formalbegründung hätte natürlich der Hinweis auf die nichtbeachteten Zensurbestimmungen genügt. Darauf wollte sich der Orden aber nicht zurückziehen. Eine inhaltliche Auseinandersetzung wünschte er ebensowenig.

Bemerkenswert ist noch, daß sich P. Czerwinski auf meine mit P. Klein von Amts wegen geführten Gespräche berief, bei denen er selbst nie zugegen war und über deren Inhalte er nie mit mir gesprochen und ich ihn nie auch nur informiert hatte. Über die Gespräche war er jedenfalls nur einseitig informiert. Völlig neu war mir auch, daß es während der letzten zehn Jahre wegen Überzeugungen, die ich mündlich geäußert hatte, zu Differenzen mit Autoritäten der Kirche gekommen war. Ich wußte bis dahin nichts davon.

Gut einen Monat später, am 21. Mai, rief mich P. Czerwinski an, weil ich ihn gebeten hatte, mich über den weiteren Verlauf der Dinge auf dem laufenden zu halten. Meinem Gedächtnisprotokoll entnehme ich:

1. P. Klein ist von der Ordensleitung aufgefordert worden, die Entwicklung der Beziehungen zwischen dem Orden und mir während der letzten zehn Jahre zusammenzustellen, um die Notwendigkeit meiner Entlassung zu belegen. (Obwohl meine Entlassung schon beschlossen ist, hat die mir von P. Czerwinski überreichte Begründung vom 17. April ordensrechtlich offenbar nicht ausgereicht.)

2. Als Ausschlußbegründung taucht immer wieder die Feststellung auf, daß der Orden nicht wüßte, wo er mich einsetzen könnte, ohne daß gleich Beschwerden kämen.

3. Czerwinski sagt, daß ich zu des Ordens und zum eigenen Wohle entlassen werde. (So fürsorglich also ist der Orden. Selbst der Rausschmiß erfolgt noch zum Wohle des Rausgeschmissenen, so wie die Mutter ihr Kind zu dessen Wohle schlägt.)

4. Ich stelle die letzte Frage: „Ist es so, daß meine Entlassung beschlossen ist, nur die Dauer des Entlassungsverfahrens noch offen ist?" Czerwinskis Antwort: „So ist es." — Ich stelle fest, daß ich den Verfahrensweg gar nicht kenne und bisher von denen, die die Entlassung vornehmen, gar nicht gehört worden bin, sich alle nur auf Darstellungen von Klein berufen.

Das Gespräch lief in ruhiger Atmosphäre ab.

* * *

Als ich Ende August aus Mexiko zurückkam, fand ich ein Schreiben Czerwinskis vor, in dem er mitteilte, daß das „Reskript" aus Rom eingetroffen sei. Es hieß in dem Brief:

Könnten wir uns bei P. Klein treffen? Ich würde Dir das Dekret übergeben, Du bescheinigst mir den Empfang. In Briefform habe ich den Entlassungsgrund neu zusammengefaßt. Ich glaube, die Form wird für Dich akzeptabel sein. — Ich möchte Dich dann ersuchen, diesen „Brief an Dich" gleichzeitig als Information für die Mitbrüder verwenden zu dürfen. (...)

Ich komme mir bei diesem Schreiben recht dumm vor. Ich will nicht pathetisch werden, aber es ist doch tragisch, daß wir uns wechselseitig nicht zureichend verständlich machen konnten. — So Du Ferien machst, wünsche ich Dir schöne Tage!

Mir war das ein bißchen zur frisch-forsch-fröhlich. Ich antwortete am 30. August 1984:

Ich möchte Dich nun bitten, mir — vor dem Zusammentreffen — die Gründe für meine Entlassung schriftlich und vollständig mitzuteilen. Die mir mit Schreiben vom 17. April d.J. mitgeteilte Begründung ist nicht nur für mich, sondern auch für die Ordensleitung unzureichend gewesen, sodaß Du mir am 8. Juni mitteiltest, daß nun „das gesamte Dossier" an P. General abgegangen sei. Ich möchte Dich nun ersuchen, mir, als dem direkt Betroffenen, ebenfalls dieses „gesamte Dossier" zuzustellen. Ich hatte es eigentlich für selbstverständlich gehalten, daß mir die Entlassungsgründe im einzelnen schriftlich mitgeteilt würden und ich auch aufgefordert würde, dazu Stellung zu nehmen. Gilt in einer für mich so wichtigen Sache, wie es nach dreiunddreißig Jahren Ordenszugehörigkeit meine Entlassung ist, das „audiatur et altera pars" nicht?

Ich habe auf kirchenrechtliche Einspruchsmöglichkeiten gegen meine Entlassung, obwohl sie gegen meinen Willen erfolgt, verzichtet; um die genauen Entlassungsgründe hatte ich allerdings sowohl Dich (bei unserem Gespräch in Innsbruck am 17. 4.) als auch vorher P. Klein gebeten. Ihr habt Euch beide von Anfang an gescheut, dieser Bitte, die ich in diesem Brief wiederhole, zu entsprechen. (...)

Meine Ordensentlassung wurde also beschlossen, ohne daß die dafür Zuständigen mir die Gründe dafür vorgelegt und mich gehört hätten. Das verletzt mich.

Für eine sinnvolle Anhörung ist es nach dem Beschluß nun zu spät. Um die Zustellung der vollständigen Begründung bitte ich.

Am 3. September telefonierte ich mit P. Czerwinski. Ich bat ihn, mir die Entlassungsunterlagen vor dem gemeinsamen Gespräch zuzuschicken, sie mir nicht erst anläßlich des Gesprächs zu überreichen. Ich sicherte ihm bis zum Gesprächstermin Vertraulichkeit über diese Unterlagen zu. Ebenso versicherte ich ihm, daß ich die Interpretation der Entlassungsgründe durch den Orden nicht bewußt fehldeuten wollte. Er versicherte mir dasselbe für meine Äußerungen zur Entlassung.

Er verlas mir die Zweitfassung der Entlassungsbegründung, und ich bat ihn hinzuzufügen, daß der Orden sich in der Entlassungsbegründung so sicher fühlte, daß er auf meine Stellungnahme zur Entlassungsbegründung verzichten konnte. — Czerwinski erbat sich Bedenkzeit.

Am 4. September telefonierte ich mit P. Klein. Er teilte mir mit, daß P. Czerwinski bereit sei, mir — ohne weitere Rücksprache mit Rom — die Zusammenfassung der Entlassungsgründe, so wie er sie dem General geschickt hatte, zuzuschicken.

P. Klein erklärte mir, daß er selbst bereit sei, mir das „Gutachten", das er im Auftrag des Generals über mein Verhalten und meine Situation während der letzten zehn Jahre zusammengestellt hatte und das die Grundlage für die Begründung der Entlassung bildete, zuzusenden, wenn ich bereit sei, ihm zu versichern, davon in der Öffentlichkeit keinen Gebrauch zu machen. Da das Gutachten vom General in Auftrag gegeben worden sei, könne er es nicht zur Verwendung an andere als den Auftraggeber weitergeben. — Ich war nicht bereit, Vertraulichkeit zuzusichern, da es sich um die Grundlagen für meine Entlassung handelte. Darüber wollte ich offiziell in Kenntnis gesetzt werden, um auch Stellung beziehen zu können. Ich bekam das Gutachten also nicht zu sehen.

Klein äußerte sich sehr erstaunt darüber, daß Czerwinski mir nie Gelegenheit gegeben hatte, zu den Entlassungsgründen Stellung zu nehmen. Die Entlassung werde ja schließlich durch Czerwinski vorgenommen, sodaß er nicht verstehe, warum dieser vorher nicht auch mich angehört habe. — Ich kann dem nur zustimmen. — Klein sagte nun, man könne immer noch ein Gespräch führen, das mein Verbleiben im Orden zur Folge haben könne, falls sich bei meiner eventuellen Stellungnahme zu den Entlassungsgründen andere Gesichtspunkte zeigten. (Dabei lag die Entlassungsvollmacht seit dem 6. Juli auf Czerwinskis Schreibtisch! Czerwinski hatte mir gegenüber seit April gesagt, meine Entlassung sei beschlossene Sache! Und nun sagte mir Klein, der nicht mehr Provinzial war, aber offenbar die ganzen Fäden in der Hand hielt, daß es für mich immer noch eine Möglichkeit gebe, im Orden zu bleiben. Ich hatte kein Verlangen mehr, diese spirituelle Kneippkur mitzumachen.)

Obwohl Czerwinski mir versichert hatte, daß er mir die von ihm für den General aufgestellte Zusammenfassung der Entlassungsgründe zusenden würde, schickte er mir nur das Papier, das er mir bei der geplanten Besprechung überreichen wollte. – Ich teilte dies P. Klein mit und sagte ihm auch, daß ich unter diesen Umständen an einer gemeinsamen Verabredung kein Interesse hätte. Ich vereinbarte mit P. Czerwinski, daß ich das Entlassungsdekret bei ihm in Innsbruck abholen würde. Vorher hatte er mir mitgeteilt, falls ich nicht kommen würde, würde er es mir eingeschrieben mit der Post zuschicken, was rechtlich einer persönlichen Ausfolgerung gleichkäme. – Das Klima war auf den Gefrierpunkt abgesunken.

Verarmung plötzlich aktuell?

Bevor ich im Text weiterfahre, möchte ich noch auf ein Problem hinweisen, das alle – auch mich –, die aus dem Jesuitenorden ausscheiden, trifft. Uns allen stellt sich die Frage, wie wir nach der Entlassung unseren Lebensunterhalt bestreiten, wie die Altersversorgung wohl ausfallen wird. Die Regeln der Jesuiten verpflichten den Orden zu nichts. Dies wird in Epitome § 98 ausdrücklich festgehalten. „Die Oberen", heißt es dort, „sollen jedoch sehen, ob den (Entlassenen) durch etwas Unterstützung im Geiste der Konstitutionen und des allgemeinen Rechtes zu helfen sei."

Mit der Entlassung also wird das Armutsgelübde erst rechtswirksam. Rechtens steht dem Entlassenen gar nichts zu. Er wird zum Caritas-Objekt des Ordens. Alles, was der Orden für ihn tut, ist für den Orden verdienstvoll, weil er ja über seine Pflicht hinaus handelt. Rechtsansprüche der Entlassenen würden diese Verdienste des Ordens schmälern. – Hier zeigt sich, daß der Jesuitenorden (und ich vermute auch manch andere Orden) und die Kirche sehr wohl noch ein Interesse an Rechtlosigkeit haben, weil dadurch verdienstvolles karitatives Handeln möglich wird. Auch das Kirchenrecht kennt in Canon 1350 nur sehr allgemeine Empfehlungen zum ökonomischen Wohle Bestrafter: „Bei der über einen Kleriker zu verhängenden Strafe ist immer darauf zu achten, daß er nicht das entbehrt, was zu seinem angemessenen Unterhalt notwendig ist, es sei denn, es handelt sich um die Entlassung aus dem Klerikerstand. — Bei einem aus dem Klerikerstand Entlassenen aber, der wegen Strafe wirklich in Not geraten ist, soll der Ordinarius dafür sorgen, auf möglichst gute Weise Vorkehrungen zu treffen." Was „gut" ist, bestimmt der Ordinarius.

Der Ordens- und Kirchenwillkür hat in der Bundesrepublik und in Österreich der Staat einen gewissen Riegel vorgeschoben, indem er für die Altersversorgung gesetzlich geregelt hat, daß der Orden den Arbeitgeberanteil zur Rentenversicherung nachzahlen muß. Das entlassene Ordensmitglied kann allerdings den Arbeitnehmeranteil nicht nachentrichten. So ist wenigstens die halbe Rente gesichert. Auf welchen Beruf sie sich allerdings bezieht, weiß ich bis heute nicht. Dies scheint in Österreich auch anders geregelt zu sein als in der Bundesrepublik. Czerwinski deutete mir nur an, es sei, „um nicht ungerecht zu sein", mit dem Staat eine für alle ausgeschiedenen Ordensmitglieder gleiche Ausgangsbasis vereinbart worden. Dagegen wäre nichts einzuwenden, wenn nicht der Beruf der Wäscherin, sondern der des Hochschulprofessors als Ausgangsbasis für alle vereinbart wurde. — Ich warte also mit Spannung auf den Rentenbescheid.

Ich selbst war beim Ausscheiden aus dem Orden in keiner Notlage, da ich einen ordensunabhängigen Beruf an der Fachhochschule ausübte und auch mein Bruder mir half. Ich hatte aber weit mehr als meine Arbeit in den Orden eingebracht, so zum Beispiel im Jahre 1973 400.000 öS als Spende meines Vaters für das Jugendzentrum in Innsbruck. Anläßlich meines 40. Geburtstages hatte er auch auf meine Bitte hin die Burg Wolfsthurn für hundert Jahre der MK in Innsbruck gratis zur Verfügung gestellt. Ich deutete Czerwinski an, daß bei einem Ausschluß eine finanzielle Entschädigung angebracht sei. Er bot mir 500.000 öS an, die ich annahm und zum Großteil an verschiedene Projekte in Mexiko weiterleitete, darunter an eine von Jesuiten betriebene Radiostation. Ich witterte eine Chance zur Umverteilung von Ordensvermögen, die ich mir nicht entgehen lassen wollte. Auseinandersetzungen über finanzielle Ansprüche gab es also einstweilen bei meiner Entlassung nicht. Die folgende Erklärung, die mir das österreichische Provinzialat mit der Bitte um meine Unterschrift zusandte, unterzeichnete ich allerdings nicht.

Erklärung

Der Unterfertigte erklärt, daß er nach seiner Entlas-

sung aus der Gesellschaft Jesu seine vollkommene Abfertigung erhalten hat und daher in Zukunft keine wie immer gearteten Ansprüche an den Orden zu stellen berechtigt ist.

Ich drucke die Erklärung ab, damit andere wissen, was sie im Falle eines „Falles" erwartet. Ich warte jetzt erst einmal auf die Antwort der Rentenversicherung. Als Abfindung sehe ich die halbe Million Schilling sowieso nicht an, sondern nur als Teilrestitution. „Bei großem Undank", habe ich mal als Kind im Herderlexikon gelesen, „darf man Geschenke zurückfordern."

Dem bürgerlichen Arbeitsrecht entzieht sich der Orden durch sein konkordatsmäßig verankertes Eigenrecht. In der Praxis hat er sich eine Position gesichert, die verschiedene Sekten für die Benutzung ihrer Mitglieder zum Vorbild genommen haben. Der Unterschied besteht nur in der öffentlich-rechtlich viel stärker abgesicherten Position des Ordens.

Unterschiede zu den Sekten sind in den Zielen durchaus gegeben, bei manchen Mitteln weniger.

Die Entlassung eines Mitgliedes belastet auch den Orden finanziell. Je teurer die Entlassung den Orden zu stehen kommt, desto zögernder wird er sie vornehmen. Möglicherweise wächst die Meinungsfreiheit im Orden proporzional zu den Entlassungskosten.

Bestimmt vielleicht auch im Orden das Sein das Bewußtsein? (Wer das wohl gesagt hat?)

Der 11. September 1984

Das war also der Tag, und 18 Uhr die Stunde. Ort: Kettenbrücke in Innsbruck, Haus der Barmherzigen Schwestern. Die Nonne an der Pforte begrüßte mich noch mit Pater. Sie ahnte nicht, daß ich in fünfzehn Minuten ihr Haus durch eine Hintertüre als Kirchensträfling verlassen würde. Vor fast genau einunddreißig Jahren hatte ich meine ersten Gelübde abgelegt, öffentlich, wie es die Regel vorschreibt, und mit einer Feier verbunden. Der Gang in die Bindung war ein festlicher. Die Lösung fand hinter verschlossenen Türen statt, auf fremdem Territorium, in betretener Atmosphäre, ohne Festessen und Blumenschmuck.

Der Provinzial überreichte mir das Entlassungsdekret und setzte damit Entlassung und Suspension in Kraft. Das Dekret liest sich so:

Decretum Dimissionis
Vigore potestatis mihi concessae a R.P. Praeposito Gene-
rali in rescripto dato die 6 mensis iulii 1984, servatis de
iure servandis, per praesentem decretum dimitto e Socie-
tate Iesu Patrem Sigmund Kripp.
Oeniponte, die 11 septembris 1984
Rudolf Reichlin SJ   *Josef Czerwinski SJ*
Secretarius   *Praep. Prov. Austriae*
(Entlassungsdekret: Kraft der mir von P. General mit Re-
skript vom 6. Juli 1984 verliehenen Vollmacht und unter
Berücksichtigung der gesetzlichen Modalitäten entlasse
ich durch dieses Dekret P. Sigmund Kripp aus der Gesell-
schaft Jesu.)

Kaum hatte der Provinzial mir das Dekret überreicht, erklärte er mir, daß er mir das Originaldekret nachschikken werde, er hatte versehentlich nur eine Kopie mit, auf der die zweite Unterschrift und der Provinzialstempel fehlten. Gültig sei die Entlassung aber auch so. — Wiener Operette im Hinterzimmer an der Kettenbrücke. — Dann gab es noch eine Rechtsbelehrung. Ich könnte Einspruch einlegen. Eine Frist für den Einspruch nannte er nicht. Durch die Entlassung aus dem Orden sei ich vom Gehorsamsgelübde entbunden und auch vom Gelübde der Armut. Das Keuschheitsgelübde bestehe weiter. (Ich sollte *ent*lassen, nicht *aus*gelassen werden.)

Außerdem sei ich suspendiert. Die Suspension ist eigentlich eine Kirchenstrafe, durch die einem Priester verboten wird, sein Amt auszuüben. Man unterliegt ihr automatisch, sobald man als Priester keinen Ordinarius hat. Mein Ordinarius war der Provinzial gewesen. Ich mußte mir also einen neuen Befehlshaber suchen, wenn ich Sakramente spenden, predigen oder gar ein geistliches Gewand anlegen wollte. — Gesucht habe ich noch nicht und Angebote habe ich auch noch nicht bekommen. Kirchenrechtlich bin ich ein *clericus vagans*, ein *streunender Kleriker* oder, sozialpädagogisch ausgedrückt, ein *Kirchenstreicher*.

Der Orden hatte mich wiederholt ersucht, der Entlassung zuzustimmen, wir wollten uns einvernehmlich trennen. Warum aber sollte ich einer Strafe auch noch zustimmen? — Der Vorschlag des Ordens, in eine „einvernehmliche Trennung" einzuwilligen, also das Schuldprinzip durch das Zerrüttungsprinzip zu ersetzen, ist an sich interessant, weil die Kirche beim Eheversprechen keinen Scheidungsgrund, schon gar nicht Zerrüttung anerkennt. Übrigens spricht der Orden auch bei „einvernehmlicher Lösung" immer nur von „Entlassung", nie von „Austritt". Das Wort „einvernehmlich" verschleiert den Sachverhalt.

Dann übergab mir der Provinzial die Begründung der Entlassung.

Lieber P. Kripp!

Mit obigem Datum überreiche ich Ihnen das Entlassungsdekret, zu dem mich unser Generaloberer in seinem Reskript vom 6. Juli 1984 bevollmächtigt hat.

Soweit ich das Leben in unserer Provinz überblicke, wird zum ersten Mal ein Mitbruder unserer Provinz aus dem Orden entlassen, ohne ein „Crimen" im Sinn des Kirchenrechtes begangen, aber auch ohne selbst um Entlassung gebeten zu haben.

Trotz dieser ungewöhnlichen Umstände Ihrer Entlassung, die ich mit einer ganzen Reihe von Mitbrüdern tief bedauere, kann ich Sie nur ersuchen, diese in der Überzeugung anzunehmen, daß wir — der Generalobere, P. Klein und ich selber mit dem Provinzkonsult — versuchen, bei dieser Entscheidung unserer Verantwortung zu entsprechen, ähnlich wie Sie in Ihrem Leben versuchen, Ihrer Verantwortung gerecht zu werden.

Wir alle wissen um Ihren ungewöhnlichen Einsatz, Ihr Verständnis für die Jugend und Ihr Geschick, mit Jugendlichen den für sie möglichen nächsten Schritt auf dem Weg zu einem menschenwürdigeren Leben zu gehen. Wir glauben, daß Sie in unserem Orden nicht nur wegen menschlicher Bindungen geblieben sind, sondern auch um die Reform des Ordens im Sinn des Dekretes 4 der 32. Generalkongregation zu fördern. Bedauerlicherweise konnte Ihre Radikalität Grenzen einer Veränderungsmöglichkeit bei Mitbrüdern kaum abschätzen, im Gegensatz zum Verständnis für die Möglichkeiten ihrer jungen Freunde. In den letzten zwölf Jahren sind Sie bei Ihren positiven Bemühungen jedoch einen inneren Weg gegangen, der es Ihnen unmöglich gemacht hat, mit der konkreten Kirche in jenem Frieden und inneren Einverständnis zu leben, die eine Voraussetzung der Zugehörigkeit zu unserem Orden bedeuten. Ihr Verständnis für die Randschichten unter den Jugendlichen — der Kirche und der Gesellschaft — hat Sie das Allzumenschliche gerade auch in der Kirche hellwach sehen gelernt. Dadurch wurden Sie immer wieder zu einer überscharfen Kritik herausgefordert, die wir weder teilen noch als zulässig für einen Mitbruder ansehen.

Diese Kritik schließt Fragen der Pastoral und Moraltheologie ein, wo Sie in einigen Punkten die Grenzen eines legitimen Meinungspluralismus in der katholischen Kirche überschritten haben. Auf diese Punkte sind die jeweiligen Zensoren Ihrer Schriften eingegangen. Über diese Fragen hat mit Ihnen P. Klein, damals Provin-

zial der Süddeutschen Provinz, gesprochen. Auf das Ganze gesehen sind Sie dabei leider mit P. Klein auf keine befriedigende Lösung gekommen.

Die Erfahrungen der letzten Jahre lehren überdies, daß eine Änderung Ihres Urteils in den anstehenden Fragen für eine absehbare Zeit nicht zu erwarten ist. Ähnlich, wie sich nach unserer Meinung auch der Orden nicht auf Ihre Überzeugungen hin verändern wird.

Diese Entlassung versucht den vollen Respekt vor Ihrer Person, Ihren Überzeugungen und vor Ihrer Leistung zu wahren. In ihr bringe ich auch den Dank für ihren selbstlosen Einsatz durch viele Jahre in der Gesellschaft Jesu zum Ausdruck.

Mit guten Wünschen für Ihre Zukunft

Josef Czerwinski SJ

Zur „Information für die Mitbrüder" versandte P. Czerwinski einen Tag später (12. 9.) den Text samt Begleitschreiben an verschiedene Jesuitenhäuser:

P. Sigmund Kripp wurde (...) aus der Gesellschaft Jesu entlassen.

Alle Mitbrüder, die die Ereignisse um P. Kripp gut kennen, wissen, welch schmerzhafte Vorgänge, vor allem für die Österreichische und die Süddeutsche Provinz damit zu einem Abschluß gekommen sind. — Für Sigmund Kripp, der die Entlassung nicht gewünscht und unter der zunehmenden Entfremdung vom Orden schwer getragen hat, geht das Leben weiter.

Das vor kurzen erschienene Buch von Kripp Hören, was die Jungen sagen ist nicht der Grund zu seiner Entlassung. Es waren aber die Schwierigkeiten bei der Zensur des Manuskriptes — seiner Veröffentlichung wurde nicht zugestimmt — der Anlaß einer Prüfung durch P. Klein und durch mich im Rahmen der vorgesehenen Beratungsmöglichkeiten in unserem Orden, ob ein weiterer Verbleib von P. Kripp in der Gesellschaft Jesu für beide Seiten noch sinnvoll und somit der Wille Gottes sein kann. Beiliegenden Brief habe ich gestern abends P. Kripp als Begründung seiner Entlassung überreicht. Er wünscht eindringlich, daß diesem Brief beigefügt werde: er habe die Gründe, wie sie von P. Klein und von mir nach Rom berichtet wurden, nicht in der authentischen Form erfahren und habe deshalb auch keine Stellung zu diesen Gründen, die seine Entlassung bedingen, beziehen können.

Das ist richtig, es wurde jedoch in den letzten Monaten wiederholt mit P. Kripp wegen seiner Entlassung gesprochen und eine Prozedur gesucht, die offizielle „Monitiones" mit entsprechenden Einspruchsfristen vermeidet.

Vor der Unterschrift „zur Kenntnisnahme" seiner Ent-
lassung wurde er über die Möglichkeit eines Einspruches
informiert.

Josef Czerwinski SJ

Gründe für die Entlassung

Zwei Aspekte möchte ich versuchen darzulegen und zu
analysieren: die Auseinandersetzung um die Vorgangsweise bei der Entlassung und die Gründe, die zu meiner
Entlassung führten.

Ich beginne mit den Gründen. Ich stütze mich dabei
auf die drei mir bekannten Schriftstücke vom 17. 4., 11. 9.
und 12. 9. 1984, die ich in vorliegendem Buch alle im Wortlaut wiedergegeben habe und von denen der Generalobere später sagte, daß sie alle Entlassungsgründe nennen. Ich habe das immer angezweifelt, besonders ab dem
Zeitpunkt, da ich von P. Klein erfuhr, daß er auf Verlangen ein langes „Gutachten" (vierzehn Seiten?) nach Rom
gesandt hatte und daß P. Czerwinski sich vor der Presse
darauf als „Motivenbericht" berief. Da ich das Gutachten
bis heute nicht kenne, kann ich es zur Analyse der Entlassungsgründe auch nicht heranziehen.

Die Gründe, wie sie aus den drei Schriften hervorge-
hen, sind

1. Eine zureichende und beiderseits befriedigende
Übereinkunft zwischen meinen persönlichen, mündlich
und schriftlich vorgetragenen Überzeugungen und den
Erwartungen der zuständigen Autoritäten der katholischen Kirche hat erwiesenermaßen gefehlt. Diese Meinungen bzw. Erwartungen betreffen Fragen der Verkündigung vor allem auf dem Gebiete der Moral und der Pastoral. (Brief vom 17. April.)

2. Meine Radikalität hat die Grenzen der Verände-
rungsmöglichkeiten bei den Mitbrüdern hinsichtlich
einer Förderung der Reform des Ordens im Sinn des De-
krets 4 der 32 Generalkongregation kaum abschätzen
können.

3. In den letzten zwölf Jahren bin ich bei meinen positiven Bemühungen einen inneren Weg gegangen, der es
mir unmöglich gemacht hat, mit der konkreten Kirche in
jenem Frieden und in jenem inneren Einverständnis zu
leben, die eine Voraussetzung der Zugehörigkeit zu unserem Orden bedeuten.

4. Mein Verständnis für die Randschichten unter den

Jugendlichen — der Kirche und der Gesellschaft — hat mich das Allzumenschliche gerade auch in der Kirche hellwach sehen gelernt. Dadurch wurde ich immer wieder zu einer überscharfen Kritik herausgefordert, die der Orden weder teilt noch als zulässig für einen Mitbruder ansieht.

5. Diese Kritik schließt die Fragen der Pastoral und der Moraltheologie ein, wo ich in einigen Punkten die Grenzen eines legitimen Meinungspluralismus in der katholischen Kirche überschritten habe. Über diese Fragen habe ich mit P. Klein gesprochen. Aufs Ganze gesehen bin ich dabei mit P. Klein zu keiner befriedigende Lösung gekommen.

6. Die Erfahrungen der letzten Jahre lehren, daß eine Änderung meines Urteils in den anstehenden Fragen für eine absehbare Zeit nicht zu erwarten ist. Andererseits wird sich auch der Orden nicht auf meine Überzeugung hin verändern. (2 — 6: Gründe, die im Brief vom 11. 9. genannt werden.)

7. Die Schwierigkeiten bei der Zensur des Manuskriptes *Hören, was die Jungen sagen* waren Anlaß einer Prüfung durch P. Klein und P. Czerwinski, ob ein weiterer Verbleib von mir in der Gesellschaft Jesu für beide Teile noch sinnvoll und somit der Wille Gottes sein kann. (Schreiben vom 12. September.)

Als Entlassungsgrund ausdrücklich ausgeschlossen werden:

- „Das Buch *Hören, was die Jungen sagen* ist nicht der Grund zur Entlassung." (Schreiben vom 12. September.)

- Ein „Crimen" im Sinne des Kirchenrechtes.

Nirgends als Entlassungsgrund genannt wird:

- Meine Nichteinhaltung von Zensurbestimmungen.

Zu den Entlassungsgründen habe ich zu sagen:

ad 1. Ich habe in Pastoral- und Moralfragen nichts ohne Druckerlaubnis des Ordens veröffentlicht, außer in *Hören, was die Jungen sagen*, das jedoch als Entlassungsgrund ausdrücklich ausgenommen wird. Es bestätigt sich mein Verdacht, daß die Nichtbeachtung der Zensur als Entlassungsgrund nur deshalb nicht aufscheint, damit man meine Pastoral- und Moralpositionen als abweichend und die Grenzen eines legitimen Pluralismus im Orden überschreitend bezeichnen kann. Durch die Druckgenehmigung für *Abschied von morgen* und *Gott lächelt, wenn junge Hunde spielen* waren meine Meinungen durchaus in die im Orden legitime Pluralität eingebunden worden. Gäbe man dies zu, wäre aber der Orden nicht mehr in die in der Kirche legitime Pluralität eingebunden, denn die Konflikte mit den „zuständigen Autoritäten der Katholischen Kirche" hat es natürlich gegeben. Der Orden trennt sich von mir, um nicht selbst in Schwierigkeiten zu kommen. Das kann er tun. Dann soll er es aber auch so sagen und nicht ein liberales Image überziehen, indem er scheinbar großzügig meine Nichtbeachtung der Zensurbestimmungen übersieht. — Das Schreiben bezieht sich auch auf meine mündlich vorgetragenen Überzeugungen. Mir ist seit meinem Abgang von Innsbruck keine einzige Klage über eine konkrete mündliche Äußerung meinerseits zugegangen. Ich habe keine Ahnung, auf was sich dieser Entlassungsgrund bezieht.

ad 2. Ich sehe nicht, wie dies ein Entlassungsgrund sein kann. Das wäre eher einer für manche Mitbrüder, was ich mir aber auch nicht wünsche.

ad 3. Was versteht der Entlassende unter „konkreter Kirche"? So wie er formuliert, kann er nur ein paar mitteleuropäische Hierarchien meinen. Dann stimmt es, wenn er sagt, daß ich mit denen nicht im inneren Einverständnis leben kann. Ob dies aber wirklich eine Voraussetzung für die Zugehörigkeit zu unserem Orden ist? Es gibt andere Bischöfe, mit denen ich in innerem Frieden und Einverständnis lebe, von unscheinbareren Teilen der Kirche, mit denen ich mich verbunden fühle, ganz zu schweigen. — An dieser Latte gemessen, müßten auch P. Klein und manch andere hoch angesehene Jesuiten entlassen werden. Von ihnen weiß ich aus Gesprächen, daß sie mit manchen Spitzen der katholischen Kirche auch nicht in innerem Einverständnis leben. — Beim Publizieren sind sie allerdings etwas vorsichtiger. Abgeschirmt von der Öffentlichkeit gibt es nämlich auch im Orden weiten Spielraum für Schattenpädagogik und Schattenmoral, sozusagen einen geistigen Schwarzmarkt. Ein Phänomen jeder Planwirtschaft, auch der spirituellen.

ad 4. In diesem Punkt wird mir nicht vorgeworfen, daß ich das Allzumenschliche falsch, sondern hellwach sehe, um es dann überscharf zu kritisieren. Dieser Vorwurf ehrt mich. Ich wußte bloß nicht, daß dies ein Entlassungsgrund ist.

ad 5. Siehe ad 1. — Wenn ich die Grenzen der in der katholischen Kirche legitimen Meinungspluralität überschritten habe, müßte ich konsequenterweise auch aus der Kirche entlassen werden, wenn Entlassungen als geeignete Gegenmaßnahme für Grenzüberschreitungen angesehen werden. — Ich kann mich nicht daran erinnern, je mit P. Klein Pastoral- und Moralfragen tiefergehend erörtert zu haben. (Es nervt mich etwas, daß ich auf Hörensagen entlassen werde, ohne vorher selbst gehört zu werden.)

ad 6. Nur wer meine Schriften nicht liest, kann behaupten, daß ich mich nicht laufend verändere, nur wer das Ordenszeitgeschehen nicht verfolgt, kann behaupten, daß der Orden sich nicht verändert, und zwar zur Zeit restaurativ. Es stimmt allerdings, daß die Veränderungen nicht übereinstimmen. Im übrigen weiß jeder Jesuit, daß der Orden ein sehr differenziertes Gebilde ist, und ich kenne so manchen Jesuiten, mit dessen Ansichten ich übereinstimme.

ad 7. Es ist schon rührend, wie ein Teil sich müht, zu erforschen, was für beide Teile sinnvoll ist, und dann für sein Forschungsergebnis auch noch gleich göttlichen Willen beansprucht.

Ich fasse zusammen: P. Czerwinski bestätigt mir im Entlassungsschreiben, daß zum ersten Mal ein Mitbruder der österreichischen Provinz aus dem Orden entlassen wird, ohne ein Crimen begangen oder selbst um Entlassung gebeten zu haben. Eine solche Entlassung ist also eine außergewöhnliche Maßnahme, die außergewöhnlich guter Begründung bedürfte. Scheinen Ihnen, geduldiger Leser, die vollständig zitierten Entlassungsgründe eine außergewöhnlich gute Begründung zu sein? Rechtfertigen die angeführten Gründe die Anwendung der schärfsten Sanktion, die dem Orden möglich ist? Hätte er nicht zuerst zu milderer Sanktion greifen können? Versetzung in ein anderes Land, zum Beispiel?

Als besonderes Gustostückerl möchte ich abschließend noch einen kurzen Absatz aus dem Schreiben Czerwinskis vom 12. September 1984 zitieren und kommentieren. „Ich möchte ihn" (mich meint er) „daher dem Gebet aller Mitbrüder empfehlen. Ein Gebet, das uns zu einer ruhigen und freundlichen Haltung gegen diesen ehemaligen Mitbruder führt oder uns in dieser Haltung erhält." Haben Sie's gemerkt? Der Provinzial fordert die Mitbrüder auf, für mich zu beten. Als er aber das Gebetsziel angibt, kommt heraus, daß er die Mitbrüder nicht für mich, sondern für sich selbst beten läßt. Dieser Freudsche Verdenker ist fürs ganze Verfahren symptomatisch.

Da mir die angegebenen Entlassungsgründe unzureichend erschienen und ich erfahren hatte, daß es ein umfangreiches Dossier als Grundlage der Entlassung gab, bemühte ich mich um Einsicht. Meine Ausgangsposition war schwach. Da ich keine feierliche Profeß abgelegt hatte, muß laut Eigenrecht der Gesellschaft Jesu auch kein Prozeß um die Entlassung geführt werden. — Spätestens hier erweist sich, daß es erhebliche Unterschiede zwischen den Rechtspositionen der Coadjutoren und Professen gibt. Wenn von den Jesuiten als Klassengesellschaft gesprochen wird, werden diese Unterschiede immer heruntergespielt. Sie sind real existent. Sehr bewußt haben auch die österreichischen Oberen mich nie in den Status des Professen gehoben, wie sie es mit praktisch allen anderen Jesuiten nach der 32. Generalkongregation getan hatten. Für meine Entlassung war also ein regulärer Prozeß nicht notwendig. Es genügte ein Verwaltungsakt, und es gibt in der Kirche und im Orden keine Verwaltungsgerichtsbarkeit, bei der man einen Verwaltungsentscheid anfechten könnte. Immerhin legt aber auch für meine Position das Ordensrecht in § 89 Epitome fest, daß dem zu entlassenden Ordensmann die Gründe seiner Entlassung offenbart werden müssen und er berechtigt ist, darauf zu antworten. Seine Erwiderungen müssen dem entlassenden Oberen vorgelegt werden. In meinem Fall hat der Orden eine etwas andere Vorgangsweise gewählt.

Natürlich akzeptiere ich, daß der Orden Entlassungsgründe haben kann. Warum bloß ziert er sich so, sie genau zu nennen? Wiegen sie wirklich meine dreiunddreißigjährige Arbeit im Orden auf, oder soll der Versuch des Ordens, meine Zustimmung zur Entlassung zu erreichen, dazu dienen, diese Abwägung zu vermeiden? Meine Zustimmung würde die Oberen entlasten. Allen äußeren und inneren Protesten könnte entgegengehalten werden: Er hat ja zugestimmt, was wollt ihr denn? Dem Protest wäre der Wind aus den Segeln genommen.

Das wollte ich nicht. Die Öffentlichkeit soll wissen, daß die zwei zitierten kirchenkritischen Artikel eine ganze Lebensarbeit im Orden „aufwiegen", zu einer — in den Auge des Ordens gerechten — Entlassung ausreichen.

Unverständlich war dies natürlich vielen Freunden außerhalb des Ordens. Ihre Proteste (die ich im Anhang dokumentiere) wurden aber ebenso wie meine Rekurse durch die übliche Instanzenseilschaft innerhalb des Ordens und der Kirche geschlossen abgewehrt. Die Instanzenseilschaft besteht darin, daß sich die erste Instanz bereits vor ihrer Entscheidung der Zustimmung der letzten Instanz versichert. Das System ist so ausgefeilt, daß diese Abstimmung innerhalb der Ordensinstanzen noch fallbezogen stattfindet, die Religiosenkongregation im Appellationsverfahren aber prinzipiell ein Urteil nicht revidiert. Das behaupte ich mal, bis es jemand widerlegt. Es dreht sich also hier um reine Scheinverfahren, was P. Provinzial Czerwinski ganz offen zugab, als er am 1. Dezember 1984 an eine protestierende Öffentlichkeit schrieb: „Ihnen wie uns ist es klar, daß die zuständige Ordensleitung den

Ausschluß mit all seinen Konsequenzen lange und gut überlegt hat, und daß deshalb eine Revision der Entlassung nicht in Frage kommt."

Der immer wieder beschworene harmonische Entlassungsversuch ist noch aus einem zweiten Grund trügerisch: der Entlassene wird mit der Kichenstrafe der Suspension belegt und behält die Zölibatshypothek. Die Entlassungsgründe mögen aus der Sicht des Ordens vertretbar sein, doch hängt mit ihnen unweigerlich zusammen, daß sich der Orden nur von Bestraften, also von Schuldigen trennen kann, denn daß er Unschuldige bestrafen will, wird er doch nicht behaupten. Warum in aller Welt soll ich durch Zustimmung zur Entlassung auch noch zur Strafe ja sagen und damit ein „schuldig getrennt" auf mich nehmen?

Meine Auseinandersetzung um die Einsicht in die Entlassungsunterlagen und meinen Rekurs gegen die Entlassung dokumentiere und kommentiere ich im Anhang.

Hier fasse ich nur kurz zusammen:

1. Mitte September 1984 schrieb ich an P. General und bat ihn, mir die vollständigen Entlassungsgründe mitzuteilen. Er lehnte ab mit dem Hinweis, daß sie mir schon mitgeteilt worden seien.

2. Ich bat daraufhin nochmals P. Czerwinski und P. Klein, mir die vollständigen Entlassungsgründe mitzuteilen. Sie lehnten ab.

3. Danach legte ich bei P. General Rekurs gegen meine Entlassung ein und begründete diesen unter anderem damit, daß mir nie die vollständigen Entlassungsgründe vorgelegt worden waren und ich nie zu den Entlassungsgründen gehört worden sei. — Der Rekurs wurde abgelehnt, mit der Begründung, meine Einwendungen seien „nicht hinreichend".

4. In einem letzten Rekursschritt wandte ich mich an die Religiosenkongregation, die meinen Rekurs unter Hinweis auf das Eigenrecht der Gesellschaft Jesu endgültig verwarf.

Das war's.

Reaktionen auf die Entlassung

Es gab natürlich eine Menge Reaktionen auf meine Entlassung, vornehmlich aus Kreisen meiner alten Innsbrukker Bekannten. (Einige traten aus Protest aus der Kirche aus.) Selbstverständlich sammelten sich bei mir nicht die Stimmen derer, die meiner Entlassung zustimmten. Ich werde die organisierte Reaktion, soweit sie sich in der Öffentlichkeit abspielte, samt den Antworten aus dem Orden hier dokumentieren.

Dr. Werner Schwab verfaßte zusammen mit Freunden folgenden Brief an die Ordensoberen, den er an gemeinsame Bekannte aus der MK mit dem Vorschlag versandte, sich der Aktion anzuschließen.

Sehr geehrte Herren!

Mit Bestürzung und tiefer Befremdung haben die Unterzeichneten von der Entlassung Pater Sigmund Kripps aus dem Jesuitenorden Kenntnis erhalten.

Allein schon die Methode, dem Entlassenen Entlassungsurkunde und Begründungsschreiben gemeinsam zuzuschicken, ihm damit unter Hinweis auf seine eigene „Unverbesserlichkeit" jede Chance einer Rechtfertigung zu nehmen, mißachtet die Grundformen jedes bürgerlichen Verfahrens, spiegelt aber deutlich die heutzutage wohlweislich gern verschleierte Tatsache wieder, daß es sich bei Ihrem Orden um eine Institution mit totalitärem Charakter handelt, die das Selbstverständnis eines mündigen Christen, der letzlich dem eigenen Gewissensentscheid verantwortlich ist, mißachtet.

Pater Kripp hat sich in seiner Arbeit mit den Randgruppen unserer Gesellschaft auseinandergesetzt, hat in seinen Publikationen ihre Sprache übernommen. Sie haben durch Ihren Akt der Entlassung die Probleme dieser Randgruppen, „der Geringsten unter uns", mißachtet und gleichsam den Boten für die Botschaft schuldig gemacht. Ein Vergleich mit einer etablierten Priesterklasse vor zweitausend Jahren drängt sich uns auf, die den Begründer unseres Glaubens ebenfalls wegen seines sozialen Engagements abgelehnt hat und auf eine „überscharfe" Kritik in bekannter Weise reagiert hat.

Zudem haben wir sehr wohl den Eindruck, daß es sich bei der Entlassung Pater Kripps um einen kirchenpolitischen Schachzug im Sinne einer diplomatischen Geste gegenüber den modernen Inquisitoren der heutigen Kirche handelt, wofür es in der Geschichte Ihres Ordens ja genügend Parallelen gibt (China, Südamerika etc.).

Es tut uns weh, einen Mann aus seiner Ordensgemeinschaft verstoßen zu sehen, der für uns und viele andere, die wir kennen, den Zugang zu den Grundprinzipien unseres Glaubens ermöglicht hat und uns in Zeiten schwerer seelischer Nöte wie ein Vater gewesen ist.

Sie haben durch Ihre Entscheidung ein Urteil gefällt, die Zeit wird über Sie ein Urteil fällen wie schon vor Jah-

*ren bei der Verbannung Pater Kripps aus Innsbruck, wo
heute viele Positionen, derentwegen er entfernt werden
mußte, zum liturgischen Allgemeingut eines gar nicht so
progressiven Pfarrers gehören.*

*In der (vielleicht irrigen?) Hoffnung, Ihnen mit unse-
rem Protest einen kleinen Stachel ins (kirchenpolitische)
Fell gesetzt und damit den Anstoß für eine breitere Diskussion unter demokratischeren Bedingungen innerhalb
ihres Ordens gegeben zu haben, verbleiben wir hochach-
tungsvoll*

Marlies Erhard, Dr. Benedikt Erhard,
Christine Pfauser, Jurij Pfauser,
Dipl.Ing. Wolfgang Eccher, Dr. Theo Saxer,
Theresia Eccher, Dr. Werner Schwab,
Dr. Andrea Schwab-Halhuber

P. Klein antwortete am 16. November 1984:

Sehr geehrter Herr Dr. Schwab!

*In Reaktion auf die Entlassung von P. Sigmund Kripp
aus dem Jesuitenorden haben Sie und andere auch an
mich ein Protestschreiben gerichtet. Bitte, haben Sie Verständnis dafür, wenn ich nicht jedem von Ihnen einzeln
antworte.*

*Ich kann Ihre tiefe Betroffenheit und Trauer über die-
sen Ausgang des Konfliktes schon deshalb verstehen, weil
ich P. Kripp aus eigener Erfahrung kenne, seit über zwanzig Jahren freundschaftlich mit ihm verbunden bin und
seinen Einsatz für Jugendliche und für die Probleme von
Randgruppen mit großem Respekt gegenüberstehe. Deshalb habe ich mich seit vielen Jahren, so gut ich konnte,
darum bemüht, daß es nicht dahin kommt, wo wir jetzt
stehen. Das weiß auch P. Kripp.*

*Zurückweisen muß ich jedoch, welche Gesinnung und
Motive P. General, P. Provinzial Czerwinski und mir unterstellt werden.*

*Trotzdem wollte ich zunächst aus Respekt vor der per-
sönlichen Betroffenheit, Hochschätzung und Dankbarkeit, die Sie mit P. Kripp verbinden, in meiner Antwort an
Sie ausführlich auf die Vorwürfe im Zusammenhang mit
der Durchführung der Entlassung und die Ihnen bereits
bekannte kurze Zusammenfassung der Entlassungsgründe eingehen, um wenigstens zu versuchen, Ihnen ver-
ständlicher zu machen, warum die Verantwortlichen des
Ordens keine andere Möglichkeit mehr sahen, als diese
auch für uns schmerzliche Entscheidung zu treffen.*

*Aber wie kann ich das auf dem Hintergrund der in
vielen Briefen zum Ausdruck gebrachten Verurteilung
noch tun: — wenn den Vertretern des Ordens von vornherein jede Möglichkeit abgesprochen wird, wenigstens*

subjektiv nach bestem Wissen und Gewissen vorgegangen zu sein und dafür Gründe zu haben, die eines Menschen würdig sind, auch wenn man sie nicht teilen kann; — wenn jenen, die in einer schwierigen und komplexen Frage zu einem anderen Ergebnis kommen, als Beweggrund für ihr Denken und Handeln nur noch skrupellose Ausübung der Macht, feiger Opportunismus, Heuchelei oder Charakterlosigkeit zugestanden wird?

So bleibt mir nur, mit meinen Worten zu wiederholen, was P. Provinzial Czerwinski in seinem Entlassungsbrief auf seine Weise mitgeteilt hat:

P. Kripp wurde aus keinem anderen Grund entlassen als deshalb, weil die verantwortlichen Oberen des Ordens, angesichts der sich über Jahre hinziehenden Gesamtproblematik und trotz vieler vorausgehender Gespräche darüber, keine für beide Seiten zumutbare, positive Lösung mehr sahen, ohne daß die eine oder die andere Seite Positionen, Werte und Überzeugungen hätte aufgeben müssen, denen sie sich im Gewissen und vom eigenen Selbstverständnis her verpflichtet fühlt.

Deshalb wollte der Orden den für eine solche Situation vorgesehenen Weg gehen: sich in Respekt und beiderseitigem Einvernehmen voneinander zu trennen. Da P. Kripp dieser Lösung nicht zustimmen konnte, sahen die zuständigen Oberen keinen anderen Weg mehr, als diesen Schritt von sich aus zu tun.

P. Alfons Klein SJ

P. Czerwinski schrieb am 1. Dezember 1984 „an alle, die einen Brief an den Provinzial geschrieben haben":

Sehr geehrte (...)!

Ich spüre Ihre Trauer und Ihre Verbitterung. Sie werfen uns Unverstand, Intoleranz und autoritäres Verhalten vor. Wir seien unfähig, die positive Bedeutung der Arbeit von Sigmund Kripp richtig einzuschätzen.

Ich habe den Eindruck, daß der Orden Sigmund Kripp durch Jahre viel Vertrauensvorschuß geschenkt hat, auch wenn er selbst oft davon sprach, daß er sich alles erkämpfen müsse und wir äußerst inkonsequent seien.

Was soll geschehen, wenn eine Übereinkunft zwischen Menschen nicht erreicht werden kann, die beiderseits guten Gewissens zu handeln glauben?

Trotz unserer Trennung von Sigmund Kripp blickt der Orden mit Respekt auf sein Engagement für die Jugend und besonders für deren vernachlässigte Randschichten. Aber der Orden weiß sich auch auf ein Ziel verpflichtet, das, auf eine Formel gebracht, lautet: Dienst an Jesus Christus in seiner Kirche unter der Leitung des Bischofs von Rom im Einsatz für Glaube und Gerechtigkeit.

*Wohl oder übel werden wir selbst entscheiden müssen,
ob einer unserer Mitbrüder in seinem Leben und in seiner Arbeit diesem übernommenen Ziel gerecht wird.*

Auf eine Grundschwierigkeit möchte ich besonders eingehen. Wie sollen vor einer Öffentlichkeit Gründe für und wider eine Entlassung geklärt werden können, wenn es den unmittelbar Betroffenen: Sigmund Kripp und der zuständigen Ordensleitung weder gelungen ist, im inneren Einvernehmen miteinander zu leben noch eine Trennung im wechselseitigen Einverständnis zu erreichen, trotz kritischer Auseinandersetzung durch Jahre?

Ich möchte zusammenfassen: Ihre Enttäuschung und Ihre Trauer berühren uns. Auch wir sind betroffen, daß uns das Leben mit Sigmund Kripp nicht gelungen ist.

Ihnen wie uns ist es klar, daß die zuständige Ordensleitung den Ausschluß mit all seinen Konsequenzen lange und gut überlegt hat, und daß deshalb eine Revision der Entlassung nicht in Frage kommt.

Wer will bestreiten, daß eine Entlassung eines Mitbruders immer auch ein Versagen von den im Orden Bleibenden bedeutet. Und daß bei einem Bemühen, soweit als möglich im Frieden und im wechselseitigen Respekt auseinanderzugehen, Fehler unterlaufen können.

Letztlich: Menschen in Not und in Unrechtssituationen bleiben unser gemeinames Anliegen. Nicht nur unserer Glaubensbildung, in der wissenschaftlichen Arbeit und in praxisbezogener Schulung. — Seit zwei Jahren lebt z.B. in Wien ein Mitbruder mit etwa fünfzig haftentlassenen Jugendlichen. Zwanzig ehrenamtliche junge Leute arbeiten mit ihm. Ein Heim für Nichtseßhafte wird jetzt eingerichtet, ein Heim für haftentlassene junge Frauen ist in Vorbereitung.

Ist es denkbar, daß das traurige Ereignis der Entlassung von Sigmund Kripp uns alle um so mehr herausfordert, Unrechtssituationen wahrzunehmen und christlich zu begegnen?

Mit freundlichem Gruß, CZ.

Erwähnenswert scheinen mir die Zusammenfassungen der Entlassungsgründe durch P. Klein und P. Czerwinski in ihren Antwortbriefen an protestierende Innsbrucker Freunde.

P. Klein schrieb am 16. 11. 1984: „(...) P. Kripp wurde aus keinem anderen Grund entlassen als deshalb, weil die verantwortlichen Oberen des Ordens, angesichts der sich Jahre hinziehenden Gesamtproblematik und trotz vieler vorausgehender Gespräche darüber, keine für beide Seiten zumutbare, positive Lösung mehr sahen, ohne daß die eine oder die andere Seite Positionen, Werte und Überzeugungen hätte aufgeben müssen, denen sie sich im Gewissen und vom eigenen Selbstverständnis her verpflichtet fühlt." Am 1. 12. 1984 schreib P. Czerwinski an dieselben Adressaten: „(...) Aber der Orden weiß sich auch auf ein Ziel verpflichtet, das, auf eine Formel gebracht, lautet: Dienst an Jesus Christus in seiner Kirche unter der Leitung des Bischofs von Rom im Einsatz für Glaube und Gerechtigkeit. Wohl oder übel werden wir selbst entscheiden müssen, ob einer unserer Mitbrüder in seinem Leben und in seiner Arbeit diesem übernommenen Ziel gerecht wird."

Langsam kroch die Katze aus dem Sack. Hier tauchten, nicht mir gegenüber, sondern an die Öffentlichkeit gesprochen, Entlassungsgründe auf, die ich nicht zu hören bekommen hatte. Eine Kombination der beiden Aussagen — und die ist legitim, weil es sich um die beiden Oberen handelt, die die Entlassung gemeinsam initiiert hatten — ergibt also, daß ich für eine Einigung Werte hätte aufgeben müssen, die dem „Dienst an Jesus Christus in seiner Kirche unter der Leitung des Bischofs von Rom im Einsatz für Glaube und Gerechtigkeit" widersprachen.

Ich hätte also der Behauptung zustimmen sollen, in meinen zwei zur Diskussion stehenden Artikeln und in meinem „Leben und meiner Arbeit" gegen die genannten Ordensziele gedacht und gehandelt zu haben. Dabei war mir aber bestätigt worden, kein Crimen begangen zu haben. „Mein Leben und meine Arbeit" waren mir bis dahin nicht vorgehalten worden. — Die Entlassungsgründe sind also bis zum Schluß nicht faßbar, beruhen nur auf Unbehagen, Hilflosigkeit, Ärger über Schwierigkeiten.

Freundschaften im Orden

Das wird ein schwieriges Kapitel, weil es die Grenzen des Taktes, des Respektes, der Intimsphäre berührt. Ich habe mich trotzdem entschlossen, es zu schreiben, weil der Jesuitenorden natürlich auch ein spezifisches Innenleben hat, obwohl dies in seinem Image nach außen keine Rolle spielt. Der Orden gibt sich den Touch der rationalen, zweckorientierten Arbeits- und Gebetsgemeinschaft. So habe ich es jedenfalls empfunden. Das Gebet, die Meditation, ist vielleicht der einzige Ort, wo Emotionalität schon zu Zeiten des Gründers nicht nur zugelassen, sondern gepflegt wurde. Individuell.

Als Lebensgemeinschaft habe ich die Jesuiten nie gesehen. Eher schon als eine Gruppe koexistierender Individualisten, die ihr Zusammenleben aus Effektivitätsgründen möglichst reibungslos organisieren. Das wird vom Orden schon durch seine Konstitutionen so konzipiert. Die Jesuiten verpflichten sich in besonderer Weise zu ortsungebundener Verfügbarkeit. Dieser Verfügbarkeit stehen enge persönliche Bindungen im Wege. Gebunden soll man als Ordensmitglied an den Willen der Oberen sein, nicht an Orte und Menschen. Zu meiner Zeit ist dies während der Ausbildung noch eingeübt worden. Das grundsätzliche Schweigen, von dem die Sprechzeiten Ausnahmen bildeten, ist nicht gerade kommunikationsfördernd, sondern eine Trennungshilfe. Das Verbot der Zimmerbesuche, das immer damit begründet wurde, daß sonst durch Gequatsche zuviel Arbeitszeit verloren ginge, hat ebenso eine Verhinderungsfunktion. Die prinzipielle Vorschrift, nur zu zweit auszugehen oder Ausflüge wenigstens zu dritt zu machen (Ausflüge, für die man sich die Begleitung nicht selbst suchen durfte, sondern in wechselnder Zusammensetzung vorgeschrieben bekam), zielte, abgesehen vom Kontrolleffekt, auf eine Erziehung zur Fähigkeit, bindungslos zu leben. Emotionale Freundschaften werden als hinderlich angesehen. Es wird eine Art rationaler Freundschaft angestrebt, die einen emotional nicht bindet, einen deshalb auch nicht mitfreuen und mitleiden, aber sehr wohl — über die gemeinsame Bindung an den Orden — mitverantworten läßt. So wird aus dem Bruder ein Mitbruder oder ein Bruder in Christo. Das sind einerseits ins Spirituelle erweiterte Bruderbegriffe, andererseits emotional beschränkende Freundschaftsbegriffe. Ein Bruder in Christo muß einem persönlich nicht nahestehen, wenngleich man jederzeit bereit sein wird, für ihn zu beten. Diese Gebete werden dann zum Beispiel bei Todesfällen von Mitbrüdern vorgeschrieben, weil ja nicht ein Freund stirbt, für den man unaufgefordert das Bedürfnis hat, zu beten. — Es gibt eigene kleine Regeln, die einem verbieten, jemand anderen zu berühren. Als ich als Student den späteren Provinzial Platzgummer einmal ins Hallenbecken stieß, machte er mich gleich verärgert auf die „Regula tactus" aufmerksam. Sogar das Fußballspielen war aus diesen Gründen ein Problem.

Während der Ausbildung — und die dauert auch fünfzehn und mehr Jahre — wechselte man, zu meiner Zeit wenigstens, jährlich das Zimmer. Aus Prinzip. Verwurzelung an Orten sollte verhindert werden. Das spiegelte sich dann auch in der damals für Jesuiten üblichen Zimmereinrichtung wider. Es fehlten ihr Stil und Ästhetik. Die scheiterten nicht an der Einfachheit, sondern am Geschmack. Zwanzig Jahre lang fand meine ganze Habe in zwei Koffern Platz. Diese Art von Ordenserziehung, die der Mobilität hinderliche Bindungen in Grenzen hält, hat in mir die Konzentration auf die Arbeit gefördert. Die Ordenserziehung hat dazu beigetragen, daß ich mich über die Arbeit definiere, die für mich Mittel zur Lebensbewältigung wird. (Wenn die Arbeit dann wegfällt oder inhaltlich nicht befriedigt, entsteht ein Problem. Dies entstand ebenso, als ich vom Orden keine Arbeit bekam.)

Die Erziehung zur Ungebundenheit, die natürlich auch mit Erziehung zum Zölibat etwas zu tun hat, läßt aber zweifelsohne auch Fähigkeiten verkümmern. Sie desensibilisiert. Wenn ich emotionslos liebe, ist es eben eine sehr geistige Liebe, und ich kann dann auch emotionslos mitleiden: Ich empfinde den Schmerz eines Computers, der soeben Krebs diagnostiziert hat. Ich habe im Laufe meines Jesuitenlebens eine ganze Reihe sehr einsamer Jesuiten kennengelernt, unter ihnen etliche verbitterte. Sie waren beim Eintritt in den Orden noch nicht so. Erziehung zur Ungebundenheit ist auch Erziehung zur Beziehungsunfähigkeit. Beziehungsfähigkeit wird verdrängt und verkümmert. Man kann eben nicht gleichzeitig zu Bindungslosigkeit und Bindungsfähigkeit erzogen werden. Ich denke von mir selbst, daß ich teilweise bindungsunfähig geworden bin oder der Orden meine Anlage dazu verstärkt hat. Enttäuschungen mögen bis zuletzt noch dazu beigetragen haben.

Diese möglichen Fehlentwicklungen wurden von einer jüngeren Ordensgeneration durchaus erkannt. Sie begann daher, im Orden eine Art neue Emotionalität zu entwickeln. Während die älteren Patres durch häufigere gemeinsame geistliche Pflichtveranstaltungen in der Kapelle die auch von ihnen verspürte Ordenskälte erträglich zu machen suchten, drängten jüngere Mitbrüder aus den großen Ordenshäusern in überschaubare und erfühlbare Gemeinschaftswohnungen, sogenannte Kommunen. Dort vollzog sich für manche der Schritt aus dem Orden hinaus, was ihnen vermutlich ersparte, später entlassen zu werden.

Die Frage, warum so manche Jesuiten, die den Orden verlassen haben, um eine Liebesbeziehung einzugehen, dann später in dieser gescheitert sind, hängt wohl mit der Erziehung zur Ich-bezogenen Unabhängigkeit zusammen.

Meine Beziehungen im Orden könnte ich in drei Gruppen einteilen: Brüder in Christo, Arbeitsbeziehungen, Freunde.

Brüder in Christo hatte ich jede Menge. Unter ihnen gab es welche, die mir auch ab und zu schrieben, wenn ihnen ein Artikel nicht zusagte. Sie empfahlen mir dann, den Orden zu verlassen. Andere gehen nicht so weit. Wenn sie mich begrüßen, erklären sie mir heute noch im ersten Satz, daß sie nicht mit allem, was ich schreibe, einverstanden sind, und dann fragen sie mich, wie es mir geht und wünschen mir alles Gute.

Arbeitsbeziehungen. Eine tragfähige Gruppe bildeten meine Mitarbeiter, die ich durchwegs heute noch schätze. Es gibt keinen darunter, den ich in meinem Leben missen möchte. Befreundet fühlte ich mich über eine gewisse Zeitspanne nur mit einem von ihnen. Wir lebten im Mitarbeiterteam nicht zusammen, aber wir arbeiteten zusammen. Versuche, zusammenzuleben, haben wir auch unternommen. Wir hatten uns verschiedentlich gemeinsam eine Wohnung gemietet. Das war bei mir aber mehr Flucht aus dem Ordenshaus als Bedürfnis, dem anderen näher zu kommen. Am verkrampftesten war der Versuch, so eine Art Miniordensleben mit Gottesdienst in der Wohnungsküche aufzuziehen. Den haben wir bald wieder begraben. — Zu den Arbeitsbeziehungen zähle ich auch diejenigen Mitbrüder, mit denen ich mich ohne direkte Zusammenarbeit in den Zukunftsvorstellungen von Orden, Kirche und Gesellschaft mehr oder weniger verbunden fühlte. Es ist eine ganze Reihe, in verschiedenen Ländern.

Freunde hatte ich nur wenige, nach der Entlassung nur noch ganz, ganz wenige. Ich empfinde es aber heute noch als schmerzhaft, daß mit dem Tag meiner Entlassung der Orden jedwede Kommunikation mit mir abbrach, kein Nachrichtenblatt (außer Spendenaufrufe für die Mission), kein Adressenverzeichnis mich mehr erreicht, ich nicht einmal mehr über Krankheit und Tod, geschweige denn über die Arbeit von ehemaligen Kollegen informiert werde. Es waren eben nicht nur Brüder, sondern Mitbrüder, ja Mitbrüder in Christo, und eine solche Brüderschaft in Christus ist offenbar weniger etwas Menschliches als vielmehr etwas Göttliches, das menschliche Gefühle nicht zu berücksichtigen braucht. Mit der Ordensentlassung fühle ich mich zur Unperson erklärt, die es nichts mehr angeht, was die Menschen, mit denen sie zusammengelebt hat, machen. Ich denke, daß die Einstellung jeder Kommunikation mich heute noch trifft, ich sie bis heute nicht überwunden habe. Eigentlich fühle ich mich immer noch zum Orden gehörig.

Einer der Freunde, die ich verloren habe, der beste,

den ich im Orden hatte, ist P. Klein. Er hat mir schon vor vierundzwanzig Jahren zu den tollsten Formulierungen in *Wir diskutieren* verholfen. Mit dem ging's durch dick und dünn. Wir verbrachten so manche Arbeitsnacht zusammen. Er hat mich in heiklen Fragen beraten, und ich konnte seinen Rat auch gut annehmen. Er besitzt eine außerordentliche Fähigkeit, sich auf Menschen einzulassen. Nach meiner Absetzung als Leiter der MK in Innsbruck half er mir sehr bei der Aufnahme auf deutschem Ordensgebiet. — Als er Provinzial und somit mein Oberer wurde, verlor das Verhältnis an Unbefangenheit. In vielen Anfragen an Kirche und Orden sind wir uns einig. Wir unterscheiden uns aber erheblich in den konkreten Vorgangsweisen, im Umgang mit Konflikten und in den anzuwendenden Handlungsstrategien.

Da ich aber diesem Freund — obwohl er ohne Notwendigkeit, wie ich meine, noch kurz vor seinem Amtsende meine Entlassung aus dem Orden in die Wege leitete — für die jahrelange Begleitung dankbar bin, möchte ich auf die freundschaftbrechende Auseinandersetzung nicht im einzelnen eingehen, nur aus dem einen oder anderen Brief zitieren, damit er sozusagen seine Ansicht in diese Konfliktschilderung miteinbringen kann. Ich verstehe die Veröffentlichung als einen Versuch, die andere Seite nicht nur mit formellen Schreiben einzubringen, die nie die ganze Tiefe eines Konfliktes widerspiegeln.

Sigmund, es ging mir nicht darum, Dir eine Absicht oder Schuld in dieser Entwicklung zuzuschreiben. Ich wollte dadurch nur zum Ausdruck bringen, wie schmerzlich es für mich ist, jetzt erneut zu erfahren, was mich trotz aller Gemeinsamkeiten schon in früheren Jahren so gequält und gelähmt hat, sei es in der Auseinandersetzung zwischen Dir und Zensoren, die anderer Meinung waren, oder in persönlichen Gesprächen zwischen uns, wenn es um Zensurprobleme ging:

Die Art, wie du Fakten oder Probleme siehst, interpretierst, Deine Position verteidigst, Vorwürfe begründest oder Dich gegen kritische Einwände von Zensoren oder Oberen wehrst, machte es diesen oft furchtbar schwer, das Gespräch so fortzusetzen, daß man eine echte Chance sah, auch die eigene Position einzubringen. Du fühltest Dich von den anderen und von mir nicht verstanden, und wir konnten Dich und Deine Art zu argumentieren nicht verstehen oder nicht teilen. Keiner wollte dem anderen Böses; trotzdem kam man nicht zusammen. So ging man dann auseinander, ohne eine Annäherung der Standpunkte erreicht zu haben und einer Lösung des Konflikts näher gekommen zu sein.

Dazu kommt noch etwas, was ich Dir aber in keiner Weise als Absicht unterstellen will: wenn man die Sache nicht so sehen konnte wie Du oder gar kritische Einwände äußerte, die es m.E. durchaus wert waren, auch bedacht zu werden, dann fand man sich schnell in einer Ecke, wo man den Eindruck haben konnte, nicht nur schlechte Argumente zu haben, sondern entweder gar keine oder nur solche, deren man sich eigentlich schämen müßte.

Etwas sehr ähnliches empfinde ich auch jetzt wieder gegenüber der Art, wie du den sich über Jahre hinziehenden Konflikt siehst, interpretierst, was davon Du für Deine Argumentation heranziehst, was Du wegläßt, wie Du Dich verteidigst und wie Du vorgehst.

Ich müßte und könnte viele Seiten darüber schreiben, wie ich die Dinge sehe, worin ich mit Dir übereinstimme, worin nicht und warum. Aber haben wir das nicht schon oft und ehrlich versucht, ohne in den kontroversen Punkten weitergekommen zu sein? Vielleicht ist die in der zu verschiedenen Seh- und Interpretationsweise begründete Kommunikationsunfähigkeit in kontroversen Punkten sogar ein entscheidender Grund dafür, warum es in diesem Konflikt zu keiner für beide Seiten befriedigenden Lösung kam und warum es wohl auch in Zukunft keine hätte geben können. Hätte der Gegensatz verschiedener, unvereinbarer Standpunkte und Kriterien der Beurteilung in bezug auf bestimmte Probleme nicht immer wieder zu denselben Auseinandersetzungen wie in den vergangenen Jahren geführt, ohne daß man der einen oder anderen Seite deshalb einen moralischen Vorwurf daraus hätte machen dürfen? Hätten wir uns nicht weiter aufgerieben und gelähmt, ohne daß daraus Gutes entstanden wäre? Hätte nicht eher die Gefahr bestanden, daß unsere Kräfte durch wachsend negative Reaktionen gebunden worden wären und dies beide Seiten gehindert hätte, das zu tun, was sie für richtig und wichtig betrachten?

Ich kann verstehen und nachempfinden, wie tief Du von der Entscheidung des Ordens enttäuscht bist, wie sehr sie Dich verletzt und daß Du Dich gegen sie auflehnst, weil Du sie nicht gewollt hast.

Ich bin auch nicht davon überrascht, daß Du die vom Orden gegebenen Gründe nicht akzeptieren kannst, weil Du nie einen Zweifel daran gelassen hast, daß Du selbst keine Gründe siehst, die diese Entscheidung notwendig machen und rechtfertigen würden.

Deshalb kann es aus Deiner Sicht gar keine Gründe geben, die Du akzeptieren könntest, gleich, wie man sie formuliert. Es darf sie sogar gar nicht geben, denn sonst

hättest Du ja selbst um Entlassung eingeben oder minde-
stens einer einvernehmlichen Trennung zustimmen kön-
nen. Bis dahin kann ich mich noch in Dich hineindenken,
und ich frage mich, ob hinter Deiner Forderung, endlich
die „authentischen" Gründe zu erfahren, letztlich mehr
die grundsätzliche Auflehnung gegen diese Entscheidung
selbst steht, wie immer sie die Oberen begründen und for-
mulieren würden, als die Ablehnung der Dir gegebenen
und vom General bestätigten Gründe.

Wenn Du aber aus der Tatsache, daß Du von Dir aus
keine gerechten und hinreichenden Gründe siehst, den
Schluß ziehst, daß es auch für den Orden keine geben
kann, die eines Menschen würdig und ethisch vertretbar
sind, nur weil Du sie nicht teilen kannst, dann finde ich
dies bedrückend.

Du weißt, wie sehr auch ich mir von Herzen ge-
wünscht habe, daß es doch noch möglich gewesen wäre,
eine positive und beide Seiten vertretbare Lösung des
Konflikts innerhalb des Ordens zu finden. Hätte ich mich
sonst noch Ende 83 so für eine Tätigkeit in der Leitung
des Ordens auf dem Feld des Sozialapostolats und der
Flüchtlingsarbeit eingesetzt, die sowohl Deinem Anliegen
wie Deinen Fähigkeiten entsprochen hätte? Niemand
weiß, was daraus geworden wäre. Ich hatte große Hoff-
nungen damit verbunden, aber ich respektiere, wenn Du
Dich aus Deiner Sicht dazu gezwungen sahst, zu sagen:
ich will keine Arbeit um den Preis des Anders-denken-
müssens.

So blieb mir nur noch der Wunsch, daß wir uns dann
wenigstens so trennen können, daß keiner dem anderen
unehrenhafte Motive unterstellen muß und daß keiner in
eine Ecke gedrängt wird, wo er nicht hingehört.

Beendet wurde für mich die Freundschaft mit P. Klein
durch den folgenden Satz, den er in einem seiner letzten
Briefe schrieb:

Außerdem erinnere ich Dich daran, daß wir uns beim
Ordenseintritt einmal damit einverstanden erklärt ha-
ben, daß den zuständigen Oberen auch das aus dem per-
sönlichen Bereich mitgeteilt werden darf und muß, was
sie zur verantwortlichen Leitung des Ordens oder einzel-
ner und für wichtige Entscheidungen wissen müssen. Da-
von ist nur ausgenommen, was im Bußsakrament gesagt
wurde.

In seinem letzten Brief versicherte mir zwar P. Klein,
daß sich dies „nicht auf den Inhalt unserer Gespräche,
sondern eindeutig auf den Umgang mit Deinen Briefen
bezog", doch schenke ich dem keinen Glauben. Wer sich
auf diese Ordensregel beruft (die übrigens auch die In-

halte der jährlichen „Gewissensrechenschaft" — und als solche hatte ich die Gespräche mit dem Provinzial aufgefaßt — von der Weitergabe ausschließt), entzieht einer Freundschaft im Orden die Vertrauensgrundlage. — Mögen tue ich ihn trotzdem noch. Ich habe die Freundschaft aus Verstandesgründen abgebrochen.

III.
Dokumentation und Kommentar

Gott lächelt,
wenn junge Hunde spielen

(Originalfassung des Artikels)

Jugendliche (und nicht nur Jugendliche) handeln auch im Bereich zwischenmenschlicher Beziehungen nicht ganz selten gegen offizielle Normen von Kirche und Staat und gegen ungeschriebene, aber nicht minder verbindliche Lebensgewohnheiten von Nachbarn, Verwandten oder einfach der „Gesellschaft".

Statt Normenverstoß im Sexualbereich bedauernd festzustellen, ihn als Libertinage, Sittenverfall, Verweichlichung abzutun, soll der Versuch unternommen werden, die Ursachen aufzuzeigen, in denen das zwar veränderte, aber nicht normenlose Verhalten Jugendlicher gründen mag.

Die Prinzipien, aus denen heute und gestern gelebt wird, sind dieselben; ihre konkrete Verwirklichung — die wir einmal Norm nennen wollen — kann zu entgegengesetzten Resultaten führen. Normen werden häufig nicht abgelehnt, weil es einfacher ist, gegen sie zu leben (das Gegenteil ist oft der Fall), sondern weil man sie als Hindernis auf dem Weg zur eigenen menschlichen Entwicklung empfindet. Nicht die Anti-Haltung ist entscheidend, sondern die Erkenntnis der Ursachen, die zu veränderten Lebensnormen führen. Die Prinzipien von Treue, Aufrichtigkeit, Verantwortung, als Voraussetzung für Partnerschaft, gelten auch heute noch bei Jugendlichen.

Aber warum sollen zum Beispiel diese Prinzipien nicht schon auf Freundschaften vor der Ehe angewandt werden?

Um diesen, sich verändernden Normen auf die Spur zu kommen, ist es naheliegend, Jugendliche dort zu beobachten, wo sie veränderte Lebensregeln entwickeln können. Das kann im Urlaub sein oder in einer Kommune, in ihrer Freizeit oder auch in einem Treff, sofern dieser ein Haus ist, das sie selbst mitgestalten können, in dem sie Verantwortung tragen, das ihr Haus ist. Zur Entwicklung von Lebensnormen eignet sich ein Lebensraum, der nicht vom Widerstand, der Abneigung und Ablehnung gegen das Bestehende geprägt wird. Ein Lebensraum, in dem die vielleicht anfänglich vorhandenen Anti-Tendenzen überwunden werden, unvoreingenommener Aufbau möglich ist. Einen solchen Lebensraum gibt es natürlich nicht in Reinkultur, weil bestehende Lebensregeln neue Ent-

wicklungen vielfach behindern, aber, mit Abstrichen, kann es ein Jugendhaus sein.

So ein Treffpunkt kann wie ein Naturpark sein, der zwar nicht der Wildnis gleichzusetzen ist, noch weniger aber einem Zoo. Im Zoo werden die Lebensbedürfnisse der Tiere an die Erwartungen der Besucher angepaßt, was mitunter bewirkt, daß sensible Arten sich in Gefangenschaft nicht vermehren.

Die Notwendigkeit von Normen und Institutionen, die das Zusammenleben von immer mehr Menschen auf immer enger werdenden Raum erst ermöglichen, sei unbestritten. Wenn aber nicht die ganze Welt zum Zoo werden soll, in dem einmal der Mangel an Kindern den Mangel an Hoffnung widerspiegelt, dann werden Institutionen und Normen sich ständig an den — in der Geschichte sich fortschreibenden — Entwicklungen und Bedürfnissen der Menschen ausrichten müssen.

Wir haben in unserer westlichen Zivilisation ein Stadium erreicht, wo die Bedürfnisse der Institutionen bereits zu oft die Bedürfnisse der Menschen überlagern, sodaß diese gar nicht mehr wahrgenommen werden. So entwickeln sich manchmal aus den Bedürfnissen der Institutionen Normen mit moralischem Anspruch, deren Befolgung für den einzelnen einen unmoralischen Akt bedeuten kann.

Die nach Geschlechtern getrennte Erziehung, wie sie lange Zeit und teilweise auch heute noch von der katholischen Kirche verteidigt wird, mag eine geeignete Maßnahme zur Vorbereitung auf ein eheloses Leben sein; der Verzicht auf Freundschaft und Sexualität während der Jugendjahre ist aber keine gute Vorbereitung auf die Ehe. Beweis dafür ist die nicht unbeträchtliche Zahl von Priestern und Nonnen, die dem Zölibat entsagten und in ihrer ersten Ehe zunächst einmal scheiterten. Das Verhalten eines Tieres ist im Zoo anders als auf freier Wildbahn. Wer möchte leugnen, daß letztere seinem Wesen entsprechender ist? Sitten, Bräuche, Gesetze, Wachstumszwang, Materialismus, haben die Entfaltung des Menschen oft so eingeengt, daß aus dem Prärie-Büffel der Ochse im Stall geworden ist, gut nur noch, um von seinem Herrn, der Institution, geschlachtet zu werden.

Betreten wir einmal irgendeinen Jugendtreff, der ein wenig Insel in einem Meer von gesellschaftlichen und institutionellen Konventionen ist. Beobachten wir dort, unter vielen Gruppierungen, einmal drei.

Da gibt es zum Beispiel:

Pubertierende, die sich zu einem Club zusammengeschlossen haben, fünfunddreißig Jugendliche, zwischen 13 und 17 Jahren, Jungen und Mädchen. Sie haben einen eigenen Raum zugesprochen bekommen, ihren Raum. Es geht zeitweise zu wie in einem Rudel junger Hunde. Sie balgen sich, beschnuppern sich, streiten sich und küssen sich. Dafür haben sie eine eigene Nische gebaut. Hauptgesprächsthemen sind „Wichsen" und „Weiber"; Orgasmus und Mösenschlecker die häufigsten Worte. Bloß wenn ich sie mit „liebe Wichser" anspreche, dann meinen sie, daß ich, als Priester, das nicht sagen dürfe. Sie dürften.

Die Mädchen ertragen das Gerede mit Gleichmut, steuern mal einen einschlägigen Witz dazu bei und meinen, die Kerle hätten sich schon gebessert. Was stimmt. Als sie nämlich noch jünger waren und fast nur Jungen im Club, wurden die verschiedenen Möglichkeiten, am angenehmsten zu wichsen, noch viel plastischer besprochen. Damals umarmten sich auch noch die Kerle gegenseitig.

Die Clique hat gemeinsam die Sexualität entdeckt. Jeder seine eigene und dazu auch die der anderen. Von der Entdeckung des eigenen Körpers, durch eine homoerotische Phase, bis hin zur heterosexuellen Beziehung hat sich die Entwicklung des einzelnen innerhalb der Gruppe vollzogen; in einer Atmosphäre des Spaßes, des Spiels und der Unbefangenheit. Aber auch in einer Atmosphäre, die Grenzen setzt. So wurde es der Gruppe zuviel, als ein 13jähriges Mädchen von allen abgeknutscht wurde. Einhelliger Beschluß: Sie soll aus der Gruppe ausgestoßen werden. Von einem Sozialarbeiter aufmerksam gemacht, daß das Problem doch nicht nur beim Mädchen läge, antwortete einer: „Ich kann ihren großen Brüsten einfach nicht widerstehen." Man einigte sich dann doch auf gegenseitige Zurückhaltung, und daß das Mädchen klären sollte, mit wem sie nun gehe.

Durchgemacht hat der – vielleicht entsetzte – Leser diese Phasen vermutlich auch. Wahrscheinlich aber eher geheim, vielleicht zu zweit und mit Gewissensbissen. Seine Sexualität bekämpfend, nicht bejahend.

Hauptschüler und Lehrlinge sprechen in derberer Sprache direkter aus, was Jugendliche aus „besseren Familien" und mit „höherer Schulbildung" verklausulierter und andeutungsweise ausdrücken. In der Einstellung zur Sexualität besteht kein Unterschied. Der Unterschied besteht zum Verhalten der Öffentlichkeit. Die richtet Bordelle ein, läßt Pornozeitschriften und Sexkinos zu und tut so, als gingen nur die anderen hin, als müsse man die Jugend davor schützen. Der Jugend gesteht sie Freiraum zu, solange sie das Verhalten in diesem Freiraum nicht zur

Kenntnis nehmen muß. Jugendliche entwickeln ihre eigenen Schutzmaßnahmen, die viel besser funktionieren als der bewahrende Schutz durch Verbote. Noch vor wenigen Jahren sind die spärlichen und verbotenen Sexzeitschriften unter der Schulbank gehandelt worden. In gespannter und schwüler Atmosphäre. — Heute spielt sich alles öffentlich ab. Sexuelle Eindrücke, Empfindungen und Erfahrungen werden gemeinsam besprochen, verarbeitet, sodaß sich falsche Vorstellungen, die durch verzerrte Sexualisierung in der Öffentlichkeit entstehen, auch wieder korrigieren können. Der einzelne Jugendliche fühlt sich in seinem Entwicklungsprozeß weniger allein gelassen.

Im Grunde genommen ist die Entdeckung der eigenen Sexualität nur eine unter vielen anderen Entdeckungen, die Jugendliche im Entwicklungsalter allein und in einer Gruppe vollziehen. Sie sind auf der Suche nach ihrer Stellung in Familie, Arbeitswelt, Schule, Gesellschaft, in ihrer Gruppe. Auseinandersetzungen finden häufig statt, weil sie anfangen, sich aus Abhängigkeiten zu lösen, eigenverantwortlich handeln wollen. Der Konflikt mit den Eltern, bedingt durch den notwendigen Loslösungsprozeß aus der Familie, die oft lange andauernde Suche nach einem Arbeitsplatz oder das Ausgestoßenwerden aus dem bisherigen Freundeskreis beschäftigt sie weit mehr als die Problematik ihrer Sexualität, die mehr als ein angenehmes Rätsel denn als Belastung empfunden wird.

Zur Belastung wird sie oft erst durch die Reaktion der Umwelt, die nicht wahrhaben will, daß 14jährige auch sexuelle Wesen sind, und ihnen keinen Weg weist, wie sie ihre Sexualität leben können, sondern ihnen nur zu sagen hat, daß sie diese nicht leben dürfen.

Daraus ergeben sich folgende Thesen:

1. Der Jugendliche darf seine Sexualität entdecken, selbst erfahren. Er wird gleichzeitig auch Kriterien für sein Sexualverhalten finden, auf Grenzen stoßen, die Erfahrung anderer berücksichtigen lernen.

2. Die Sexualität ist aus dem Zwielicht ins Helle zu befördern (was nicht im Gegensatz zu einer berechtigten Intimsphäre zu sehen ist). Der Freundeskreis und die Gruppe sind ein geeignetes Milieu, um sich mit sexuellen Erfahrungen auseinanderzusetzen.

3. Nicht die Art der Sprache ist entscheidend, sondern die Aufrichtigkeit. Man soll mit Jugendlichen so über Sexualität sprechen, daß sie einen verstehen. Nicht mit Phrasen um den Brei herum reden.

4. Die Reaktion, die Jugendliche auf die Versexualisierung der Öffentlichkeit gezeigt haben, besteht in —

graduell allerdings sehr verschiedener — kritischer Auseinandersetzung mit der Sexualität.

5. Onanie, auch mal gemeinsam, gehört zur Entdeckung der Sexualität und schadet erst bei ihrer Problematisierung durch Verbote.

6. Es gibt kein „zu jung" für sexuelle Empfindungen. In dem Maße, als sie wahrgenommen werden, sollen Menschen sich damit auseinandersetzen.

7. Gott lächelt, wenn junge Hunde spielen.

Benachteiligte schließen sich häufig zusammen.

Überlieferte Landessitten bewirken z.B., daß aus Gastarbeiterfamilien meist nur Jungen ein Jugendhaus besuchen. Ausländische Mädchen sind auch in Deutschland in ihrer Freiheit stark eingeschränkt (ihre Probleme werden hier einmal ausgeklammert).

Die Vorurteile gegenüber Gastarbeitern bewirken, daß es für ausländische Jungen oft schwierig ist, eine wahre Freundin zu finden.

Sie stehen daher noch als Zwanzigjährige mit ihrer Sexualität ziemlich hilflos da. Ihre Eltern haben zwar den Arbeitsplatz in Deutschland, sie selbst aber keineswegs den Zölibat gewählt. So eröffnen sich ihnen zwei Möglichkeiten, entweder sie gehen ins Bordell — was auf Dauer schon wegen der Kosten keine Lösung ist —, oder sie finden, für mehr oder minder vorübergehend, ein Mädchen, das zwar nicht ihre Freundin, aber doch ihre Sexualpartnerin wird. (Klar, daß es Ausnahmen gibt.)

Es gibt auch deutsche Mädchen, die keinen Freund finden. Vielleicht wegen ihres Aussehens oder ihrer Art, sich zu geben; vielleicht auch, weil sie von der Hilfsschule kommen. Etliche suchen und finden Anschluß bei Ausländern in einem Jugendhaus. Nicht wenige von ihnen sind auf der Suche nach einem wahren Partner und hoffen, daß aus der oberflächlichen sexuellen Beziehung sich beim Jungen auch einmal Zuneigung entwickelt. Andere sind einfach froh, daß sich jemand mit ihnen beschäftigt, sie begehrt. Wieder andere renommieren mit der Zahl verflossener Bettgenossen. Gerade wenn diese Mädchen ein gestörtes Verhältnis zu ihrer Familie haben, sie vielleicht gar kein Zuhause besitzen, eigentlich ausreißen möchten, hält sie manchmal nur noch die Beziehung zu anderen (Benachteiligten) zurück.

Die genannten Kategorien von Mädchen und Jungen gebrauchen ihre Sexualität nicht aus Liebe im üblichen Sinne. — Man kann das nun verurteilen oder sich auch die Frage stellen, ob es, außer Liebe, noch andere annehmbare Gründe geben kann, um heterosexuell aktiv zu werden. Die erstrebenswerte volle menschliche Erfüllung

muß an sich die Sinnhaftigkeit einer nur unvollkommenen Erfüllung nicht ausschließen.

Vor allem aber wird an den genannten Beispielen
sichtbar, daß die Ursachen für dieses sexuelle Verhalten
nicht in Verkommenheit, sexueller Libertinage, Oberflächlichkeit, Entmenschlichung, Sexbesessenheit liegen,
ja es im Grunde genommen überhaupt kein sexuelles
Problem ist, das diese Jugendlichen plagt, sondern daß sie
sich als Ausgestoßene, Batschaken, Tschuschs, Ungebildete, Häßliche und Ungeliebte herumplagen und versuchen, ihre Sexualität als Heilmittel gegen ihre Benachteiligung zu verwenden. Vielleicht hält das bißchen Sex, das
bißchen Zuwendung sie gerade noch am Leben. Übrigens
werden selbst in diesen Beziehungen noch Forderungen
an den Partner gestellt, was doch auch ein Zeichen dafür
ist, daß man sich noch nicht selbst aufgegeben hat. So
wird häufig verlangt, daß sich beide Sexualpartner an der
Finanzierung der Verhütungsmittel beteiligen — sonst
wird nicht ins Bett gegangen.

Aus dem Gesagten könnte man schließen:

1. Die Veränderung hat nicht beim unvollkommen
Sexualverhalten dieser Jugendlichen anzusetzen, sondern
bei den Ursachen, die es hervorrufen. Unmoralisch ist
nicht das unvollkommene Sexualverhalten, sondern unmoralisch sind die Zustände, die es bedingen. Es muß auf
die Integration der Gastarbeiter, der sozial Schwachen,
der Häßlichen, Ungebildeten und anderweitig Behinderten in unserer Gesellschaft hingearbeitet werden.

2. Natürlich muß auch mit diesen Jugendlichen über
ihr Sexualverhalten gesprochen werden, um sie z.B. auf
die Probleme, die aus einseitiger Liebesbeziehung entstehen können, aufmerksam zu machen; oder um sie von ge-
setzwidrigem Handeln, wie Beziehungen zu Minderjähri-
gen, abzuhalten und auf alle Fälle um zu verhindern, daß
sie Kinder zeugen. (Auch durch Gratisausgabe von Verhütungsmitteln.)

3. Man hat nicht das Recht, sexuelle Beziehungen, nur
weil sie mangelhaft sind, zu unterbinden. Auch oberfläch-
liche sexuelle Beziehungen können menschliche Beziehungen sei, sind vielleicht die ersten zarten Wurzeln auf
der Suche nach Erde. Auch diesen unvollkommenen Beziehungen haftet möglicherweise ein Hauch von Menschlichkeit an in der oft unmenschlichen Arbeitswelt dieser
Benachteiligten.

Liebende sieht man in der Teestube, man stolpert über
sie auf der Treppe, streift sie im düstern Gang, wo Schatten beim Näherkommen sich verdoppeln. Sie sind eng
umschlungen oder streiten sich. An der Art, wie sie sich

begrüßen oder bei der Hand halten, kann man den Intensitätsgrad ihrer Freundschaft erkennen. Manchmal sind sie allein und sehen stundenlang durchs Fenster, warten wider alle Hoffnung, daß der Freund doch noch kommt. Tage später strahlen sie: die Krise ist überwunden.

Apathisch-depressive Jungen beginnen, einen Sinn im Leben zu sehen, Hilfsarbeiter suchen auf Wunsch der Freundin eine Lehrstelle, Mädchen hören auf zu trinken und zu rauchen, weil's ihr Kerle so möchte. — Andere wieder nehmen eine Dosis Schlaftabletten: zu wenig zum Sterben, aber genügend, um bei der an den Freund verlorenen Freundin Gewissensbisse zu erzeugen. Manche beginnen, mit dem Auto vernünftig zu fahren (diejenigen, die eine Freundin gefunden haben), andere drehen die Maschine erst recht auf (diejenigen, die noch nach einer Freundin suchen).

Zwei haben einen Dickschädel. Sie steht — wie gehabt — am Fenster und starrt auf die Straße; er sitzt vor einer Tasse Tee im Eck. Dicke Luft. Ich lade sie zu einem Gespräch ein. Er: „Sie verweigert sich in der Liebe". Sie (15): „Wir haben uns nachmittags getroffen, um, wie ausgemacht, zuerst mitsammen zu lernen. Aber er wollte gleich mit mir ins Bett. Dann wird aber aus dem Lernen nichts. Das war schon einmal so. Er soll sich an Absprachen halten." Schläger verlieren durch Freundinnen ihre Aggressivität, werden umgänglich. Manche Eltern lassen die 14jährige Tochter den Freund übers Wochenende heimbringen, wenn sie selbst fort sind. (Sie würden es ja trotzdem tun.) Andere heißen ihre 16jährige Tochter um 8 Uhr abends zu Hause sein. (Sie steigt nachher wieder regelmäßig aus dem Fenster.)

Einen Freund, eine Freundin haben, gibt dem Leben vieler Jugendlicher Sinn. Dafür müssen sie auch Opfer bringen, an Zeit und an Freiheit.

Deswegen entstehen in Freundschaften auch Pausen oder sie enden. Vielleicht hat die Freundschaft zu stark eingeengt, zu große Abhängigkeit erzeugt. Man möchte wieder ausprobieren, wie es ist, allein und unabhängig zu leben. Bis man darauf kommt, daß der Weg in die Freiheit regelmäßig ins Gasthaus führt, daß die Kumpels von früher, von denen einen die Freundin getrennt hatte, sich auch verändert haben, daß vergangene Zeiten, verklärt gesehen, nicht wiederkehren. Erst ein Mensch, der einen liebt, bringt Ruhe, Sinn und Freude.

Viele haben noch keinen Freund, keine Freundin. Am Abend, am Wochenende, wenn sie vom Urlaub heimkommen, wartet niemand auf sie. Mit wem sollen sie reden, wem erzählen, was einem in der Schule oder auf dem Ar-

beitsplatz widerfahren ist? Die Krankheit des Allein-Seins wird von den anderen längst erkannt: „Der braucht eine Frau".

Einen zufälligen Jugendhausbesucher mag manches Verhalten verwirren, bis er durch längeres Beobachten etwa folgendes erkennt:

- Die Freundin, der Freund, ist für andere tabu.
- Der Partner wird vor allem gesucht, um jemand zu haben, der zu einem hält, mit dem man reden kann, dem man sich anvertrauen kann, mit dem man Freud und Leid teilen kann.
- Jugendliche, die sich zu Hause nicht wohlfühlen, zu ihren Eltern keine innige Beziehung haben, die dazu vielleicht auch noch am Arbeitsplatz auf Ablehnung stoßen oder in der Schule Mißerfolg haben, entwickeln besonders intensive Freundschaften. Manchmal überfordern sie den Partner, weil sie ihn total beanspruchen. Krisen, die daraus entstehen, sind besonders heftig.
- Treue, Aufrichtigkeit, Vertrauen werden selbstverständlich verlangt. Fehltritte, selbst eingestanden (nicht durch andere erfahren), werden im allgemeinen verziehen. Wiederholungen führen zum Bruch. Es gibt aber Treue auf Zeit. Liebende, die sich für ein Stück Lebensweg zusammentun, um ihn besser zu meistern. Weil sie sich ein Stück begleiten und helfen, müssen sie sich nicht für immer begleiten. Ein neuer Partner wird kommen, helfen, die neuen Probleme zu meistern.
- Sexuelle Beziehungen sind selbstverständlich, ihre Intensität hängt vom Grad der Freundschaft ab. Die Moralität der sexuellen Beziehung hängt vom Einklang, der Übereinstimmung zwischen sexueller Beziehung und Freundschaft (allumfassender) ab. Sich sexuell zu verweigern kann so moralisch sein wie sich sexuell hinzugeben. Auf die Umstände kommt es an. Das vor oder in der Ehe ist dabei kein entscheidendes Kriterium für die Moralität einer sexuellen Handlung. Die Ehe garantiert nicht die Menschlichkeit der sexuellen Beziehung. Die voreheliche Beziehung sagt an sich noch nichts über ihre Moralität aus. Sagte ein Junge: „Zwischen Jugendlichen kann die Liebe besser laufen als zwischen verheirateten Erwachsenen. Ich habe schon gesehen, daß Junge sich besser verstehen als Erwachsene. Wenn zwei Junge sich geistig nicht mehr verstehen, schlafen sie zum Beispiel auch nicht mehr zusammen."

Warum mißt man das Liebesleben Jugendlicher mit anderen Maßstäben als das Erwachsener?

- Manche Freundschaften belastet der Widerstand der Eltern. Das Paar hat keine Möglichkeit, sich privat zu treffen. Das kann auf Dauer das Ende der Freundschaft verursachen. Andere Eltern (oder Elternteile) unterstützen oder tolerieren die Freundschaft. Sie helfen, aufkommende Krisen zu überwinden.

- Die Dauer der Freundschaft ist meist offen. „Wir möchten versuchen, zusammenzubleiben, wir wissen noch nicht, ob es uns gelingen wird." Oder: „Wir wissen nicht, was auf uns zukommt. Ich glaube nicht, daß wir immer beisammen bleiben werden. Ich werde aus beruflichen Gründen ein Jahr ins Ausland gehen. Wenn wir bei meiner Rückkehr noch beide frei sind, werden wir vielleicht zusammenziehen."

- Viele Paare ziehen zusammen, um zu erfahren, ob ihre Liebe auch den Alltag verträgt. Aus Verantwortung für die Zukunft.

- Nicht jede Freundschaft geht einvernehmlich auseinander. Da kann es dann passieren, daß der enttäuschte Partner sich wahllos auslebt oder aber sich zum Mönch berufen fühlt.

- Jugendliche sehen ihre gegenseitigen Gefühle und Empfindungen als Kriterium für die Tiefe ihrer Freundschaft an. Sie haben Angst vor Gewohnheit, von der sie spüren, daß sie ihre Beziehung aushöhlen kann. „Bei uns läuft es nicht mehr richtig. Wenn wir miteinander schlafen, fühlen wir immer weniger für einander. Wir müssen in der Art unserer Freundschaft etwas ändern."

Daraus ergibt sich:

1. Nicht die Ehe heiligt die Liebe, sondern die Liebe die Ehe, aber auch die Freundschaft. Nicht der Rechtsakt ist das Sakrament, sondern die Liebe. Das spricht nicht gegen den Rechtsakt, verweist ihn nur auf seinen Platz.

2. Auf der Suche nach Dauerfreundschaft ist es für ein Mädchen nicht unbedingt abträglich, schon mehrere Freunde gehabt zu haben. Der zukünftige Partner sieht nicht aufs Hymen, sondern auf den Menschen. Es ist nicht von vornherein das Beste, wenn die erste sexuelle Vereinigung mit dem Partner fürs Leben vollzogen wird. Ehrlich durchlaufene Freundschaften, mit all ihren Krisen, können ein guter Garant für die richtige Partnerwahl zur Familiengründung sein.

3. Ein Mädchen oder ein Junge erleidet nicht gleich eine Katastrophe, wenn, aus irgendeinem Grund — und mag es der Versuch sein, den Partner wiederzugewinnen — mit einer Gelegenheitsbekanntschaft ins Bett gegangen wird.

Die meisten Jugendlichen, die in einen offenen Jugendtreff kommen, lassen sich von kirchlichen Gesetzen und Verordnungen nicht mehr beeindrucken. So man auf solche Vorschriften aufmerksam macht, erntet man ein mildes Lächeln oder ein „Was soll der Scheiß". Man hat aber als Erwachsener in einem Jugendhaus durchaus die Chance, durch Gespräche in der Gruppe, mit Paaren, mit dem einzelnen, vorhandene Wertvorstellungen über Treue, Aufrichtigkeit, Verantwortung, Liebe, Rücksichtnahme zu verstärken. Man kann den Jugendlichen helfen, über ihr Verhalten, über ihre gegenseitigen Beziehungen nachzudenken, ihnen die Folgen ihres Handelns aufzeigen, die der Erwachsene aufgrund seines Erfahrungsvorsprungs in weiterem Ausmaße erkennt als der Jugendliche. Entscheidungen abzunehmen ist falsch und zwecklos. Falsch, weil dadurch die Entwicklung der Jugendlichen gehemmt wird, die irgendwann die selbständige Entscheidung nachholen müssen. Zwecklos, weil mit normalen Mitteln eine intensive Freundschaft nicht zu unterbinden ist, Gewaltmethoden aber größeren Schaden als Nutzen anrichten, indem sie die Kinder den Eltern entfremden.

Natürlich tauchen für Erzieher (und Eltern) immer wieder schwierige Situationen auf. Soll ein Freundespaar von Sechzehnjährigen seine Freundschaft auch auf einer Jugendhausfreizeit leben dürfen? Soll man es so machen, wie es häufig noch die Gesellschaft doppelmoral-verhaftet tut: offiziell wird's nicht erlaubt?

Sollen Dreizehnjährige ihre sexuellen Spielereien auch auf dem Zeltlager betreiben können, oder müssen sie erst warten, bis sie wieder daheim sind, um in ihrem Hüttle, unter dem Schutz der unwissenden Eltern, Strippoker zu spielen? — Da mag man noch lächeln.

Zum Zittern wird das Lächeln, wenn morgens die Füße eines Paares von Vierzehnjährigen beim Zelt heraushängen. Wer weiß, ob es in der Nacht beim Petting geblieben ist?

Warum zwingen wir Erwachsenen häufig schon Kinder dazu, uns nicht zu vertrauen? Warum sind wir nur dann glücklich, wenn wir von der Hälfte der Streiche der Kinder keine Ahnung haben? Warum ertragen wir es denn so schwer, daß Kinder manchmal anders handeln als wir?

Die katholische Kirche hat sich auf eine viel zu starre, normative Festlegung von angeblich moralischen Regeln für Partnerschaften und Sexualerziehung eingelassen. Sie mißt diesen Regeln außerdem noch anmaßend weltweite, interkulturelle, in alle Ewigkeit geltende Gültigkeit zu. So als ob man nicht längst wüßte, daß menschliches Verhalten sich nach den Erfordernissen von Zeit, Entwicklung, wirtschaftlichen Gegebenheiten, Kulturen, Geographie und vor allem von neuen Erkenntnissen ausrichten müßte, um sittlich zu bleiben.

Bei einer durchschnittlichen Lebenserwartung von dreißig Jahren hat die Forderung nach lebenslanger Ehe einen anderen Stellenwert als bei einer Lebenserwartung von achtzig Jahren. — Man kann die Unauflöslichkeit der Ehe nicht mit dem Wohl der Kinder begründen, wenn keine da sind oder diese sich bereits selbst erhalten oder weiteres Festhalten an der Ehe für die Kinder schädlicher ist als die Trennung der Eltern. Ich weiß nicht, mit welchem Recht die Kirche von Jugendlichen fordert, jahrelang ihre Sexualität zu ignorieren. Gibt es nicht auch schon für den Jugendlichen das Menschenrecht auf partnerschaftliche Liebe, auf Sexualität? Die in unserer Gesellschaft nun einmal notwendig gewordene Erziehung zur Demokratie führt konsequent zu größerer Selbstverantwortung und Selbständigkeit auch der Jugendlichen. Nicht Vorschriften sind für sie entscheidend, sondern deren Begründung. Vorschriften, die nicht einsichtig begründet werden können, sollten Kirchen, Staaten und Eltern schnellstens fallen lassen, wenn sie nicht unglaubwürdig werden wollen.

Eltern, Erzieher, Lehrer, Kirchen haben Angst vor der Sexualität der Jugendlichen. Diese Angst führt zur Ignorierung der Sexualität junger Menschen und zu akrobatischen Denkübungen, um vom Erwachen der Sexualität bis zur Heirat Enthaltsamkeit zu begründen. Da die Sexualität nicht vom Menschen getrennt betrachtet werden kann, wird hier nichts anderes als eine Mensch-Sein-Pause verlangt.

Von den Eltern bis zu den Kirchen sollte man sich statt dessen ganz auf die Entwicklungsstadien junger Menschen einlassen und zusammen mit diesen einen der jeweiligen Situation entsprechenden Weg entwickeln, wie sie ihre Sexualität entdecken, leben, ihre Freundschaften gründen und ihre zwischenmenschlichen Beziehungen verantwortungsbewußt und menschlich weiterentwickeln können. Liebe darf gelebt, nicht verboten werden. Niemand ist zu jung für Liebe. Wie Ratschläge fürs Eheleben gegeben werden, sollen auch Ratschläge fürs Freundschaftsleben gegeben werden.

Alle Primitivaufklärung von Psychologen nützt nichts, wenn sie sich in der detaillierten Erklärung von Verhütungsmitteln erschöpft, und alle hochgestochenen Vorträge über Eros und Liebe an kirchlichen Akademien verfehlen ihr Ziel, wenn das Publikum nur drinsitzt und wartet, ob sich der Referent für oder gegen vorehelichen Geschlechtsverkehr ausspricht.

So bleibt für Eltern und Pädagogen die Aufgabe, immer gültige Werte wie Aufrichtigkeit, Vertrauen, Verantwortung, Hilfsbereitschaft, die auch von den heutigen Jugendlichen stark empfunden werden, zusammen mit den Jugendlichen zu konkretisieren, um dadurch die besten Voraussetzungen für menschliche, partnerschaftliche Beziehungen zu schaffen.

Gutachten zu „Gott lächelt, wenn junge Hunde spielen"

Ich habe schon wiederholt festgestellt, daß der Artikel *Gott lächelt, wenn junge Hunde spielen* und seine überarbeitete Fassung in *Diakonia* mit Ordensgenehmigung publiziert wurden. Die heftigen Angriffe aus der Deutschen und Österreichischen Bischofskonferenz veranlaßten den Orden, zwei Patres mit einem Gutachten über die beiden Fassungen des Artikels zu betrauen. Diese Gutachten wurden im Juli 1978 erstellt, und ich dokumentiere sie hier in den wesentlichen Teilen, damit der Leser sie mit den Zensorenurteilen aus dem Jahr 1984 vergleichen kann, die anläßlich der Begutachtung des Manuskriptes *Hören, was die Jungen sagen* abgegeben wurden und sich auf den darin erneut veröffentlichten Artikel *Gott lächelt, wenn junge Hunde spielen* beziehen.

Gutachten von P. Philipp Schmitz SJ, Prof. für Moraltheologie, Sankt Georgen, Frankfurt, 1978
1. Es kann nicht verwundern, daß die genannten Ausführungen in manchen Kreisen Befremden *hervorgerufen haben. Der Grund dafür liegt sowohl in der Sprache als auch in inhaltlichen Positionen:*

(a) Die Sprache enthält zahlreiche, von Erwachsenen (auch außerhalb der Kirche) unverstandene Anspielungen auf eine jugendliche Subkultur, und im Bemühen sich verständlich zu machen, bevorzugt sie zu oft verkürzende programmatische Sätze.

(b) Auch für den, welcher der Erfahrung *im Prozeß der Normenfindung eine hohe Bedeutung zuzuschreiben bereit ist, erweckt die wiederholte Forderung, den Jugendlichen „seine Sexualität selbst entdecken, erfahren zu lassen", den Eindruck, der Verfasser neige der Ansicht zu, das faktische Resultat der Erfahrungen sei mit der sittlichen Norm gleichzusetzen.*

(c) Wer der Überzeugung ist, daß auch die Wiederholung der Grundthese christlicher Sexualethik, daß Geschlechtsverkehr nur innerhalb einer auf lebenslange Dauer angelegten monogamen Ehe *moralisch zu verantworten sei, eine immer wieder neue Rechtfertigung dieser Exklusivität angesichts des ethisch herausgehobenen, durch Verantwortung bestimmten Verlöbnisses (vgl. Hirtenbrief der deutschen Bischöfe zu Fragen der menschlichen Geschlechtlichkeit 1973) und anderer Dauerbindungen (vgl. Sinn und Gestaltung menschlicher Sexualität, Arbeitspapier der Synode, 4.3.2.) nicht überflüssig mache, wird es bedauern, daß die Passagen über die Ehe dem geforderten Ernst nicht entsprechen. („Sexuelle Beziehungen sind selbstverständlich, ihre Intensität hängt vom Grad der Freundschaft ab. Die Moralität der sexuellen Beziehungen hängt vom Einklang, der Übereinstimmung zwischen sexueller Beziehung und Freundschaft (allumfassender) ab.")*

(d) Als unkritisch wird man das Vertrauen in die ethische Leistung gruppendynamischer Prozesse *einstufen wollen. Es ist unverständlich, wie der Verfasser das Ergebnis eines solchen Prozesses („das Mädchen sollte klären, mit wem sie nun gehe") für eine moralische Norm ausgeben kann.*

(e) Die sich selbst distanzierende Anklage der Eltern, Erzieher, Lehrer, Kirchen, *denen „Angst" und Heuchelei zum Vorwurf gemacht wird, erscheint in dieser Form ungerecht und verletzend.*

2. Es wäre allerdings falsch, bei diesem ersten Eindruck des Befremdens stehen zu bleiben. Ein genaueres Studium der beiden Artikel erweist sie als durchaus diskussionswürdig.

(a) Die Sprache *ist ein untrüglicher Beweis dafür, daß der Verfasser mit der jungen Generation tatsächlich in Verbindung steht. Es klingt glaubhaft, wenn er vorgibt, aus der Vorstellungs- und Wertwelt der Jugendlichen heraus zu argumentieren. Beide Artikel (leider verdeckt der für die Zeit-Version ausgetauschte Einleitungssatz das!) sind in der Tat eine* Reportage *über „neue Verhaltensweisen, Einstellungen, Normenbildungen zum Gesamtbereich menschlicher Sexualität und Partnerschaft in einem offenen Jugendhaus".*

(b) Man wird der Reportage nur gerecht, wenn man den eigentümlichen Charakter dieses Hauses berücksichtigt, dessen primäres Ziel darin besteht, Jugendliche verschiedener Nationen, Religionen, Konfessionen, Bildungs- und Arbeitsschichten zu integrieren. Der Verfasser versteht sich offenbar als „Sozialarbeiter", dessen Auf-

gabe es ist, einen Rahmen zu schaffen, in dem eine solche Integration möglich ist. Dabei gewonnene Erfahrungen verstärken zunehmend das Urteil, daß sich die Jungen und Mädchen ernsthaft um eine sittliche Orientierung bemühen — auch wenn das Resultat dieser Bemühungen häufig hinter den legitimen Erwartungen der Gesellschaft und Kirche zurückbleibt. Auf keinen Fall herrschen auf dem Gebiet der Sexualität „Verkommenheit, sexuelle Libertinage, Oberflächlichkeit, Entmenschlichung, Sexbesessenheit" vor. Bei dem Versuch, die sittliche Orientierung zu erfassen, fehlt es zwar dem Verfasser an begrifflicher Klarheit — insbesondere läßt er an keinem Punkt erkennen, wie er das Eigentümliche einer sittlichen Norm, die auf vernunftmäßiger Setzung beruht und den Charakter der Bindung besitzt, zu formulieren gedenkt —, doch muß man zugestehen, daß es ihm in anerkennenswerter Form gelingt, den genetischen Aspekt eines noch unabgeschlossenen Prozesses der Normenfindung unter Jugendlichen wiederzugeben.

(c) Ebenso greifen die knappen Aussagen über die Ehe („Nicht die Ehe heiligt die Liebe, sondern die Liebe die Ehe, aber auch die Freundschaft") eine diskussionswürdige Frage auf (vgl. eine in Vorbereitung befindliche Erklärung des Zentralkomitees der deutschen Katholiken „Partnerschaft und Institution"). In diesem Zusammenhang sind auch die offensichtlich ein objektives Problem widerspiegelnden Bemühungen der Kirche zu erwähnen, die Moralität des „Intimverkehrs von Verlobten oder fest Versprochenen" adäquat zu beschreiben: Das Hirtenwort der deutschen Bischöfe zu Fragen der menschlichen Geschlechtlichkeit (1973) anerkennt, „daß sich solches Handeln erheblich von der vorher genannten unpersönlichen und bindungslosen Sexualbeziehung als der eigentlichen Form der Unzucht unterscheide". Davon geben einzelne Bischöfe wiederum eine restriktive Auslegung: J. Höffner, Sexualmoral im Lichte des Glaubens, 1972; J. Stimpfle, Wort des Bischofs zu Fragen der Sexualmoral, 1973; J. Pohlschneider, Sittliche Normen christlicher Sexualerziehung in Schule und Elternhaus, 1976. Das häufig zitierte Arbeitspapier der Synode, das jedenfalls den Stand der innerkirchlichen Diskussion treffend wiedergibt, stellt fest: „Es ist offensichtlich, daß der wahllose Geschlechtsverkehr mit beliebigen Partnern anders zu bewerten ist als intime Beziehungen im Rahmen eines Liebesverhältnisses oder intime Beziehungen zwischen Partnern, die einander lieben und zu einer Dauerbindung entschlossen sind, sich aber aus schwerwiegend empfundenen Gründen an der Eheschließung noch gehindert sehen." (4.2.4.)

Man kann es nachgerade als einen Test für die pastorale Relevanz des Krippschen Berichtes ansehen, daß sich seine Überlegungen sowohl in die innerkirchliche Diskussion einfügen als auch die von niemand bezweifelte Skepsis und Resignation der jungen Generation gegenüber der Institution Ehe zum Ausdruck bringen.

(d) Selbst die Überschätzung gruppendynamischer Prozesse für den Prozeß der Normenfindung kann man — bei näherer Betrachtung — nicht einem einzelnen Autor anlasten. Was als therapeutische Technik begonnen hat, hat sich immer mehr zu einer Bewegung ausgeweitet, die eine Fülle von Strebungen in sich vereinigt. Akzenterneuerungen in der Moraltheologie verdanken der gleichen Bewegung ihren Ursprung: die neue Wertung der kleineren Gemeinschaft (peer-group), der Subkultur der Affekte als Wahrheitskriterien, des menschlichen Leibes als Anzeige innerer Vorgänge, etc. Eine Jugendarbeit ist ohne die gleiche Bewegung nicht mehr denkbar. Denen, welche in dieser Arbeit Pionierarbeit leisten, kann nicht angelastet werden, daß über ethische Leistung und Grenze der Gruppenarbeit noch keine Klarheit besteht (vgl. Zur Situation der Pastoralpsychologie in der Bundesrepublik Deutschland, Frühjahr 1978).

(e) Was das Verhältnis eines Jugendseelsorgers — auch wenn seine unmittelbare Aufgabe eher mit dem Begriff „Sozialarbeiter" zu fassen ist — angeht, so ist es sicher notwendig, „sich grundsätzlich mit der Kirche und ihrer Lehre zu identifizieren" (Synodenbeschluß: Die pastoralen Dienste in der Gemeinde, 3.4.1). Doch darf Kripp rechtens sich ebenso auf eine andere Überlegung berufen: In jeder pastoralen Tätigkeit gibt es Konfliktsituationen (vgl. Beratung in Sachen § 218), in denen man sich eines umfassenden Wertes willen (z.B. Inhalt des Lebens) derart an einem Normenfindungsprozeß beteiligen muß, daß man möglicherweise an einem Ergebnis mitwirkt, das man moralisch nicht billigt (Abtreibung). Ob man nun die Moralität einer solchen Handlung mit dem Argumentationsmuster „cooperatio formalis — materialis" oder „minus-maius-malum" zu klären versucht, es ist unvermeidlich, daß der sittlich Handelnde sich möglicherweise ins Zwielicht begibt und als Repräsentant einer offiziellen Moral weniger geeignet erscheint. Es bedarf keiner Erläuterung, daß die meisten karitativen, sozialen und missionarischen Erfolge mit einem solchen Preis bezahlt werden mußten. Wer wie Kripp sich um einen neuen Kontakt mit der Jugend bemüht — und innerhalb einer Gruppe, zu der die Kirche normalerweise keinen Zugang hat — muß die-

ses Engagement trotz mancher unüblicher Methoden keine sektiererische Trennung von der Kirche bedeuten, sondern möglicherweise entwickelt sich hier ein „servitium maius", das die Unterstützung aller innerhalb der Kirche verdient.

3. Berücksichtigt man nicht nur den ersten Eindruck des Befremdens, sondern gesteht man dem Verfasser S. Kripp gerechterweise die Diskussionswürdigkeit der meisten seiner Anliegen zu, dann scheinen folgende Empfehlungen begründet.

(a) Da S. Kripp in einem Bereich arbeitet, in dem wegen einer unbestreitbaren fortgeschrittenen Entfremdung von der Kirche traditionelle Verhaltensmuster nicht einfach reproduziert werden können, verdient er — in dem Maße als er selbst nach seinem eigenen Gewissen die neuen Wege zu rechtfertigen imstande ist — die volle Unterstützung nicht nur seiner Mitchristen, sondern auch die Billigung seiner Oberen.

(b) Solange die Tätigkeit von S. Kripp hinreichend genau als pastorale und soziale Pionierarbeit unter Jugendlichen umschrieben bleibt, besteht keineswegs die Gefahr, daß die Unterstützung, die ihm gewährt wird, das Bemühen der deutschen Bischöfe um eine einheitliche Moralverkündigung unterhöhlt. Im Gegenteil, eine solche Verkündigung, die nicht gleichzeitig die besondere Stellung der Gewissensentscheidung (in Rand- und Grenzgebieten) herauszuarbeiten imstande wäre, verdient diesen Namen nicht. Dieser Standpunkt sollte den Kritikern in Erinnerung gerufen werden.

(c) Nicht nur weil die ethische Argumentation Mängel aufweist, sondern auch weil die gemachte Erfahrung in einem von einem Jesuiten geleiteten Jugendhaus für die gesamte Jugendarbeit der Gesellschaft Jesu fruchtbar gemacht werden muß, sollen die Oberen nach Möglichkeiten für klärende Gespräche suchen.

Gutachten von P. Hans Hirschmann SJ, emeritierter Prof. für Moral- und Pastoraltheologie, St. Georgen, Frankfurt, zu den beiden Veröffentlichungen „Sexualität und persönliche Entfaltung" in „Diakonia" und „Die Zeit" von Sigmund Kripp, 1978

I

Vorbemerkungen

1. (...)

2. Die Formulierungen von P. Kripp sind an vielen Stellen nicht eindeutig. Sie lassen nicht immer klar erkennen, wo der Unterschied ist zwischen seiner Berichterstattung und seiner Stellungnahme. Decken sich letz-

tere noch in allem mit früheren, beanstandeten Stellung-
nahmen? (Beispiel: Onanie.)

3. *Ganz offensichtlich wirbt P. Kripp in vielem um*
Verständnis des Fehlverhaltens der Jugendlichen; in anderem um Tolerierung solchen Verhaltens im Rahmen
einer Gesamtpädagogik. Das kann im einzelnen legitim
sein; es kann in anderen Fällen Gegenstand von Dissens
sein (nicht abstrakt, sondern konkret — minus-malum).

4. *P. Kripp macht die gerechte Beurteilung selbst*
schwer, weil seine Darstellung generalisierende Gesamtkritik der kirchlichen Lehre enthält, die in dieser Undiffe-
renziertheit nicht aufrechterhalten werden kann. Andererseits sind in den Darstellungen dieser Lehre (vgl. römische Stellungnahme zu sexualethischen Thesen, einzelne
deutsche Hirtenworte) Einzelaussagen, die in der Moraltheologie im Zusammenhang mit den Grenzen der Ver-
bindlichkeit lehramtlicher Aussagen legitim bestreitbar
sind (vgl. die Wertung des „actus impudicis" oder „excitans").

5. *P. Kripp sind für sein pädagogisches Wirken Gren-*
zen gesetzt dadurch, daß sein Arbeitsfeld nicht konfessio-
nell und kirchlich bestimmt ist. In dem so umschriebenen
Rahmen muß er manches tolerieren, was im Widerspruch
zur verbindlichen katholischen Lehre steht. Die Forderung, daß er bei dem, was er toleriert, sich an das hält, was
die kath. Doktrin für erlaubt hält, würde eine wirksame
Präsenz der Kirche in dem Raum, den er sich für sein
Apostolat gewählt hat, unmöglich machen. Es gibt heute
Tendenzen zu solchen Einschränkungen des Apostolates
wegen der Gefahr des Mißverständnisses und Mißbrau-
ches. (Das gilt leider besonders in Grenzfragen der Sexualethik). Der Orden bleibt seiner eigenen kirchlich gebil-
ligten Tradition (Probabilismus, Lehre vom minus malum) nur treu, wenn er nicht bloß die genannte Gefahr
von Mißverständnissen und Mißbräuchen ernst nimmt,
sondern auch die Gefahr, aus Angst vor dieser Gefahr
seelsorgliche Hilfen für die am meisten Gefährdeten zu
verkürzen. Das aber widerspricht dem Evangelium vom
Guten Hirten. Nicht unbedeutende unserer Heiligen haben diese Gefahr auch gegen Widerspruch der Kirche auf
sich genommen (P. Claver, J.Fr. Regis u.a.).

6. *Es sollte auch nicht verkannt werden, daß die* Kritik
an P. Kripps *Einsatz für Randgruppen der Jugend ge-*
schieht, oder wenigstens an solchen, die nur in Verbindung mit ihnen erreicht werden können. Was praktisch
diesen Einsatz unmöglich macht — und das liegt oft in
der Linie dieser Kritik — ist positiv mitschuld an dem,
was um einen tragbaren Preis an diesen Gruppen gebes-

sert werden könnte, praktisch nicht gebessert wird. Ein Kriterium für die Grenzen der Berechtigung dieser Kritik ist die ehrliche Bereitschaft, den Einsatz auch für diese Gruppen, echte Erfolge in der Arbeit an ihnen zuzugeben; wohl auch einer Pluralität in den Wegen dieser Arbeit Raum zu lassen.

II
Zu den Ausführungen von P. Kripp selbst

1. Das Erste, was von ihm erwartet wird, ist eine zuverlässige Darstellung der Situation im offenen Jugendhaus. Der Wille dazu ist m.E. da. Am wichtigsten scheint mir die Frage: Ist ein katholischer Ordensgeistlicher gezwungen, sich von verbindlicher kirchlicher Lehre und Praxis zu distanzieren, wenn er in einem solchen Haus wirken will? Hier sind nicht alle Formulierungen von P. Kripp eindeutig genug. Die Tatsache, daß einige von ihnen (als objektive Verantwortbarkeit bestimmter Formen des Sexualverhaltens, wie der Onanie, partieller Sexualbefriedigung, außerehelicher Geschlechtsverkehr) gedeutet werden können, also in unvereinbarem Gegensatz stehen etwa zur kirchlichen Lehre der römischen Richtlinien zur Sexualethik, zum Hirtenbrief von 1972 oder zu den Aussagen des Beschlusses der deutschen Synode über Ehe und Familie, ist mir selbst nicht so gewiß. Hier müßte mehr Eindeutigkeit verlangt werden, wenn der Orden (und die Kirche) seine Tätigkeit decken soll. Andererseits vermisse ich in den kritischen Schreiben der Bischöfe die Eindeutigkeit in der Kritik.

2. In diesem Zusammenhang muß auch gefragt werden, ob die Beanstandungen an P. Kripp im Rahmen der gemeinsamen lehramtlichen Stellungnahmen der deutschen (und österreichischen) Bischöfe liegen. Es gibt ja hier nicht in allen Fragen Konsens (z.B. in der Frage der Begründungen, in den Fragen einiger Thesen von Böckle, Schüller, Auer, Elsässer). Die Äußerungen von P. Kripp sind für mein Gefühl nicht abgesichert genug. Zum Beispiel Sätze wie: „Onanie, vielleicht auch einmal gemeinsam, gehört im allgemeinen einfach zur Entdeckung der Sexualität", oder: „Diese Angst führt zur Ignorierung der Sexualität junger Menschen und zu akrobatischen Denkübungen, um vom Erwachen der Sexualität bis zur Heirat Enthaltsamkeit zu begründen. Da die Sexualität aber nicht vom Menchen getrennt betrachtet werden kann, wird hier nichts anderes als eine Mensch-Sein-Pause verlangt", oder: „Gibt es nicht auch schon für den Jugendlichen das Menschenrecht auf altersgemäße partnerschaftliche Liebe?" — Mit diesen Sätzen kann sowohl Richtiges wie großer Unsinn gemeint sein. Sie dürften vor der Kon-

trolle der Publikation nicht so stehengelassen werden.
Aber das mit ihnen wohl Angezielte betrifft echte Fragen
der Jugendlichen und gehört in den Rahmen ihrer Bera-
tung, die oft nicht gegeben wird.

3. *Ein Problem bleibt* die Grenze der Vermittlung von
Normen im Jugendhaus. P. *Kripp bestreitet weder die*
Notwendigkeit solcher „Normen", wie ihre Fundierung in
„Prinzipien", wie ihre Angewiesenheit auf „Institutionen".
Hierüber aber macht er eine Fülle wenig durchdachter
Anmerkungen. Er sollte verpflichtet werden, hier den
Kontakt zu Sachverständigen zu suchen, auch wenn sie
vielleicht weniger Praxis als er haben. Sonst belastet er
seine Arbeit und die, die auf dem gleichen Sektor verant-
wortlich arbeiten, in untragbarer Weise. Wo sind die Maß-
stäbe für das, was zeitlos gültig ist? Wo für die Findung
zeitbezogener und bedingter Normen? Andererseits kann
auch nicht jede traditionelle Lösung in diesem Bereich
aufrechterhalten werden (vgl. die Auseinandersetzungen
auf Konzil und Synode). Die kirchlichen Aussagen argu-
mentieren für die Jugendarbeit oft autoritativ. Für die
„vernünftige" Begründung enthalten die Hinweise aus
der Praxis manches brauchbare Material. Das gleiche Ma-
terial enthält aber auch Hinweise, wo die Grenzen der
normvermittelnden Möglichkeiten des Jugendhauses lie-
gen. Was geschieht für die Jugendlichen dort, wo diese
Grenzen erreicht sind? Jugendhaus-Pädagogik ist hier
auf Ergänzungen angewiesen: Medien, auch Familien.

Mit Recht kritisiert P. Kripp die unzulänglichen
Strukturen. Er muß aber auch die Grenzen der Strukturen
sehen und die Frage ihrer Ergänzung, zu deren Wegen er
selbst ja einiges beisteuert.

4. *Es ist richtig, daß sexualethische Normenfindung*
ein beständiger, lebendiger Prozeß ist und daß in ihm Ju-
gendfreundschaft eine wichtige Rolle spielt. Ebenso das
Spiel: Hier weist P. Kripp mit Recht auf die Lücken einer
bloß abstrakten, den Prozeß der Entwicklung nicht ernst
genug nehmenden und damit das Einzelgeschehen wirk-
lichkeitsfremd bewertenden Ethik hin. Er verkürzt dabei
leicht die Möglichkeiten, um zu echter Verarbeitung der
Erfahrung, zur ständigen Korrektur verkürzter „Normen"
zu kommen und dadurch auch zur differenzierteren Ent-
wicklung der Institutionen beizutragen.

5. *Auch über die mögliche und erwartete Hilfe des Re-*
ligiösen ließe sich da manches ergänzend sagen: In der
Erwartung der Jugend an ihn selbst, auf die er verweist,
stecken wichtige Gesichtspunkte.

* * *

So lauten die beiden Gutachten. Sie klingen ganz anders als die vier Monate später veröffentlichte Erklärung Kardinal Höffners (teilzitiert weiter oben), in der er feststellt, daß meine Aussagen „die Notwendigkeit von Zucht und Maß und die Aufgabe des Menschen, seine Sexualität zu ordnen, leugnen und damit im Gegensatz zu christlichen Glaubenswahrheiten stehen". Dabei hatten die Ordensoberen beide Gutachten Höffner zugesandt. Sie brachten aber offenbar seine durch meinen Artikel bewirkte Erregung nicht zum Abklingen.

Ich denke, dem Leser wird langsam klar, daß sich auch das Entlassungsschreiben nicht auf diese beiden Gutachten stützen kann, denn darin steht: „Diese Kritik schließt Fragen der Pastoral und der Moraltheologie ein, wo Sie in einigen Punkten die Grenzen eines legitimen Meinungspluralismus in der katholischen Kirche überschritten haben. Auf diese Punkte sind die jeweiligen Zensoren ihrer Schriften eingegangen."

Ja, es fällt mir schwer, nicht den Verdacht zu haben — den ich aber, weil mir die Unterlagen verweigert wurden, nicht belegen kann — daß diese Gutachten in Rom bei der Frage meiner Entlassung gar keine Rolle gespielt haben. Sie haben wohl nicht ins Konzept gepaßt und sind daher unberücksichtigt geblieben — eine Vorgangsweise, die man sonst mir vorzuwerfen pflegt.

Zensorenurteil über „Hören, was die Jungen sagen"

1984, sechs Jahre nach seinem ersten Erscheinen lag der Artikel *Gott lächelt, wenn junge Hunde spielen,* nun als ein Kapitel von *Hören, was die Jungen sagen,* nochmals der Ordenszensur vor. Aus den Beurteilungen schließe ich, daß die neuen Zensoren die alten Gutachten nicht kannten. Für mich spiegeln die Unterschiede auch die kirchliche Entwicklung während dieser sechs Jahre wieder: enger, ängstlicher, ausrandender, intoleranter.

Auch dem Leser, der *Hören, was die Jungen sagen* nicht kennt, wird manche Voreingenommenheit des ersten Zensors nicht entgehen. Von drei Zensoren gaben zwei ihre Zustimmung zu einer Veröffentlichung nicht. Diese beiden verwandten jeweils gut die Hälfte der Gesamtkritik für den Artikel über Sexualität. Bemerkenswert ist, daß beide auch eine Veröffentlichung ihrer Namens ablehnten. Ich weiß nicht warum. Ich sage also nur, daß es natürlich wiederum Jesuiten und Professoren sind.

Erster Zensor:

(...) Die Provinzialleitung sollte den Autor nicht daran hindern, das Buch zu veröffentlichen, wenn er dies schon für nützlich hält — aber eine kirchliche Unbedenklichkeitserklärung sollte sie ihm dazu nicht geben, nicht mit meiner Unterschrift (...).

S. Kripps sexualpädagogische Ausführungen sind m.E. auch mit dem, was aufgeschlossene Moraltheologen dazu sagen, nicht in Einklang zu bringen. Niemand wird vom Autor verlangen, daß er mit Verboten oder gar mit Strafen gegen die sexuellen Praktiken vorgeht, die er bei den Jugendlichen beobachtet und schildert. Aber man kann auch sozialpädagogische Zielvorstellungen zur Sexualerziehung entwickeln, die den jugendlichen Sexkonsum nicht einfach als „Entdecken der Sexualität" gutheißen und die Gefahr der sexuellen Verwahrlosung sehen. (Die Gefahr der sexuellen Ausbeutung durch Jugendliche, der besonders Mädchen ausgesetzt sind, scheint der Autor nicht zu kennen.)

Eine Sexualität mit Normen wird hier — antiautoritär — als Ausbeutung durch Institutionen betrachtet. Das „Entdecken der Sexualität" durch Probieren wird in einem Biologismus gesehen, an dem Hitler seine Freude gehabt hätte, und mit dem Vergleich des Menschen zu einem zum Ochsen im Stall abgerichteten Prärie-Büffel schlichtweg animalisiert. Auch wenn später dann an einigen Stellen differenzierter, menschlicher über Sexualität gesprochen wird, erweckt der Autor anfangs den Eindruck, als wolle er (im Sinne von Kentler und ohne die Bedenken von R. Affemann u.a. zu kennen) den vorehelichen Geschlechtsverkehr geradezu als notwendige Vorbereitung für die Ehe darstellen. „Der Verzicht auf Freundschaft und Sexualität während der Jugendjahre ist aber keine gute Vorbereitung auf die Ehe. Beweis dafür ist die nicht unbeträchtliche Zahl von Priestern und Nonnen, die dem Zölibat entsagten und in ihrer ersten Ehe zunächst einmal scheitern." Im übrigen halte man sich an das Selbstzitat: „Gott lächelt, wenn junge Hunde spielen." Und was würde Kripp sagen, wenn der Vertreter einer Institution, ein Politiker, ein Bischof, Jugendliche mit jungen Hunden vergleichen würde? Auch hier wird Sexualität einseitig animalisch und als Problem von Zwang oder Freiheit gesehen.

Kann man global behaupten, daß „Kirchenfürsten (...) Alten und Jungen das Recht auf sexuelle Erfüllung ab-

sprechen"? Aber dieser Punkt und die ganze Bedeutung, die der Autor der Rechtfertigung sexueller Permissivität beimißt, ist wohl vor allem ein Stück klerikaler Vergangenheitsbewältigung. Die Sozialpädagogen, die ich kenne, haben andere Probleme und hätten diese Ausführungen sicher nicht oder anders geschrieben.

Dieser Zensor fällt in der Qualität seines Gutachtens, im Vergleich zu den oben zitierten Gutachtern, um Klassen ab. Mit dem Rest des Buches geht er ähnlich wie mit dem Teil über Sexualität um. Ganz auf der Linie des mir wohlbekannten Prof. DDr. Rudolf Affemann, Psychologe in Stuttgart, lenkt er von der kritisierten Problematik dadurch ab, daß er versucht, sie zur Problematik des Kritikers zu machen. Dann braucht man natürlich an Gesellschaft und Kirche nichts zu ändern. — Jemanden in die Nähe des Nationalsozialismus zu rücken, ist heute auch polemisch schick. Weder Hirschmann noch Schmitz, die Gutachter 1978, sind auf die Idee gekommen, mir wegen der genannten Vergleiche Biologismus zu unterstellen. (Was in einem solchen Kritiker wohl vorgeht, müßte ich mit Affemann fragen.) Wie seriös ist eine Kritik, die damit argumentiert, daß „die Sozialpädagogen, die ich kenne, andere Probleme haben"?

Bedenklich sind natürlich die Auswirkungen eines solchen unqualifizierten Zensorenurteils auf das Urteil der Auftraggeber, wenn sie die mangelnde Qualität nicht gleich durchschauen. Vielleicht dient der hier vollzogene Gutachtervergleich einer zukünftigen Verbesserung der Methoden der Urteilsfindung.

Der Geist des ungenannt bleiben wollenden Zensors geht auch aus dem restlichen Text des Gutachtens hervor, den ich hier wiedergebe, um dem Leser nachzuweisen, daß Zensur ungenehme Parteinahme verhindert, „Ausgewogenheit" fordert, um die gesellschaftlichen Zustände, die Benachteiligung erst schaffen, als goldenen Mittelweg zu verkaufen. Das ist der eindeutige Standpunkt von CDU/CSU-Wählern. Aber zum Text:

Hier werden an mehreren Stellen äußerst globale Vorwürfe gegen „den" Staat und „die" Wirtschaft erhoben, so daß der Autor den Eindruck erweckt, an allem Elend, das er bei (ausgesuchten) Jugendlichen beobachtet, seien allein die gesellschaftlichen Strukturen schuld. Was ich am bedenklichsten finde, ist der Haß gegen alle Institutionen, der aus vielen polemischen Sätzen (die übrigens eine genaue Analyse ersetzen) spricht. Diesen Haß finde ich manchmal beklemmend — auch wenn er sich „nur" gegen Institutionen richtet.

*Nach einem simplen klassenkämpferischen Weltbild
wird alles in reich und arm eingeteilt, in mächtig und
unterdrückt, in gut und böse. Da ist die Rede von
einem „Staat, der häufig seine Jungen lieber knebelt,
statt ihnen zuzuhören" (S. 2), und „Arbeitslosigkeit wird
momentan zum Abbau von Jugendschutzbestimmungen
mißbraucht" (S. 9) — ohne viele Gedanken an das Ge-
genargument zu verschwenden, daß manche Jugendschutzbestimmungen auch Jugendarbeitslosigkeit ver-
ursacht haben. „Profitmaximierung ist ein Instrument
der Kriminalisierung", und wenn eine Vierzehnjährige
im Kaufhaus stiehlt, ist das Kaufhaus schuld, das die
Ware ausstellt, daß Jugendliche zugreifen müssen. Bevor wirtschaftliche Großunternehmen ein Unrechtsbe-
wußtsein bei Kaufhausdiebstählen verlangen, sollen sie
sich eben verkleinern. (S. 104)*

*Daß Großunternehmen auch eine legitime und not-
wendige Funktion in unserem Wirtschaftssystem haben
können und daß „Profitmaximierung" nicht in sich teuf-
lisch ist, sondern sozialstaatlich gebändigt werden muß
und wurde — dazu findet sich hier kein Wort. Statt dessen plakative Schuldzuweisung ohne jeden ökonomischen Sachverstand. Das ist für mich aber auch eine Form
von Ungerechtigkeit, auch wenn ich die christliche, hu-
mane Grundmotivation des Autors erkenne. Ein Autor,
der beim Lesen von positiven Großbankbilanzen die
„Wut" empfindet, die der Autor hier (S. 9) bekennt, ver-
stellt sich selbst die Sicht auf ökonomische Zusammen-
hänge.*

*Nachdem die Schule ebenso global antiinstitutionali-
stisch als „eben immer noch obrigkeitsstaatliches (System), das ins Gesellschaftssystem von Diktaturen jegli-
cher Couleur paßt" (S. 94), und damit auch Tausende von
Lehrern auf die Anklagebank gezerrt wurden, kommt ein
Seitenhieb gegen eine weitere Institution: die Kirche. An
einer Stelle, wo es sachlich überhaupt nicht erwartet
wird, ist davon die Rede, daß es eher die Kirche ist, „die
Christus als Al Capone darstellt". (S. 95)*

Der Zensor darf andere politische Ansichten vertreten
als der Zensurierte. Wenn er aber seine politischen Ansichten zum Zensurmaßstab macht und der Orden dies
akzeptiert, spricht dies nur für die von mir vertretene
These des Zusammenspiels der konservativen Kräfte von
Kirche und Gesellschaft. Dann wird mir nicht nur ein politischer Maulkorb umgehängt, sondern meine politischen Ansichten werden zum Entlassungsgrund. Ich
hatte P. Klein angeboten, in *Hören, was die Jugen sagen*
sowohl das Kapitel *Gott lächelt, wenn junge Hunde spie-*

len als auch einen Kommentar über Homosexualität wegzulassen, falls sie sich als Zustimmungshindernis von Seiten des Ordens erweisen sollten. P. Klein aber teilte mir mit, daß dies nicht ausreiche.

Ich habe kein wissenschaftliches Buch vorgelegt, sondern allgemein verständlich die nachteiligen Auswirkungen unseres Gesellschafts- und Wirtschaftssystems aufgrund der Dependenztheorien dargelegt, die der Zensor ebensowenig zu kennen scheint wie die Pädagogik der Befreiung von Freire. — Wenn der Zensor auf die CDU-Sprüche von der auch durch Jugendschutzbestimmungen bedingten Jugendarbeitslosigkeit hereinfällt oder meint, die Legitimität von Multis verteidigen zu müssen, oder gar für die „in sich nicht teuflische" Profitmaximierung als Wirtschaftsprinzip eintritt, so soll er das selbst veröffentlichen, wo er will, aber ich hätte schon gemeint, daß man im Jesuitenorden auch das Gegenteil all dessen vertreten dürfe. — Bedauerlich ist nur, daß die Argumentation dieses Zensors von den entscheidungsbefugten Oberen als Ordenszugehörigkeitskriterium übernommen wurde.

Wes Geistes Kind der Zensor ist, geht auch aus der folgenden Passage seines damit vollständig zitierten Zensurberichtes hervor. Obwohl er selbst zugibt, daß dieser Abschnitt mit dem „Imprimatur" nichts zu tun hat, nimmt er ihn, offenbar zwecks Stimmungsmache, dennoch ins Gutachten auf:

Sachlich bedenklich (obwohl kein Grund gegen ein Imprimatur) ist für mich, daß beim Autor der ganze Bereich der Sozialpsychiatrie und Psychotherapie ausfällt. Was seine eigene Beziehung zu den Jugendlichen bewirkt oder was bestimmte Gruppen (mit Erziehern) bewirken könnten, wird nicht thematisiert. Der Sozialarbeiter scheint nur sich mit den Jugendlichen solidarisieren und gegen die gesellschaftlichen Strukturen, die an fast allem Schuld sind, kämpfen zu müssen. Daß Jugendliche auch deshalb abweichendes Verhalten zeigen, weil sie „verhaltensgestört" sind, daß es eine psychische Benachteiligung und Beeinträchtigung gibt, die nicht einfach durch die Schichtzugehörigkeit zu erklären ist und die sozialtherapeutisch (nicht nur gesellschaftspolitisch) angegangen werden muß, scheint der Autor nicht zu wissen oder in klassenkämpferischer Eindimensionalität nicht wissen zu wollen. Die Geschichte von Prem Joshua am Ende des Manuskriptes schreit geradezu nach einem persönlichkeitspsychologisch-therapeutischen Kommentar — den der Autor nicht liefert. Wie wichtig dieser Gesichtspunkt ist, weiß ich nicht nur aus der Literatur, sondern auch aus

Beobachtungen in einem sozialtherapeutischen Erzie-
hungsheim, in das ich seit zwölf Jahren komme.

Damit verlangt der Zensor einfach, daß ich ein anderes Buch hätte schreiben sollen. Ob das in die Kompetenz
des Zensors fällt? Außerdem stellt sich heraus, daß er
nicht gerade ein Anhänger der kritischen Psychologie ist,
sondern einer Psychotherapie fröhnt, die sich der Gesellschaft anbietet, um die gesellschaftspolitisch bedingten
Probleme psychotherapeutisch zu bewältigen. Diese Psy-
chotherapeuten haben in der Sozialarbeit schon genügend Schaden angerichtet, sie müßten nicht noch von Jesuiten unterstützt werden. Vom Orden ausschließen
würde ich den Zensor wegen dieser seiner Ansichten aber
nicht.

Zu einer Bemerkung über das Denken von Sozialar-
beitern zitiere ich am besten aus einem der zahlreichen
Leserbriefe, die ich auf meine sexualpädagogischen Ausführungen hin erhielt. Es stammt von einer graduierten
Sozialarbeiterin und ihrem Mann, einem Oberverwal-
tungsdirektor und Kliniksozialarbeiter:

Als vergleichsweise alte Eltern (er 55, sie fast 50) eines
dreizehnjährigen gesunden Jungen haben wir selbst noch
Freude an der Liebe — wie könnten wir unserem Kind,
das wir über alles lieben, Verbote oder sonstige Schwie-
rigkeiten in den Weg legen, wenn es demnächst körperli-
che und seelische Bedrängnissse auszuleben trachten
muß, um gesund und frei erwachsen zu werden. Sie haben
uns mit Ihren Thesen deswegen so wohl getan, weil es im-
mer unser Bemühen war, unseren Sohn zum gesundem
Sexualbewußtsein zu erziehen — von Anfang an; Sie be-
stätigen uns die Richtigkeit dieser Haltung in überzeu-
gender Weise.

Er weiß, was auf ihn zukommt, und daß er bei den zu
erwartenden Verwirrungen Zuflucht bei seinen Eltern
findet — daß die — mögliche — homophile Phase, der
Drang zur Onanie und auch die Neugier nach der Be-
schaffenheit des anderen Geschlechts keine Absonder-
lichkeiten, sondern durch und durch natürlich sind. (...)

Vielleicht sollten Sie noch wissen, daß wir beide den
Sozialdienst einer großen orthopädischen Klinik mit Re-
habilitationszentrum versehen. In dieser Arbeit spielen
gerade Fragen der Körperlichkeit bei den Ärmsten der
Armen unserer „Klienten" eine nicht unwesentliche
Rolle: bei den häufig noch jungen Patienten unserer Spe-
zialstation für Querschnittsgelähmte! Wir glauben, ge-
rade aus unserer sozialdienstlichen „Zweisamkeit" — die
weibliche Partnerin als Sozialarbeiterin, der männliche
als Sozialrechtsexperte — heraus für die vom Schicksal

so schwer betroffenen Behinderten schon einiges getan zu haben — daß wir nicht nur bedrohte Ehen gerettet (allerdings im Interesse aller auch schon Trennung empfohlen) haben, sondern auch oft das Bewußtsein vermitteln konnten, Störungen des Gefühlsbereichs beim einen Partner müßten nicht unbedingt zur Asexualität beider führen. Hier spielt für uns immer das Bestreben die entscheidende Rolle, dem Betroffenen zu helfen, sein verlorengegangenes Selbstwertgefühl wiederzugewinnen. Vielleicht lächelt Gott auch dann, wenn dies gelingt?

Lassen Sie uns schließlich noch sagen, daß wir größte Hochachtung deswegen vor Ihnen empfinden, weil gerade Sie als katholischer Theologe — obwohl bereits von kirchlicher Hierarchie gebranntes Kind — den hohen Mut zu solch moderner Auffassung bekundet haben.

Vielleicht freut Sie daher unsere Versicherung, daß wir, wäre es notwendig, unseren Jungen ohne Zögern oder Nachdenken in Ihre Hände geben würden. (...)

Das Urteil des zweiten Zensors gebe ich nur in der von ihm selbst verfaßten Zusammenfassung wieder. Die Kritik bezieht sich auf das ganze Manuskript von *Hören, was die Jungen sagen*, wenngleich sie sich hauptsächlich mit den dort angeschnittenen Fragen der Sexualität befaßt.

Zusammenfassendes Urteil

Das Manuskript vertritt in manchen Punkten Thesen, die gegen die Lehre der Kirche und den Konsens der Moraltheologen sind. Das betrifft besonders die Bewertung vorehelicher Sexualbeziehungen. Auch wenn es heute Moraltheologen gibt, die bezüglich der Negativität bzw. Sündhaftigkeit dieser Beziehungen sehr milde urteilen, ist mir unter den Moraltheologen niemand bekannt, der so radikal die Ehe als Kriterium für die Erlaubtheit von Sexualbeziehungen leugnet und allein die „Liebe", auch wenn sie noch sehr unvollkommen ist, für ausreichend hält. Was heißt hier überhaupt Liebe? Genügt dazu jedes Verliebtsein eines Sechzehnjährigen? Auch die Aussagen über Homosexualität gehen wesentlich weiter, als ich das bei Moraltheologen heute finden kann. Man müßte in diesen Fragen, gerade wenn man glaubt, ein legitimes Anliegen zu vertreten (im Falle der Homosexualität bin ich davon auch überzeugt), sehr viel behutsamer und differenzierter argumentieren, um nicht kirchlich gesonnene Leser vor den Kopf zu stoßen und andere nur in ihrer Ablehnung der Kirche zu bestätigen.

Sehr viele Formulierungen in diesem Manuskript erscheinen als stark affektive Polemik gegen Kirche, gegen den Staat usw. Dabei finde ich immer wieder eine Unausgewogenheit der Aussagen, insofern die andere Seite der

Medaille, also die Gegenargumente unterschlagen werden. Man findet keine Überlegungen darüber, wie eine Kirche, ein Staat, die Schule usw. aussehen müßte (und könnte!), um die in diesem Buch geschilderten Probleme zu vermeiden. Die Freiheit des Westens wird wegen „kapitalistischer" Erscheinungen kritisiert, wie aber sollte man die Unfreiheit der Oststaaten oder mancher Diktaturen vermeiden, wenn man den Mißbrauch wesentlicher Freiheit verhindern wollte. Darüber ließe sich vielleicht manches sagen, aber die hier vorgebrachte Polemik hilft wohl kaum weiter.

Ich anerkenne, daß P. Kripp in seinem Buch einige äußerst wichtige Probleme der Jugendlichen zur Sprache bringt. Das geschieht teilweise in sehr beeindruckender und ergreifender Sprache, aber wenn dieses Buch mit der offiziellen Druckerlaubnis des Ordens erscheint, werden viele Leser nicht bloß die positiven Anliegen aufnehmen, sondern — mit Recht — an der moralkritischen und kirchenkritischen Einstellung Anstoß nehmen. Es müßte möglich sein, das Manuskript so zu überarbeiten, daß diese negativen Aspekte mindestens weithin vermieden werden. Das betrifft selbstverständlich nicht die wörtlichen Aussagen der Jugendlichen in den Interviews, sondern die Kommentare und insbesondere die systematischen moraltheologischen Positionen von P. Kripp.

Selbstverständlich ist das alles meine persönliche Meinung. Vielleicht werden andere anders urteilen.

Diese Kritik empfinde ich als entschieden ehrlicher. Natürlich stört mich, daß bei einer Veröffentlichung so stark auf die möglichen Empfindungen eines „kirchentreuen Publikums" Rücksicht genommen werden soll, was natürlich heißt, daß die Empfindungen Andersdenkender nicht in demselben Ausmaß berücksichtigt werden können. Die Seilschaft der Moraltheologen als Kriterium des Vertretbaren ist auch problematisch. Man darf also eigentlich nie etwas sagen, was nicht ein anderer schon gesagt hat. Es wird weniger argumentbezogen als vielmehr personenbezogen argumentiert. Nicht warum es einer gesagt hat, scheint wichtig zu sein, sondern daß es einer gesagt hat. — Deswegen traut sich schon seit einigen Jahren auch kein Moraltheologe mehr, etwas Neues zu sagen. Argumente zählen tatsächlich bei Glaubenswächtern wenig. Rationalität ist out.

Der zweite Zensor vertritt also auf faire Weise abweichende Meinungen. Das kann ich akzeptieren. Aus seiner Kritik Entlassungsgründe abzuleiten, scheint mir schwierig zu sein, auch wenn der Orden als Entlassungsgrund ausdrücklich das Urteil der Zensoren nennt. — Der

zweite Zensor meint ja, daß Korrekturen eine Veröffentlichung möglich machen. — Irgendjemandem ist bei meiner Entlassung eine Sicherung durchgebrannt, wenn er
das Urteil dieses Zensors als Entlassungsgrund verwenden möchte.

Der dritte Zensor war P. Julius Morel, Prof. der Sozio-
logie. P. Morel hat mit der Empfehlung, einige von ihm
vorgeschlagene Verbesserungen zu berücksichtigen, das
Manuskript zum Druck freigegeben. Bis auf eine habe ich
alle von ihm vorgeschlagenen Korrekturen zu berücksichtigen versucht. Deshalb erwähne ich sie hier auch
nicht, sondern gebe nur sein Allgemeinurteil wieder.

*Nach gewissenhafter Überlegung mußte ich einige
Werturteile offen lassen, weil beide Antwortmöglichkei-
ten nach meiner persönlichen Überzeugung unaufrichtig
bzw. ungerecht wären: die „standards", die hier als Kriterien der Beurteilung dienen sollten, sind in mehreren Dimensionen unentschieden und im konkreten Fall unent-
scheidbar (analoge Probleme werden in der Rechtssozio-
logie breit diskutiert, z.B. in Zusammenhang mit Verwei-
sungen auf die guten Sitten).*

Allgemein:

*Das Buch ist eine packende Lektüre, wirkt aufklärend
und macht sicherlich viele Leser nachdenklich, führt in
eine Welt, die für viele unbekannt ist. — Man kann sich
allerdings fragen: In wessen Welt? Ist das die Welt von
Randgruppen, von einem bedeutenden Teil der heutigen
Jugend, oder unsere zukünftige Welt! Eine kurze Angabe
darüber, wofür die angeführten „Fälle" repräsentativ sind,
wäre mir lieber als die „wahllos herausgegriffenen Beispiele" (S. 34).*

*Manche Pädagogen und andere werden mit dem Buch
eine grundsätzliche Schwierigkeit haben. In den meisten
Kommentaren wird die „individualisierte Erziehung" als
Alibi abgestempelt bzw. nicht behandelt, den Lebensumständen und gesellschaftlichen Strukturen eine einsei-
tige Bedeutsamkeit zugeschrieben. Die Betonung der
Wichtigkeit sozialer Strukturänderungen als langfristige
Aufgabe ist ein berechtigtes Anliegen des Buches. Viele
Leser werden sich aber fragen: Was ist heute und morgen
im unmittelbaren Interesse der Jungen unter den nun
einmal gegebenen Umständen kurzfristig zu tun? Vielleicht könnte eine Ergänzung der Einleitung eine Abhilfe
schaffen, in der neben der Erörterung des Anliegens auch
deutlich erklärt wird, daß zum Beispiel für die Schilde-
rung der kurzfristigen erzieherischen Aufgaben ein
eigenes Buch notwendig wäre.*

Dort, wo meine Entlassung aus dem Orden auch mit

dem Urteil der Zensoren begründet wird, wird dieses Urteil weder spezifiziert, noch wird auch nur mit einem Wort auf das positive Urteil von P. Morel hingewiesen. Die Schludrigkeit im Verfahren zieht sich von der ersten bis zur letzten Instanz (die auf einen von mir nie geschriebenen Brief verweist) durch.

Ich fasse nochmals zusammen: Da *Hören, was die Jungen sagen* als Entlassungsgrund ausdrücklich ausgenommen wurde, es nur Anlaß einer Überprüfung war, bleiben nur drei Artikel übrig, auf die sich das Entlassungspapier beziehen kann. Ich habe sie in diesem Buch wiedergegeben, einen davon zusammen mit fünf Urteilen. — Ich lade Sie ein, sich ein eigenes Urteil zu bilden.

Auseinandersetzung um die Entlassung

Am 17. 9. 1984 schrieb ich an P. General:

Am 11. September bin ich gegen meinen Willen aus der Gesellschaft Jesu entlassen worden. Die Gründe, die zu meiner Entlassung führten, habe ich erst nach Ihrem Reskript von P. Prov. Czerwinski — und bis heute nur unvollständig und in sehr vager Formulierung — mitgeteilt bekommen. Die für die Entlassung zuständigen Oberen und Gremien haben mich zu den Gründen nie angehört. Ich hege den Verdacht, daß die Entlassungsgründe unzureichend waren und sie teilweise auf Kenntnissen aus dem forum internum beruhen. Ich bitte Sie zu veranlassen, daß mir die Entlassungsgründe wenigstens nach meinem Ordensausschluß schriftlich und vollständig mitgeteilt werden. Die Zeit der Geheimverfahren sollte doch wohl vorbei sein.

Bevor eine Antwort aus Rom eintraf, beantwortete P. Czerwinski am 1. Oktober meinen bereits wiedergegebenen Brief vom 30. August, in dem ich ihn um die Mitteilung der authentischen Entlassungsgründe und Zustellung des „gesamten Dossiers" gebeten hatte. Czerwinski schrieb:

Eigentlich ist alles vernünftig, was Du in Deinem Schreiben vom 30. August d.J. von mir erbeten hast und was Du noch einmal beim Empfang des Entlassungsdekretes am 11. September eingefordert hast.

a) Wir sollen Dir alles mitteilen, was P. Klein und ich

nach Rom berichtet haben und was gegen Deinen Verbleib im Orden spricht.

b) Es wäre unsere Aufgabe gewesen, Dir in einer so schwerwiegenden Frage Gelegenheit zur Darstellung Deiner Gegengründe geben.

Warum ist es nicht dazu gekommen und warum habe ich — auch abgesehen von mehr formalen Gründen — heute noch Widerstände, Dir alles vorzulegen, was mir im Zusammenhang mit Deinem Ausschluß in den Sinn gekommen ist und was ich P. General mitgeteilt habe?

Wenn ich mich ruhig prüfe, komme ich zu folgendem Ergebnis:

Zu a)

Ich habe Sorge, Dir alles mitzuteilen, was ich an P. General geschrieben habe, auf Grund meiner Erfahrungen mit Deinem Abgang in Innsbruck vor elf Jahren. Du hast Dich damals in der Öffentlichkeit sehr energisch gegen Deine „zwangsweise" Versetzung zur Wehr gesetzt — sehr berechtigt aus Deiner Sicht —, von meiner Erfahrung gesehen, zum Schaden für den Orden und die gute weitere Entwicklung der Arbeit im Jugendzentrum. Und ich sehe besorgt auf ähnliche Ereignisse bei Deiner Entlassung: Jede Konfrontation in der Öffentlichkeit schädigt das Ansehen des Ordens.

Die entscheidenden Entlassungsgründe wurden Dir in meinen Briefen vom 17. April und 11. September 84 mitgeteilt. Es gibt keine anderen Entlassungsgründe. Was sonst geschrieben worden ist, war Ausdruck von Verständnis, von Besorgnissen und von möglichen Konsequenzen, die sich bei Deiner Entlassung ergeben könnten, aber nicht Entlassungsgründe. In einem formalen Prozeß wäre der Entlassungsgrund mit Notwendigkeit noch eingeengter zur Sprache gekommen.

Zu b)

Du bist überzeugt gewesen, daß es Dir nicht möglich sei, Dich einvernehmlich von der Gesellschaft Jesu zu trennen. Das heißt doch, Du bist überzeugt, daß die Verantwortlichen im Orden in wichtigen Fragen Überzeugungen vertreten, die sie eigentlich guten Gewissens nicht vertreten können. — Oder wenn Dir diese Interpretation zu konkret erscheint, dann trifft auf jeden Fall zu, daß Du vorausgesehen hast, daß in einer Gegenüberstellung unserer Meinungen irgendetwas mißlingen wird. Daß wir nicht nur verschiedene Meinungen vertreten werden, sondern daß jeder von uns die Meinung des anderen als unzulässig ansieht.

Wir kennen aber Deine Überzeugungen und die Form, in der Du glaubst sie darstellen zu müssen, seit *elf Jahren. — Du wiederum weißt genau, wie darauf die verantwortlichen Mitbrüder unter Beiziehung des Provinzkonsultes und Zensoren Deiner Schriften reagiert haben.*

Wie sollten wir eine Gegenüberstellung herausfordern wollen, bei der eigentlich nichts mehr Neues zur Sprache kommen kann? Ich weiß, daß Dir diese Argumentation mißfällt. Aber ich habe bis zum Überdruß diese Angelegenheit überdacht und komme zu keinem besseren Ergebnis.

Mein Kommentar: P. Czerwinski interessieren nicht Vernunftgründe, die er selbst auf meiner Seite wähnt, oder vom Ordensrecht garantierte Rechte des zu Entlassenden. Er läßt sich nur von seiner Interpretation der Ordensinteressen leiten. Er hat Angst vor einer Auseinandersetzung in einer Öffentlichkeit, die offenbar aus dem mir verheimlichten Material für den Orden nachteilige Informationen beziehen könnte. So hat man früher Geheimverfahren motiviert. Was die elf Jahre Erfahrung mit mir betrifft: Er müßte erst einmal zugeben, daß er sechs Jahre lang gar nichts von mir gehört hat.

Die Begründung, warum ich zu den Entlassungsgründen nicht gehört wurde, spottet jedem Rechtsempfinden. Sie zeigt aber, daß Ordensleute völlig rechtlos sind, weil es eben innerhalb der Kirche und des Ordens keine Gewaltenteilung gibt, selbst niedergeschriebenes Ordensrecht nicht gegen sich gegenseitig deckende Obere durchgesetzt werden kann. P. Czerwinski möchte eine „Schädigung des Ansehens des Ordens" durch eine öffentliche Auseinandersetzung verhindern. — Eine Schädigung meines Ansehens durch ein Geheimverfahren nimmt er in Kauf. — Dem Jugendzentrum hat nicht der Disput in der Öffentlichkeit, sondern, wenn überhaupt etwas, meine Abberufung geschadet.

Es kommt aber noch dicker. Nicht ich ging an die Öffentlichkeit, sondern P. Czerwinski gab zum 20. Oktober 1984 der *Tiroler Tageszeitung* (und vorher schon anderen Zeitungen) ein Interview, das mich doch etwas erstaunte, weil es mir bis dahin unbekannte Behauptungen enthielt. Hier einige Kostproben:

Wie P. Czerwinski erklärte, wurde die Entscheidung über die Entlassung P. Kripps aus dem Orden schon im Oktober 1983 im Einvernehmen mit dem General in Rom getroffen. Federführend in der Angelegenheit blieb P. Provinzial der österreichischen Jesuitenprovinz, obwohl der Motivenbericht von P. Klein in München beigestellt wurde. (Im Oktober 1983 war *Hören, was die Jungen sagen* noch gar nicht erschienen.) *P. Kripp hat nach der*

Überreichung des Entlassungsschreibens schriftlich versichert, daß er keinen Einspruch erheben wird. (Ich rief P. Czerwinski an und bat ihn, beide Meldungen zu dementieren, da sie offensichtlich falsch waren. Er bestritt nicht, diese falschen Informationen gegeben zu haben. Ein Dementi erschien nicht.)

P.Kripp darf derzeit, da er suspendiert ist, keine priesterlichen Funktionen ausüben. Dies wäre erst wieder möglich, wenn ihn ein Bischof in seine Diözese übernimmt. „Ich wüßte aber nicht, welcher Bischof ihn nehmen könnte", fragt sich P. Czerwinski.

Des Provinzials Pressegebete waren nicht so freundlich wie die brieflichen. Was hatte ihn wohl dazu veranlaßt, meine Suspendierung zu zementieren? Ich denke, daß Czerwinski aus Angst überdrehte.

Am 29. Oktober kam Antwort aus Rom. Ich zitiere aus dem Generalsbrief:

Sie bitten darum, daß Ihnen die Entlassungsgründe „schriftlich und vollständig" mitgeteilt werden. Ihr Briefwechsel mit P. Provinzial Czerwinski sowie der von Ihnen in diesem Zusammenhang gewählte Ausdruck „Geheimverfahren" deuten darauf hin, daß Sie von mir die Überlassung des vom Provinzial eingereichten Gesuches um Ihre Entlassung erwarten. Sollte das der Fall sein, so kann ich dem guten Gewissens nicht entsprechen. Dafür bitte ich um Ihr Verständnis. Ich kann bei Ihnen nicht anders handeln als bei jedem anderen auch. In diesen Dingen aber ist Vertraulichkeit (nicht „Geheimverfahren") gefordert, schon aus Rücksicht gegenüber Dritten innerhalb oder außerhalb des Ordens, die häufig auf verschiedene Weise beteiligt sind und deren Namen folglich in Entlassungsgesuchen genannt werden.

Sollte Ihre Bitte jedoch bedeuten, daß Ihnen in schriftlicher Form mitgeteilt wird, welche Gründe zur Entscheidung Ihrer Entlassung aus dem Orden geführt haben, so stellen Sie diese Bitte zu Recht. Mir scheint aber diese Forderung erfüllt zu sein. Ich darf hinweisen auf die Briefe des Provinzials an Sie vom 17. April und vom 11. September 1984; letzterer wurde Ihnen nach meiner Information auf Wunsch vor diesem Datum zur Einsicht überlassen. Diesen Äußerungen des Provinzials habe ich nichts hinzuzufügen. Ich kann nur bestätigen, was P. Provinzial Ihnen am 1. Oktober 1984 schrieb: „Die entscheidenden Entlassungsgründe wurden Dir in meinem Briefen vom 17. April und 11. September 1984 schriftlich mitgeteilt. Es gibt keine anderen Entlassungsgründe." Dabei halte ich mich an das in diesen Dingen übliche: Der Generalobere führt die Entlassung nicht selbst durch; er ent-

scheidet auf das Gesuch des Provinzialoberen hin über die Entlassung und erteilt ihm gegebenenfalls die Vollmacht, sie durchzuführen. Er gibt darum auch nicht selbst die Entlassungsgründe an, sondern überläßt dies dem zuständigen Provinzial. Ich sehe keinen Grund, hiervon bei Ihnen eine Ausnahme zu machen.

Sie bringen in Ihrem Brief zum Ausdruck, daß Ihnen die Gründe für die Entlassung erst nach meiner Entscheidung bekannt wurden. Das vermag ich nicht einzusehen. Lesen Sie doch bitte noch einmal einige der Briefe, die zwischen Ihnen und den Provinziälen in den letzten vier bis fünf Jahren gewechselt wurden, z.B. Ihren Brief vom 12. Mai 1980 (von dem mir in einem Auszug die ersten drei Absätze vorliegen), P. Kleins Brief an alle Oberen vom 4. November 1981 (Punkt 4), Ihren Brief vom 13. Februar 1984, P. Czerwinskis Brief vom 17. April 1984.

Schließlich möchte ich Sie bitten, den Verdacht, den Sie in Ihrem Brief äußern, aufzugeben, daß nämlich die Gründe „teilweise auf Kenntnissen aus dem forum internum beruhen". Ich kann Ihnen noch einmal versichern, daß es außer den Ihnen vom Provinzial genannten Gründen keine anderen gibt, also auch nicht aus dem von Ihnen vermuteten Bereich des forum internum.

Es würde mich sehr freuen, wenn ich Ihnen mit meiner Antwort wenigstens ein wenig helfen konnte. Aufrichtig danke ich Ihnen für Ihre Dienste an vielen Menschen und wünsche Ihnen für die Zukunft alles Gute. Wenn ich Ihnen in irgendeiner Weise helfen kann, werde ich das gern tun.

Peter Hans Kolvenbach
Praep. Gen. Soc. Iesu

Ich antwortete am 9. November 1984:

Hochw. P. General!

Ihren Brief vom 29. Oktober habe ich erhalten. Obwohl ich eine ähnliche Reaktion erwartet hatte — ich wußte ja aus einem Telefongespräch mit P. Czerwinski vom 3. September, daß zwar P. Klein vorgeschlagen hatte, mir das Entlassungsdossier vollständig zuzustellen, P. Gerhartz dies aber auf keinen Fall wünschte — bin ich nun doch recht enttäuscht.

P. Czerwinski hat mir bei der Überreichung des Entlassungsdekretes mitgeteilt, daß er mich ausdrücklich darauf aufmerksam mache, daß ich trotz des ihm auf seinen Wunsch hin von mir am 17. April d.J. zugesicherten Verzichtes auf Widerspruch gegen meine Entlassung jetzt gegen meine Entlassung Rekurs einlegen könne. Bei seiner Rechtsmittelbelehrung nannte er keine Frist für einen möglichen Rekurs.

Bitte verstehen Sie meinen Brief vom 17. September 1984 an Sie als solchen Rekurs. Falls dieser der nötigen Form nicht entsprechen sollte, lege ich somit heute gegen meine Entlassung Rekurs ein.

Um den Einspruch begründen zu können, bitte ich Sie, mir die authentischen Gründe für meine Entlassung detailliert mitzuteilen und mir Akteneinsicht zu gewähren. Nur so wird es mir möglich sein, meine Sicht zu den gegen mich vorgebrachten Entlassungsgründen darzulegen. Daß die authentischen Entlassungsgründe mir bisher nicht mitgeteilt wurden, bestätigt P. Czerwinski ausdrücklich in seinem Brief an die Hausoberen vom 12. September 1984. Die von ihm dort erwähnten Gespräche können dafür kein Ersatz sein, weil ich nicht weiß, auf welche Teile der Gespräche er sich bezieht. Ich habe diese Gespräche auch nicht mit P. Czerwinski geführt, er hat mich zu ihrem Inhalt nie angehört. — P. Klein teilte mir in einem Telefongespräch am 4. September unter anderem mit, daß er sehr erstaunt darüber sei, daß P. Czerwinski mich nie zu den Entlassungsgründen gehört hatte.

Sie schreiben in Ihrem Brief vom 29. Oktober 1984 an mich, daß meine berechtigte Forderung, die Entlassungsgründe zu erfahren, mit den Schreiben von P. Czerwinski vom 17. April und 11. September 1984 erfüllt worden seien. Dem ist nicht so.

1. P. Czerwinski schreibt am 11. September 1984: „In den letzten zwölf Jahren sind Sie (...) jedoch einen inneren Weg gegangen, der es Ihnen unmöglich gemacht hat, mit der konkreten Kirche in jenem Frieden und inneren Einverständnis zu leben, die eine Voraussetzung der Zugehörigkeit zu unserem Orden bedeuten.“ Ich habe keine Ahnung, warum P. Czerwinski gerade zwölf Jahre zurückgeht, das heißt noch zwei Innsbrucker Jahre miteinbezieht. Ich finde es völlig unverständlich, wie die Auseinandersetzungen in Innsbruck heute zu einem Entlassungsgrund werden können. Meinen ersten von zwei kirchenkritischen Artikeln, den ich ohne Druckerlaubnis von Seiten des Ordens veröffentlicht habe, habe ich am 18. April 1980 in Die Zeit veröffentlicht. Also vor etwas mehr als vier Jahren. Was meint wohl P. Czerwinski mit den zwölf Jahren? Wie soll ich mich gegen einen solchen Vorwurf wehren, wenn er ihn nicht belegt, wenigstens mir gegenüber nicht belegt? Auch Sie vermögen keinen Brief zu zitieren, der vor dieses Datum zurückginge und Entlassungsgründe enthielte. Ich wüßte auch nicht, welche Passagen in dem Artikel zur Entlassung führen könnten. Auch verwendet P. Czerwinski den Begriff Kirche sehr schwammig. Mit der konkreten Kirche, in der ich während der letzten Jahre lebte, bin ich im Einvernehmen gestanden. Wenn P. Czerwinski nicht Kirche, sondern Lehramt meint, dann soll er das sagen.

2. P. Czerwinski schreibt weiter: „Dadurch wurden Sie immer wieder zu einer überscharfen Kritik herausgefordert." Ich habe keine Ahnung, auf was sich das „immer wieder" bezieht. Ich habe nur noch einen kirchenkritischen Artikel am 30. Oktober 1981 in Die Zeit *veröffentlicht, für den ich die Druckerlaubnis von Seiten des Ordens schon in der Hand hatte; diese ist aber von P. Klein dann wieder zurückgezogen worden. Welche Passagen in diesem Artikel sind denn Entlassungsgründe?*

P. Czerwinski schreibt: „Diese Kritik schließt Fragen der Pastoral und der Moraltheologie ein, wo Sie in einigen Punkten die Grenzen des legitimen Meinungspluralismus in der Katholischen Kirche überschritten haben. Auf diese Punkte sind die Zensoren Ihrer Schriften eingegangen." — Nun, ich habe einen einzigen Artikel über Fragen der Pastoral und Moraltheologie veröffentlicht, und zwar am 12. Mai 1978 in Die Zeit. *Dieser Artikel ist vor seiner erstmaligen Veröffentlichung ordnungsgemäß durch die Ordenszensur gegangen. Als nachher Wirbel entstanden ist, hat mich der Orden im Regen stehen lassen. Dieser Artikel ist mehrfach abgedruckt worden, so auch wieder in meinem letzten Buch. Kann dies ein Entlassungsgrund sein? P. Czerwinski erweckt den Eindruck, als seien die Zensoren dieses Artikels und des Buches* Hören, *was die Jungen sagen einer Meinung gewesen. Er verschweigt, daß P. Morel für die Veröffentlichung des Buches, als dessen Zensor, Stellung bezogen hat. Er verschweigt, daß beide Zensoren des zweiten Kirchenartikels diesen für die Veröffentlichung freigegeben hatten. — Es würde mich also interessieren, welcher Argumentation welcher Zensoren er gefolgt ist und warum.*

Aus all dem ergibt sich, daß die mir mitgeteilten Entlassungsgründe so schwammig und unpräzise sind, daß sie in dieser Form für eine Entlassung niemals ausreichen können. Die wahren Entlassungsgründe waren also wohl kirchenpolitischer Natur. Es taucht nirgends meine gelegentliche (aber seltene) Übertretung des Ordenszensurgebotes als Entlassungsgrund auf. Das finde ich sehr erfreulich. Dann darf es aber auch kein Entlassungsgrund sein. Oder doch?

Meinen Eindruck, daß die mir vorgelegten Gründe für eine Entlassung nicht ausreichen, teilen auch etliche Jesuiten, wie Sie inzwischen vielleicht erfahren haben. Die weltliche Öffentlichkeit hat die Gründe noch viel weniger akzeptiert, wie Sie wissen.

Es war wohl offenbar so, daß der Orden mich einfach als Belastung empfand. Deshalb hat er auch meine Entlassung, wie ich inzwischen aus einem Interview, das P. Czerwinski der Tiroler Tageszeitung *am 20. Oktober 1984 gegeben hat, erfahren habe, beschlossen, bevor er an das Sammeln von Entlassungsgründen gegangen ist. Und da ist es natürlich nur konsequent, wenn er meine Stellungnahme zu den Gründen gar nicht erst eingeholt hat, ja mir nicht einmal die Gründe vor der Entlassung vorgelegt hat. So ist es zur gleichzeitigen Überreichung von Begründung der Entlassung und Entlassung gekommen. An diesem Faktum, das in der Öffentlichkeit zum Ärgernis geworden ist, ändert nichts, daß ich auf massiven Druck hin, das Entlassungsschreiben dann zwei Tage vor der offiziellen Überreichung zugesandt bekam. Es war doch alles beschlossene Sache.* (Ich habe in diesem Brief vergessen, P. General darauf hinzuweisen, daß sein Reskript schon am 6. Juli, also zwei Monate bevor ich das Entlassungsschreiben zu sehen bekam, P. Czerwinski ermächtigt hatte, mich zu entlassen.) *Man kann doch auch nicht aus einem Briefwechsel, den ich im Jahre 1981 und 1980 mit P. Klein hatte, heute ableiten, daß ich über die Entlassungsgründe informiert worden sei. Dann hätte man mich doch damals entlassen müssen.* (Ich habe außerdem vergessen, P. General darauf hinzuweisen, daß es bei meinem von ihm zitierten Brief um die Aufkündigung der Bereitschaft, mich in Zukunft der Ordenszensur zu unterwerfen, gegangen war. — Mein Zensurverhalten taucht aber nirgends unter den Entlassungsgründen auf. — Mir scheint dies ein klarer Hinweis auf die Doppelbödigkeit der Argumentation bei der Entlassung zu sein.)

Schließlich muß ich noch auf das schon zitierte Interview von P. Czerwinski zu sprechen kommen. Als Grund, warum man mir meine Entlassungsgründe nicht in authentischer Form mitteilte, hatte P. Czerwinski mir gegenüber die Befürchtung genannt, ich würde die authentischen Gründe veröffentlichen. Nun bin ich bis heute mit keinerlei Stellungnahme an die Öffentlichkeit gegangen. Der Orden hat dies allerdings mehrfach getan. P. Czerwinski teilt in besagtem Interview zu meinem großen Erstaunen der Öffentlichkeit mit (und hat dies in einem Verifizierungstelefonat nicht bestritten), daß bereits im Oktober 1983 im Einvernehmen mit P. General meine Entlassung beschlossen worden sei. Dann erwähnt er einen von P. Klein zusammengestellten „Motivenbericht" für die Entlassung. Wenn er schon der Öffentlichkeit mit-

teilt, daß es diesen Motivenbericht gibt, ist es doch verständlich, daß ich diesen als Betroffener kennenlernen möchte. P. Czerwinski sagt im Interview weiter, daß ich nach Überreichung des Entlassungsschreibens schriftlich versichert hätte, daß ich dagegen keinen Einspruch erheben würde. Warum sagt er dies, wenn er doch weiß, daß dies nicht stimmt? Vollends entrüstet bin ich über die öffentliche Feststellung P. Czerwinskis, „daß er nicht wüßte, welcher Bischof ihn nehmen könnte". Da bekomme ich also nach meiner Entlassung auch noch einen Fußtritt vom Orden, während Sie Ihren Brief mit dem Satz schließen, „wenn ich Ihnen in irgendeiner Weise helfen kann, werde ich das gerne tun". Sie können mir helfen: senden Sie mir die authentischen Entlassungsgründe, den „Motivenbericht" und alle anderen Unterlagen zu, die für meine Entlassung maßgebend waren, damit ich endlich dazu Stellung beziehen kann. Ihre Argumentation, daß Sie „aus Rücksicht gegenüber Dritten innerhalb oder außerhalb des Ordens, deren Namen in Entlassungsgesuchen genannt werden", dies nicht tun könnten, kann ich nicht akzeptieren. Also doch Geheimverfahren, in dem Ankläger und Belastungszeugen gegenüber dem Beschuldigten anonym bleiben, sodaß dieser sich nicht gegen ihre Aussagen wehren kann?

In welcher demokratisch-rechtsstaatlichen Ordnung wäre dies noch zulässig? Aber Sie werden antworten, daß der Orden nicht rechtsstaatlich, sondern autoritär und totalitär strukturiert sei. Der Obere bestimmt, wieweit der Beschuldigte sich verteidigen darf. — Ich möchte für mich keine Ausnahme, wie Sie andeuten, sondern daß in Zukunft alle Betroffenen Einsicht in die Unterlagen der Anklage bekommen.

Leider kann ich auch Ihre Versicherung nicht akzeptieren, „daß es außer den Ihnen vom Provinzial genannten Gründen keine anderen gibt". P. Klein hat mir nämlich, nach Absprache mit P. Czerwinski, am 4. September 1984 die von P. Czerwinski zusammengefaßten und an Sie geschickten Entlassungsgründe am Telefon verlesen. Ich konnte mir nicht den gesamten Text merken, doch hat auch P. Klein zugegeben, daß hier Entlassungsgründe genannt werden, die im mir überreichten Entlassungsschreiben nicht aufscheinen.

Zusammenfassend möchte ich sagen, daß der Orden versucht, in unfairer Weise meine Entlassung durchzuziehen. Er versucht, eine höchst notwendige inhaltliche Diskussion über die Entlassungsgründe zu vermeiden. Diese Diskussion würde nämlich ans Licht bringen, daß ich mit meinen Ansichten im Orden nicht allein stehe, was wiederum im Orden zu inhaltlichen Diskussionen führen würde, die die von der Ordensleitung offenbar gewünschte Ruhe und Ordnung nur stören würden.

In Erwartung einer positiven Antwort, grüßt Sie freundlich ...

P.S. Nachrichtlich geht dieser Brief P. Czerwinski, P. Klein und einigen Freunden zu.

Am 7. Dezember 1984 antwortete der Generalobere:
Ich habe die ganze Frage anhand Ihres Schreibens noch einmal prüfen lassen. Danach kann ich Ihnen, wie folgt, antworten.

1. Die wahren und für meine Entscheidung tragenden (und in diesem Sinne authentischen) Gründe für Ihre Entlassung sind Ihnen mitgeteilt worden. Ich könnte hier nur wiederholen, was ich dazu in meinem Brief vom 29. Oktober 1984 geschrieben habe.

2. Was Ihr erneut vorgetragenes Gesuch um vollständige Zustellung des Entlassungsdossiers bzw. um Akteneinsicht betrifft, so bleibe ich definitiv bei meiner Antwort, die ich Ihnen am 29. Oktober gegeben habe.

3. Ihr Brief vom 17. September 1984 an mich enthält keinerlei Andeutung eines Einspruchs- oder Rekurswillens. Dies gilt um so mehr, wenn man ihn unvoreingenommen im Lichte ihrer schriftlichen Erklärung vom 17. April 1984 („Gegen meine Entlassung aus der Gesellschaft Jesu erhebe ich keinen Einspruch, obwohl sie gegen meinen Willen erfolgt") sowie ihrer Unterschrift unter die Bekanntgabe des Entlassungsdekretes vom 11. September 1984 liest. Damals ging es Ihnen wie heute um die vollständige Mitteilung der Entlassungsgründe bzw. um Akteneinsicht.

4. Die in Ihrem Brief vorgetragenen Einwendungen gegen die von P. Provinzial Czerwinski gegebene Motivation Ihrer Entlassung wurde als nicht hinreichend beurteilt, das Entlassungsdekret aufzuheben. Ich bleibe daher bei meiner Haltung und Entscheidung.

Ich würde es bedauern, wenn diese Auseinandersetzung fortgesetzt würde, besonders da spätestens seit April Übereinstimmung zwischen uns zu herrschen schien, in dieser Angelegenheit auf die streng juristische Form (mit zwei vorausgehenden Mahnungen usw.) zu verzichten. Wenn Sie nun doch noch rechtliche Schritte tun zu müssen glauben, so kann ich Sie nur auf die Beachtung der geltenden Rechtsnormen hinweisen und Sie an die zuständige Kongregation für Ordensleute (...) verweisen.

                                        Peter-Hans Kolvenbach

Dazu habe ich zu sagen:
1. Auf die mir wichtigen Fragen hat der General nicht

geantwortet. Welche Aussagen in meinen Artikeln waren Entlassungsgründe? Warum sind die Meinungen bestimmter Zensoren der anderer Zensoren vorgezogen worden? Wieso können Artikel mit Genehmigung des Ordens erscheinen und dann dieselben Artikel als Entlassungsgrund dienen? Wieso wurde schon im Oktober 1983, also zu einer Zeit, da der Orden von einem Manuskript für *Hören, was die Jungen sagen* noch gar nichts wußte, schon meine Entlassung in Rom beschlossen? Da der General diesem von P. Czerwinski erwähnten Faktum nicht widersprochen hat, obwohl ich ihn um Aufklärung dieser zunächst recht obskur klingenden Behauptung Czerwinskis bat, muß ich heute annehmen, daß sie stimmt, insbesondere, da der General mit keiner Silbe meiner Behauptung widerspricht, daß die wahren Entlassungsgründe kirchenpolitischer Natur waren, der Orden mich einfach als Belastung empfand.

2. Meine einzige wesentliche Bitte, mir nämlich Akteneinsicht zu gewähren und sich meine dann folgedne Stellungnahme anzuhören, verweigerte mir der General, obwohl die erbetene Vorgangsweise im Ordensrecht vorgeschrieben wird und darauf also keine der beiden Seiten verzichten kann. (Einer meiner Fehler war, daß ich das Ordensrecht erst sehr spät konsultierte. So wie von den Verfahrensherren damit umgegangen wird, hätte sich aber im Ergebnis nichts geändert.)

Am 17. Januar 1985 reichte ich beim Präfekten der Religiosenkongregation Widerspruch gegen meine Entlassung ein. Ich tat es, da ich nun wußte, daß fehlender Widerspruch als Zustimmung ausgelegt werden kann. Einen Erfolg versprach ich mir nicht. In diesem Schreiben bat ich, „mir die Möglichkeit einzuräumen, vor einem endgültigen Entscheid angehört zu werden".

Schließlich schrieb ich noch an P. Gerhartz, den Sekretär des Ordens und Assistenten der deutschen Provinzen, weil ich in ihm den Verfasser der Generalsbriefe sah. Dagegen wehrte er sich aber heftig. Damit wäre also dokumentiert, daß der General selbst die Argumentation um meine Entlassung guthieß. Die Korrespondenz mit Gerhartz lasse ich fort, weil sie nur das Hick-Hack wiederholt, inhaltlich nichts hergibt.

Am 2. April 1985 hat mir dann die Religiosenkongregation geantwortet. Unter nun schon rotem Siegel teilte mir ihr Propräfekt Fagiolo mit:

Ihr Schreiben (...) ist eingetroffen. Über dessen Inhalt ersuchten wir die Generalkurie der SJ um die nötige Auskunft.

Aus der erhaltenen Information ergibt sich, daß Ihnen

die Gründe Ihrer Entlassung vom Provinzoberen im
Schreiben vom 17. April 1984 mitgeteilt worden waren,
worauf sie am 15. August antworteten, während das end-
gültige Entlassungsdekret gemäß dem Ihnen gut bekann-
ten Eigenrecht der Societas am 11. September erlassen
wurde.

Damit hatte der Heilige Geist ein letztes Mal zuge-
schlagen. Einen Brief von mir mit dem Datum 15. August
1984 gibt es gar nicht. Ich war bis Ende August in Mexiko,
auch bei der Madonna von Guadalupe, aber an den Orden
gibt es aus der Zeit nicht einmal eine Grußkarte. — Mit
welcher Sorgfalt und welchem Ernst meine Entlassung
aus dem Orden betrieben wurde, ist also bis zum letzten
Dokument belegt.

Organisationsschema
des Jesuitenordens (SJ)

General (dzt. Peter-Hans Kolvenbach):
Residiert in Rom, steht dem Orden vor, wird von der Generalkongregation auf Lebenszeit gewählt.

Generalkongregation:
Gesetzgebende Körperschaft, die sich aus den Provinziälen und
gewählten Vertretern der Provinzen zusammensetzt.

Generalsassistenten:
Vier Generalsberater mit kategorialer Zuständigkeit.

Regionalassistenten:
Vertreter einer Assistenz. In einer *Assistenz* sind jeweils mehrere Provinzen einer geographischen Region zusammengeschlossen. Zur Zeit gibt es weltweit 12 Assistenten mit zusammen ca. 80 Provinzen und ca. 26.000 Ordensmitgliedern.

Provinzialskonferenz:
Konferenz der Provinziäle einer Assistenz. Die Deutsche Assistenz umfaßt zur Zeit zwei deutsche Provinzen, eine österreichische, eine niederländische, eine schweizerische und eine ungari-
sche Provinz. — Es gibt ca. 1.200 deutschsprachige Jesuiten.

Provinzial:
Steht jeweils einer Provinz vor.

Provinzkongregation:
Setzt sich aus gewählten Mitgliedern einer Provinz zusammen.

Rektoren und *Superioren:*
Stehen den örtlichen Ordenshäusern vor.

Ausbildungsstufen des Jesuiten

Kandidatur

Noviziat: zweijährig, schließt mit der Ablegung ewiger Gelübde
ab. Es gibt Brüder- und Scholastikernovizen, je nachdem ob der
Weg zum Laienbruder oder zum Priester beschritten wird.

Philosophiestudium: zwei bis drei Jahre

Interstiz: ein- bis dreijähriges Praktikum

Theologiestudium: vier Jahre; Priesterweihe nach dem 3. Jahr

Weitere Studien je nach Ausbildungsziel: vier und mehr Jahre

Dritte Probation (Terziat): Abschließende geistliche Ausbildungs-
zeit

Letzte Gelübde als *Professe* oder *Coadjutor spiritualis*, je nach
Studienerfolg

Einige Wort- und Begriffserklärungen

acies ordinata: kampfbereite Truppe

actus impudicis oder *excitans:* Ausdruck der katholischen Moraltheologie für Herbeiführen einer sexuellen Erregung (Onanie?)

Apostolat: Sendung, Auftrag der Kirche (ursprünglich der Apostel)

Assistentialismus: Hilfestellung ohne Aktivierung bzw. ohne aktive Mithilfe des Betroffenen

Audiatur et altera pars: „Man soll auch die andere Seite hören"

Coadjutor: Gehilfe

Coadjutor spiritualis: Geistlicher Gehilfe; ein Jesuit mit drei ewigen Gelübden (vgl. Professe)

Crimen: Straftat

Cooperatio formalis: Straftat

Diözesanverweis: Verbot, in der betreffenden Diözese (Bereich eines Bistums) eine priesterliche Tätigkeit auszuüben

Epitome: die Kurzfassung der Satzungen des Jesuitenordens

Formula Instituti: Darstellung von Sinn und Zweck des Jesuitenordens

Imprimatur: die nach katholischem Kirchenrecht erforderliche Druckerlaubnis des Bischofs oder des Ordensoberen für religiöse Schriften (vgl. Nihil obstat)

Kongregation: a) kirchliche Vereinigung zur Förderung eines christlichen Lebens

b) oberste vatikanische Behörde, vergleichbar etwa einem Ministerium

Konsult: Führungsgremium einer Kongregation (a), eines Jesuitenhauses, einer Jesuitenprovinz oder des gesamten Ordens

minus — maius malum: das kleiner bzw. größere Übel

MK (Marianische Kongregation):

a) eine Kongregation (für Männer oder Frauen oder Jugendliche), die Maria als Schutzpatronin hat

b) in Innsbruck gebräuchliche Abkürzung für „Mittelschüler-Kongregation"

Nihil obstat: „Es steht nichts dagegen" — Unbedenklichkeitsformel der katholischen Kirche für die Erteilung der Druckerlaubnis (vgl. Imprimatur)

Pastoral: in der katholischen Kirche die praktische Theologie, die Arbeit in Gemeinde und Seelsorge

Präfekt: a) mit Führungsaufgaben betrautes Mitglied einer Kongregation

b) Erzieher einer Altersgruppe in einem katholischen Schülerinternat

Präfektur: das Innehaben eines Präfektenamtes

Praeparatio Evangelii: Wegbereitung für die Botschaft des Evangeliums

Probabilismus: a) Lehre von den bloßen Wahrscheinlichkeiten (im Gegensatz zur sicheren Erkenntnis)

b) Lehre der katholischen Moraltheologie, nach der in Zweifelsfällen eine Handlung erlaubt ist, wenn gute Gründe dafür sprechen

Profeß: Ablegung des Ordensgelübde

Professe: Vollmitglied des Jesuitenordens mit vier Gelübden (vgl. Coadjutor spiritualis)

Servitium maius: vorrangige Aufgabe

SJ (Societas Jesu): Gesellschaft Jesu = Jesuiten

Spiritual: Seelsorger, Beichtvater (besonders in katholischen Klöstern und Seminaren)

SVD (Societas Verbi Divini): Gesellschaft des Göttlichen Wortes, ein Orden

Synode: Kirchenversammlung (es gibt verschiedenen Arten davon)

Te Deum: Anfangsworte eines Lobgesanges (Großer Gott, wir loben Dich)

Verzeichnis der Briefe, Artikel, Dokumente und Auszüge daraus

DIESES
WIEN

Ein Führer durch
Klischee
und Wirklichkeit

edition m

J U N I U S

360 Seiten, 150 Abb., öS 188,– / DM 26,80
ISBN 3-900370-95-8

JUNIUS Verlag, Brunnengasse 3,
A-1160 Wien, Tel.: 95 51 81